ORTHOPÄDISCHES FORSCHUNGSINSTITUT (OFI) [Hrsg.]

Münsteraner Sachverständigengespräche

Orthopädisches Forschungsinstitut (OFI) [Hrsg.]

Münsteraner Sachverständigengespräche

Beurteilung und Begutachtung von Wirbelsäulenschäden

Mit Beiträgen von
M. Becke, U. Bötel, P. Brinkmann,
W.H.M. Castro, M. Fabra, H. Freund,
V. Grosser, H. Halm, M.F. Hein, L. Hertle,
I.W. Husstedt, J. Lehmann, U. Liljenqvist,
I. Mazzotti, F. Schröter, C. Weining

ORTHOPÄDISCHES FORSCHUNGSINSTITUT (OFI)
DÜSSELDORF, HAMBURG UND MÜNSTER
p/a Hafenstr. 3-5, 48153 Münster

ISBN 978-3-642-63292-1   ISBN 978-3-642-57536-5 (eBook)
DOI 10.1007/978-3-642-57536-5

Die Deutsche Bibliothek - CIP-Einheitsaufnahme
Ein Titeldatensatz für diese Publikation
ist bei Der Deutschen Bibliothek erhältlich

Dieses Werk ist urheberrechtlich geschützt. Die dadurch begründeten Rechte, insbesondere die der Übersetzung, des Nachdrucks, des Vortrags, der Entnahme von Abbildungen und Tabellen, der Funksendung, der Mikroverfilmung oder der Vervielfältigung auf anderen Wegen und der Speicherung in Datenverarbeitungsanlagen, bleiben, auch bei nur auszugsweiser Verwertung, vorbehalten. Eine Vervielfältigung dieses Werkes oder von Teilen dieses Werkes ist auch im Einzelfall nur in den Grenzen der gesetzlichen Bestimmungen des Urheberrechtsgesetzes der Bundesrepublik Deutschland vom 9. September 1965 in der jeweils geltenden Fassung zulässig. Sie ist grundsätzlich vergütungspflichtig. Zuwiderhandlungen unterliegen den Strafbestimmungen des Urheberrechtsgesetzes.

http://www.steinkopff.springer.de
© Springer-Verlag Berlin Heidelberg 2002
Ursprünglich erschienen bei Steinkopff Verlag Darmstadt 2002

Die Wiedergabe von Gebrauchsnamen, Handelsnamen, Warenbezeichnungen usw. in diesem Werk berechtigt auch ohne besondere Kennzeichnung nicht zu der Annahme, dass solche Namen im Sinne der Warenzeichen- und Markenschutz-Gesetzgebung als frei zu betrachten wären und daher von jedermann benutzt werden dürften.

Produkthaftung: Für Angaben über Dosierungsanweisungen und Applikationsformen kann vom Verlag keine Gewähr übernommen werden. Derartige Angaben müssen vom jeweiligen Anwender im Einzelfall anhand anderer Literaturstellen auf ihre Richtigkeit überprüft werden.

Umschlaggestaltung: Erich Kirchner, Heidelberg
Herstellung: Klemens Schwind
Satz: K+V Fotosatz GmbH, Beerfelden

SPIN 10851990   105/7231-5 4 3 2 1 0 - Gedruckt auf säurefreiem Papier

Vorwort

Nach Beurteilung und Begutachtung von Gelenkschäden anlässlich des 1. Münsteraner Sachverständigen-Gespräches im April 2000 standen die Beurteilung und Begutachtung von Wirbelsäulenschäden und deren Folgen beim 2. Münsteraner Sachverständigen-Gespräch im März 2001 zur Diskussion. Auch bei diesem 2. Münsteraner Sachverständigen-Gespräch wurde die Berücksichtigung wissenschaftlich gesicherter Erkenntnisse statt hypothetischer Aussagen zum Ziel gesetzt, d.h. nach kritischer Auswertung der Literatur im vorgenannten Sinne sollten Empfehlungen zur Begutachtung von Wirbelsäulenschäden ausgesprochen werden.

Insbesondere wurde hierbei auf eine rege Diskussion mit den Kongressteilnehmern, d.h. zum größten Teil mit Kollegen, die sich täglich mit diesem Begutachtungsfragen auseinandersetzen, nach den einzelnen Beiträgen Wert gelegt.

Zur Praxisbezogenheit wurden Fallbeispiele konstruiert. So wurde nach der Auseinandersetzung mit „Biomechanischen Aspekten der traumatischen Genese eines Bandscheibenvorfalles" „Der schwierige Bandscheibenvorfall" als Fallbeispiel zur Diskussion zwischen Referenten und Zuhörer gestellt.

Wirbelsäulenfrakturen wurden insbesondere hinsichtlich von Spätfolgen wie posttraumatischer Kyphose, posttraumatischer Instabilität, posttraumatischer Bandscheibenveränderungen und Spätfolgen nach operativer Stabilisierung beleuchtet und eine entsprechend gutachtliche Bewertung vorgenommen.

Nicht nur knöcherne Verletzungen, sondern auch neurologische Komplikationen wie die traumatische Querschnittslähmung wurden hinsichtlich der Prognose und Begutachtungskriterien diskutiert. Dass hierbei nicht nur sensomotorische Ausfälle der Extremitäten zu gewichten sind, sondern auch erektile Dysfunktionen auftreten können, welche bei der Bewertung im Gutachtenwesen häufig vernachlässigt werden, wurde sowohl neurophysiologisch als auch urologisch aufgearbeitet.

Auch das immer wieder auf Kongressveranstaltungen – mehr oder weniger emotional – diskutierte Thema „HWS-Schleudertrauma" wurde bei dem Themenkomplex „Begutachtung von Wirbelsäulenschäden" einbezogen. Ausführungen zu biomechanischen Aspekten der verschiedenen Kollisionsarten, zur individuellen Belastbarkeit der betroffenen Personen und hier insbesondere auch die Diskussion von hypothetisch verbreiteten, nicht wissenschaftlich abgesicherten Meinungen stellen hier die Inhalte dar.

Ausführlich wurde das Thema Wirbelsäulendeformitäten, Skoliosen, pathologische Kyphosen, pathologische Lordosen und die Spondylolisthesis besprochen; es wurde hier neben Klassifikationen und möglicher Therapie zu den Begutachtungskriterien Stellung bezogen.

Die zervikale Myelopathie wurde aus neurologischer Sicht vorgestellt; nicht nur zur Diagnostik, sondern auch zur gutachtlichen Relevanz wurde klar Stellung bezogen.

Da in der Begutachtungspraxis beim Thema Berufskrankheiten 2108, 2109, 2110 immer wieder Unklarheiten auftreten, wurde auch dieses Thema aufgenommen und auch anhand eines Fallbeispieles abschließend zur Diskussion gestellt.

Neben den Ausführungen der einzelnen Referate sind die wichtigsten Fragen und Antworten, die während der Diskussion gestellt bzw. beantwortet wurden, in diesem Buch wiedergegeben.

Die Herausgeber erheben keinen Anspruch darauf, dass es sich bei den Ausführungen der einzelnen Autoren um Dogmen handelt, sondern, wie schon im vergangenen Jahr, bei der Beurteilung und Begutachtung von Gelenkschäden eine Standortbestimmung auf der Grundlage von wissenschaftlich gesicherten Fakten darstellen sollen, deren Fortentwicklung durch weitere wissenschaftliche Bemühungen wünschenswert ist.

Münster, im März 2002
W. H. M. Castro
M. F. Hein
I. Mazzotti

Inhaltsverzeichnis

1. Primär-mechanische Ursachen des Vorfalls lumbaler Bandscheiben – eine Übersicht des derzeitigen Kenntnisstandes . 1
   P. Brinckmann

2. Der schwierige (Bandscheibenvor-)Fall 10
   J. Lehmann

3. Wirbelsäulenfrakturen – Prognose und Begutachtung 20
   U. Liljenqvist

4. Die traumatische Querschnittlähmung –
   Prognose und Begutachung 32
   U. Bötel

5. Erektile Dysfunktion 43
   ▪ Neurologische Begutachtung 43
   M. Fabra

   ▪ Urologische Begutachtung 57
   C. Weining, L. Hertle

6. HWS-Schleudertrauma 69
   I. Mazzotti, M. F. Hein, W. H. M. Castro

7. Wirbelsäulendeformitäten – Prognose und Begutachtung . . . 92
   H. Halm

8. Zervikale Myelopathie – Prognose und Begutachtung 140
   I. W. Husstedt, H. Freund

9. Die Berufskrankheiten Nr. 2108, 2109, 2110 152
   F. Schröter

10. Der schwierige (Berufskrankheiten-)Fall 170
    V. Grosser

Sachverzeichnis 183

Autorenverzeichnis

Dipl.-Ing. M. Becke
Ingenieurbüro Schimmelpfennig
und Becke
Münsterstr. 101, 48155 Münster

Dr. med. Uwe Bötel
Berufsgenossenschaftliche
Kliniken Bergmannsheil
Abteilung für Neurotraumatologie
und Rückenmarkverletzte der
Chirurgischen Universitätkliniken
Bürkle-de-la-Camp-Platz 1
44789 Bochum

Prof. Dr. rer. nat. P. Brinckmann
Institut für
Experimentelle Biomechanik
der Westfälischen
Wilhelms-Universität Münster
Domagkstr. 3, 48149 Münster

Prof. Dr. med. W. H. M. Castro
Orthopädisches Forschungsinstitut
Münster
Hafenstr. 3–5, 48153 Münster

Dr. med. M. Fabra
Medizinisches Gutachteninstitut
Mönckebergstr. 5, 20095 Hamburg

Priv.-Doz. Dr. med. M. Freund
Klinik und Poliklinik für Neurologie
der Westfälischen
Wilhelms-Universität Münster
Albert-Schweitzer-Str. 33
48129 Münster

Dr. med. V. Grosser
BG-Unfallkrankenhaus Hamburg
Bergedorfer Str. 10, 21033 Hamburg

Priv.-Doz. Dr. med. H. Halm
Klinik für Wirbelsäulenchirurgie/
Skoliosezentrum/Zentrum für
Thoraxwanddeformitäten
der Klinik Neustadt
Am Kiebitzberg 8, 23736 Neustadt

Dr. med. M. F. Hein
Orthopädisches Forschungsinstitut
Münster
Hafenstr. 3–5, 48153 Münster

Univ.-Prof. Dr. med. L. Hertle
Klinik und Poliklinik für Urologie
der Westfälischen
Wilhelms-Universität Münster
Albert-Schweitzer-Str. 33
48129 Münster

Prof. Dr. med. I. W. Husstedt
Klinik und Poliklinik für Neurologie
der Westfälischen
Wilhelms-Universität Münster
Albert-Schweitzer-Str. 33
48129 Münster

Dr. med. J. Lehmann
Medizinische Begutachtung
Sonneberger Str. 20, 28329 Bremen

Priv.-Doz. Dr. med. U. LILJENQVIST
Klinik und Poliklinik für Allgemeine
Orthopädie der Westfälischen
Wilhelms-Universität Münster
Albert-Schweitzer-Str. 33
48129 Münster

Dr. med. I. MAZZOTTI
Orthopädisches Forschungsinstitut
Münster
Hafenstr. 3-5, 48153 Münster

Dr. med. F. SCHRÖTER
Institut für
medizinische Begutachtung
Landgraf-Karl-Str. 21, 34131 Kassel

Dr. med. C. WEINING
Klinik und Poliklinik für Urologie
der Westfälischen
Wilhelms-Universität Münster,
Albert-Schweitzer-Str. 33
48129 Münster

1 Primär mechanische Ursachen des Vorfalls lumbaler Bandscheiben – eine Übersicht des derzeitigen Kenntnisstandes

P. BRINCKMANN

Das Geschehen eines Bandscheibenvorfalls setzt voraus, dass sich in der Bandscheibe Gewebefragmente bilden, und dass eine durchgehende Öffnung im Faserring besteht, durch die ein Fragment nach außen treten kann. Der zeitliche Ablauf dieser Vorgänge ist nicht bekannt. Hierzu gibt es zwei Hypothesen. Ein Vorfall kann durch ein einziges Ereignis bewirkt werden, oder alternativ, ein Vorfall kann das letzte Glied in einem sich über längere Zeit erstreckenden Prozess sein.

Die hohe Beanspruchung lumbaler Bandscheiben unter axialer Last, oft bei gleichzeitiger Seitneigung und Rotation des Rumpfes sowie Fallbeschreibungen von Patienten legen die Vermutung nahe, dass mechanische Faktoren für die Entstehung eines Bandscheibenvorfalls primär ursächlich sein können. Die Bezeichnung „primär" soll deutlich machen, dass die Ursache gemeint ist, die am Beginn des (wie auch immer ablaufenden) Prozesses des Vorfalls steht. Dies im Gegensatz zu einem „sekundären" mechanischen Beitrag zum Vorfall einer Bandscheibe im Stadium fortgeschrittener Vorschädigung durch andere, nicht-mechanische Einflussgrößen. Direkte In-vivo-Versuche zur Bestätigung von Hypothesen zur Entstehung von Bandscheibenvorfällen sind wegen der möglichen, irreversiblen Folgen nicht ausführbar. Erkenntnisse zur Ursache des Bandscheibenvorfalls lassen sich nur indirekt aus Versuchen an Präparaten, aus biomechanischen Modellrechnungen oder durch epidemiolgische Erhebungen gewinnen.

In-vitro-Studien zur Provokation eines Bandscheibenvorfalls

Laborversuche zur Provokation von Bandscheibenvorfällen an Präparaten von Bewegungssegmenten der Lendenwirbelsäule sind bis heute mit Ausnahme eines einzigen, unten beschriebenen Experiments ohne überzeugenden Erfolg geblieben. Bei Überlastung von Bewegungssegmenten der Lendenwirbelsäule frakturiert immer zuerst der angrenzende Wirbelkörper (Perey 1957, Hutton et al. 1979, Brinckmann et al. 1989). Verletzungen des Anulus fibrosus und ein Vorfall von Bandscheibengewebe wurden bei Überlastversuchen nicht beobachtet. Diese Feststellung ist unabhängig davon, ob im Experiment eine einzige hohe Belastung oder wiederholte, axiale Belastungen (Brinckmann et al.) aufgebracht wurden.

Nur bei Hyperflexion, d.h. einer Vorbeugung über die physiologische Grenze hinaus, kann der Faserring der Bandscheibe im dorsalen Bereich reißen oder sich von der Endplatte lösen. Adams u. Hutton (1982) sahen im Laborversuch bei Hyperflexion und gleichzeitiger hoher axialer Belastung bei einem Teil der untersuchten Präparate einen Bandscheibenvorfall. Der von Adams und Hutton demonstrierte Mechanismus erklärt Bandscheibenvorfälle, zum Teil kombiniert mit einem Ausriss des knöchernen Endplattenrandes, die als Folge von Unfällen gesehen werden (Epstein et al. 1991). Ein typisches Unfallereignis im Sport ist beispielsweise ein missglückter Absprung vom Gerät mit hoher Belastung beim Auftreffen auf dem Boden und gleichzeitiger Hyperflexion des Oberkörpers. Es besteht jedoch kein Anlass zu der Annahme, dass die hier geschilderte Belastungssituation für die Entstehung der Mehrzahl der in der Bevölkerung beobachteten Bandscheibenvorfälle verantwortlich sein könnte.

Die Rolle von Rissen (Fissuren) im Faserring für die Auslösung eines Bandscheibenvorfalls wurde an Präparaten von Bewegungssegmenten untersucht, deren Bandscheiben mit experimentell eingebrachten, radial verlaufenden Schnitten versehen wurden (Brinckmann 1986). Diese Schnitte durchtrennten vom Zentrum der Bandscheibe ausgehend den gesamten Faserring bis auf eine äußere Lamelle von 1–2 mm Stärke. Bei Überlastung dieser vorgeschädigten Präparate ereignete sich jeweils eine Fraktur der Wirbelkörper; ein Vorfall von Bandscheibengewebe wurde nicht beobachtet.

Der Einfluss der axialen Rotation auf die Entstehung von Bandscheibenvorfällen ist experimentell sowie mit Hilfe rechnerischer Modelle untersucht worden (Ahmed et al. 1990, Duncan et al. 1991). Die Studien kamen zu dem Ergebnis, dass bei intakten Facettengelenken der Bewegungsumfang der axialen Rotation benachbarter Lendenwirbel von etwa 2° zur Schädigung der Fasern des Anulus fibrosus und damit zur Verursachung eines Bandscheibenvorfalls nicht ausreicht.

Es muss auf eine Begrenzung der aus In-vitro-Versuchen gewonnenen Erkenntnisse hingewiesen werden. Es ist bis jetzt nicht möglich, Präparate von Bandscheiben über einen längeren Zeitraum versuchstauglich zu konservieren. Damit besteht keine Möglichkeit, die Auswirkung längerdauernder statischer oder zyklischer Belastung im Labor zu simulieren; die Bewertung des Ergebnisses eines auf kurze Zeitdauer angelegten Versuchs mit zyklischer Belastung (Gordon et al. 1991) ist schwierig. Außerdem muss bedacht werden, dass langdauernde Prozesse immer in Konkurrenz mit physiologischen Heilungsvorgängen stehen. Über Heilungsvorgänge von Bandscheibengewebe beim Menschen ist praktisch nichts bekannt. Heilungsvorgänge können folglich in vitro oder in Modellrechnungen bislang nicht verlässlich nachgebildet oder berücksichtigt werden.

Bei Bandscheibenoperationen gewonnenes, extrudiertes Gewebe ist in mehreren Studien histologisch untersucht worden, um einen Hinweis über den Ursprungsort dieser Fragmente zu gewinnen (Reimers 1962, Brock et al. 1992). Es zeigte sich, dass die untersuchten Fragmente zu einem hohen Prozentsatz aus Bandscheibengewebe zusammen mit Endplattenknorpel bestanden. Es gibt keine schlüssige Hypothese über eine mechanische Einwirkung, die eine Fragmentierung des Bandscheibengewebes und seine Ablösung von den knöchernen Endplatten der Wirbelkörper bewirken könnte. Der zentrale Bereich der Bandscheibe wird bei Flexion, Extension, Seitneigung oder axialer Rotation am geringsten verformt. Wenn Verformung eine Rolle spielt, müsste die Fragmentierung der Bandscheibe daher an ihrer Peripherie beginnen. Diese Befunde sowie die Ergebnisse eines In-vitro-Versuchs, der die Fragmentierung des Gewebes im zentralen Bereich der Bandscheibe simulierte (Brinckmann u. Porter 1994), sind eher mit der Annahme eines längeren, unbekannten, nicht primär mechanisch bestimmten Prozesses verträglich, welcher dem eigentlichen Vorfall vorausgeht.

Einfluss der Körperhaltung auf Vorwölbung und Vorfall der Bandscheibe

Bei Beugung oder Seitneigung nähern sich die Endplatten der Wirbelkörper einseitig und der Bandscheibenraum nimmt eine Keilform an. Da das Gewebe praktisch inkompressibel ist, müssen sich Teile des Anulus fibrosus und des Nucleus pulposus innerhalb des Bandscheibenraumes in Richtung auf die Öffnung des Keils verschieben. Einige Autoren nahmen an, dass bei Flexion infolge dieser Verschiebung die Auswölbung der Bandscheibe dorsal zunimmt und dass eine solche Auswölbung die Entstehung eines Bandscheibenvorfalls begünstigen könnte. Eine Belastung der Wirbelsäule bei Vorbeuge des Rumpfes wurde daher als ungünstige Beanspruchung des Bandscheibengewebes angesehen.

Die postulierte dorsal vergrößerte Vorwölbung einer ansonsten gesunden Bandscheibe in Flexion ist jedoch weder mit Messungen der Bandscheibenvorwölbung an Präparaten von Bewegungssegmenten (Brinckmann u. Porter 1994) noch mit In-vivo-Beobachtungen aus Röntgenaufnahmen von Patienten bei Myelografien (z. B. Inufusa et al. 1996) in Übereinstimmung. Im Gegensatz zur oben zitierten Annahme verkleinert sich bei Flexion die radiale Auswölbung der Bandscheibe dorsal während sie sich ventral vergrößert. Ein Zusammenhang zwischen der Entstehung von Bandscheibenvorfällen und einer in Flexion erfolgten Belastung der Lendenwirbelsäule ist epidemiologisch bislang nicht belegt.

Das im Vergleich zur oberen Lendenwirbelsäule erhöhte Vorkommen von Bandscheibenvorfällen in den Segmenten L4/L5 und L5/S1 scheint auf den ersten Blick für eine mechanische Verursachung von Vorfällen zu sprechen. In vorgebeugter Haltung des Rumpfes werden diese Segmente am höchsten auf Kompression belastet. Es ist jedoch nicht klar, ob in diesen Segmenten das höchste Vorkommen von Vorfällen oder lediglich das höchste Vorkommen behandlungsbedürftiger Vorfälle besteht. Außerdem ist zu bedenken, dass in aufrechter Haltung des Rumpfes (im Gegensatz zur vorgebeugten Haltung) beim Heben und Tragen alle Segmente der Lendenwirbelsäule annähernd gleich hoch auf Kompression belastet werden. Wegen der kleineren Abmessungen der Bandscheiben im kranialen Teil der Lendenwirbelsäule ist in aufrechter Haltung die durch äußere Lasten verursachte mechanische Spannung hier größer als im kaudalen Teil. Eine mechanische Ursache vorausgesetzt, sollten also Vorfälle in den Segmenten T12/L1-L2/L3 (die nicht notwendigerweise Symptome verursachen müssen) nicht selten sein.

Epidemiologische Studien des Zusammenhangs zwischen hoher körperlicher Belastung und der Entstehung von Bandscheibenvorfällen

Epidemiologische Studien (Braun 1969, Kelsey et al. 1975 und 1984, Heliövaara 1987) ergaben für eine Reihe von Personengruppen, die langzeitig körperlich schwere Arbeit geleistet haben, ein erhöhtes Risiko, wegen Bandscheibenvorfalls im Krankenhaus behandelt zu werden. Nach Braun (1969) besteht für männliche Personen mit hoher Belastung der Wirbelsäule ein deutlich erhöhtes Risiko für das Auftreten eines im Krankenhaus zu behandelnden Bandscheibenvorfalls. Der Autor relativiert dieses Ergebnis jedoch durch Hinweis auf das überraschend kleine Risiko schwer belasteter Frauen, wegen Bandscheibenvorfalls im Krankenhaus behandelt zu werden. Als mögliche Erklärung führt der Autor an, dass es unbekannte Einflüsse geben kann, die in der von ihm durchgeführten Studie die Wahrscheinlichkeit, im Krankenhaus behandelt zu werden, nicht jedoch die Entstehungshäufigkeit von Bandscheibenvorfällen bei Männern zu größeren Werten hin verschoben haben.

Auch nach den Untersuchungen von Kelsey et al. (1975, 1984) ist das Heben und Tragen schwerer Lasten mit einem höheren Risiko des Auftretens von Bandscheibenvorfällen verbunden. Diese Studien haben jedoch methodische Mängel. Als Kriterium der Belastung wurden nur die gehobenen oder getragenen Lasten erfragt und nicht die Drehmomente (Produkte aus Last und Abstand) in Bezug auf die Lendenwirbelsäule. Außerdem war die Zusammensetzung des Patienten- und Kontrollkollektivs wegen der merklichen Verweigerungsrate von mehr als 20% (Kelsey et al. 1984) möglicherweise gestört. Kelsey et al. gelangten in Bezug auf das Sitzen als Risikofaktor in unterschiedlichen Untersuchungen 1975 und 1984 zu widersprüchlichen Ergebnissen.

Nach Heliövaara (1987) ist das Risiko, wegen Bandscheibenvorfalls im Krankenhaus behandelt zu werden, bei körperlich schwer belasteten Männern stark erhöht; bei Frauen (wie auch nach Braun) jedoch kaum. Landarbeiter haben nur ein mäßig erhöhtes Risiko. Sitzende Berufe zeigen im Gegensatz zu Studien anderer Autoren kein erhöhtes Risiko.

Die Untersuchungen von Braun, Kelsey et al. und Heliövaara waren als Fallkontrollstudien ausgelegt. Die Ergebnisse dieser Studien sind daher (wie prinzipiell alle Fallkontrollstudien) mit Unsicherheiten behaftet, die sich aus Auswahl und Kooperationsbereitschaft der erkrankten Personen und der Kontrollkollektive ergeben. Heliövaara mahnt zur Vorsicht bei der Interpretation der Ergebnisse. Die ermittelten Risikofaktoren könnten durch unterschiedliche Bereitschaft und Möglichkeit, sich konservativ oder operativ im Krankenhaus behandeln zu lassen, beeinflusst sein. Die Ergebnisse werden daher von Heliövaara nicht als sicherer Hinweis auf einen Zusammenhang zwischen Wirbelsäulenbelastung und Bandscheibenvorfall gesehen.

Heliövaara schlägt vor, zur Klärung des Sachverhalts prospektive Studien (Interventionsstudien) auszuführen. Dem stehen jedoch praktische Schwierigkeiten entgegen. Die Inzidenz behandlungsbedürftiger Bandscheibenvorfälle in der Bevölkerung beträgt etwa 6–8-mal 10^{-4} pro Jahr und Person (Heliövaara 1987, Berney 1990). Die Beobachtung der Entwicklung einer derartig seltenen Krankheit in einer prospektiven Studie würde, um statistisch signifikante Resultate zu erbringen, sehr große Kollektive und lange Beobachtungszeiträume unter unveränderten äußeren Bedingungen voraussetzen. Aus diesem Grunde sind – ungeachtet des großen klinischen (und auch wirtschaftlichen) Interesses an diesem Problem – bislang keine prospektiven Studien ausgeführt worden.

Weitere ungelöste Fragen

Es erscheint möglich, dass die Irritation der Nervenwurzeln durch vorgefallenes Bandscheibengewebe nicht durch eine mechanische Einengung erfolgt, sondern biochemischer Natur ist (Olmarker et al. 1995). In diesem Fall kann erwartet werden, dass zwischen dem Vorfall und dem Auftreten klinischer Symptome ein Zeitintervall von einigen Tagen oder Wochen liegt, das die nachträgliche Zuordnung spezieller Belastungszustände (Tätigkeiten oder Körperhaltungen) zum eigentlichen Vorfallereignis erschwert oder praktisch unmöglich macht.

In vivo und bei Sektionen wird mit zunehmender Verfeinerung der diagnostischen Methoden sowie durch Anwendung von Computertomografie und Magnetresonanztomografie eine hohe Prävalenz pathologischer, jedoch nicht mit klinischen Symptomen verknüpfter Veränderungen an Bandscheiben, wie Protrusionen und Extrusionen, beobachtet (McRae 1956, Jensen et al. 1994, Wood et al. 1995). Dabei scheinen Protrusionen (lokale Vorwölbungen) häufig, Extrusionen (vom Rest der Bandscheibe nahezu oder vollständig abgetrennte Fragmente) seltener zu sein. Wenn die in diesen Studien beobachteten Veränderungen nicht krankhafter Natur sind, sondern dem normalen Alterungsprozess entsprechen, könnte in Zukunft an die Stelle der Frage „Warum entstehen Bandscheibenvorfälle?" die Frage „Warum verursachen nur so wenige der entstehenden Vorfälle klinische Symptome?" treten.

Entwicklungsstadien von Bandscheibenvorfällen (wenn es sich denn um eine Entwicklung und nicht um einen kurzzeitig ablaufenden Vorgang handelt) konnten bisher nicht dokumentiert werden, da aus Gründen der Strahlenbelastung keine röntgenologischen Verlaufsbeobachtungen vorgenommen werden konnten. So besteht beispielsweise keine Klarheit darüber, ob die häufig gesehenen lokalen Vorwölbungen (Protrusionen) der Bandscheibe oder die bei Diskografien sichtbaren Fissuren im Bandscheibengewebe Vorstufen zu einem Vorfall darstellen oder nicht.

Längsschnittuntersuchungen mit Magnetresonanztomografie unterliegen im Gegensatz zu Röntgenuntersuchungen nicht den Beschränkungen durch die Strahlenbelastung. Wood et al. (1997) sahen in einer sich über 26 Monate erstreckenden Follow-up-Studie keine Veränderungen bei thorakalen Protrusionen geringer Ausdehnung und bei Protrusionen größerer Ausdehnung eine Tendenz zur Verkleinerung. Boos et al. (2000) veröffentlichten die Ergebnisse einer 5-Jahres-Kontrolle von 46 beschwerdefreien Personen, bei denen in der Eingangsuntersuchung pathologische Veränderungen der lumbalen Bandscheiben diagnostiziert worden waren. Protrusionen und Extrusionen nahmen im Beobachtungszeitraum nicht signifikant zu. Das Vorkommen eines Bandscheibensequesters wurde im Beobachtungszeitraum nicht registriert.

Zusammenfassung

In-vitro-Versuche konnten bisher kein Modell für die Entstehung eines primär mechanisch verursachten Bandscheibenvorfalls aufzeigen. Ausgenommen sind Unfallereignisse bei Hyperflexion und gleichzeitiger hoher axialer Belastung. Die Kenntnisse aus Laborversuchen sind jedoch lückenhaft, da eine Simulation langdauernder und/oder zyklischer Belastung in vitro bislang nicht möglich ist.

Die bisher ausgeführten Fallkontrollstudien waren Fehlereinflüssen ausgesetzt, sodass aus ihren Ergebnissen nicht zwingend auf einen Zusammenhang zwischen Entstehung von Bandscheibenvorfällen (nicht: ihrer Behandlung im Krankenhaus) und hoher Belastung der Wirbelsäule geschlossen werden kann. Die Studien schließen einen solchen Zusammenhang jedoch auch nicht aus. Prospektive Studien, die das Problem klären könnten, sind bislang nicht ausgeführt. Die Ursachenforschung wird zusätzlich durch Ungenauigkeiten bei der Angabe der beruflichen oder außerberuflichen Belastung und Schwierigkeiten bei der Beschreibung der degenerativen Veränderungen lumbaler Bandscheiben erschwert (Videman u. Battié 1999).

Die Ergebnisse der epidemiologischen Studien und der In-vitro-Versuche sind mit der Annahme verträglich, dass bei bestehender (aus unbekanntem Grund erfolgter) Vorschädigung der Bandscheibe mechanische Faktoren einen Vorfall begünstigen und letztlich auslösen können. Möglicherweise gibt es eine genetische Prädisposition, welche die Entstehung von Bandscheibenvorfällen begünstigt (Videman u. Battié 1999). Entwicklungsstadien des Fortschreitens pathologischer Veränderungen an Bandscheiben, die einem Vorfall vorangestellt sind, wurden bisher in vivo in Längsschnittuntersuchungen nicht identifiziert.

Die Ursache des lumbalen Bandscheibenvorfalls muss derzeit als nicht bekannt angesehen werden. Aus diesem Grunde lassen sich keine wissenschaftlich fundierten Ratschläge zur Prävention geben.

Literatur

Adams MA, Hutton WC (1982) Prolapsed intervertebral disc. A hyperflexion injury. Spine 7:184–191
Ahmed AM, Duncan NA, Burke DL (1990) The effect of facet geometry on the axial torque-rotation response of human lumbar motion segments. Spine 15:391–401
Berney J, Jeanpretre M, Kostli A (1990) Facteurs epidemiologiques de la hernie discale lombaire. Neurochirurgie (Masson, Paris) 36:354–365
Braun W (1969) Ursachen des lumbalen Bandscheibenvorfalls. Wirbelsäule in Forschung und Praxis 43. Hippokrates, Stuttgart
Brinckmann P (1986) Injury of the annulus fibrosus and disc protrusions. An in vitro investigation on human lumbar discs. Spine 11:149–153
Brinckmann P, Biggemann M, Hilweg D (1988) Fatigue fracture of human lumbar vertebrae. Clinical Biomechanics 3 Suppl 1:S1–S23
Brinckmann P, Biggemann M, Hilweg D (1989) Prediction of the compressive strength of human lumbar vertebrae. Clinical Biomechanics 4 Suppl 2:S1–S27
Brinckmann P, Porter RW (1994) A laboratory model of lumbar disc protrusion. Spine 19:228–235
Brock M, Patt S, Mayer HM (1992) The form and structure of the extruded disc. Spine 17:1457–1461
Duncan NA, Ahmed AM (1991) The role of axial rotation in the etiology of unilateral disc prolapse. An experimental and finite-element analysis. Spine 16:1089–1098
Epstein NE, Epstein JA (1991) Limbus lumbar vertebral fractures in 27 adolescents and adults. Spine 16:962–966
Frobin W, Brinckmann P, Leivseth G, Biggemann M, Reikerås O (1996) Precision measurement of segmental motion form flexion-extension radiographs of the lumbar spine. Clinical Biomechanics 11:457–465
Gordon SJ, Yang KH, Mayer PJ, Mace AH, Kish VL, Radin EL (1991) Mechanism of disc rupture. A preliminary report. Spine 16:450–456
Heliövaara M, Knekt P, Aromaa A (1987) Incidence and risk factors of herniated lumbar intervertebral disc or sciatica leading to hospitalization. J Chron Dis 40:251–258
Heliövaara M (1987) Occupation and risk of herniated lumbar intervertebral disc or sciatica leading to hospitalization. J Chron Dis 40:259–264
Hutton WC, Cyron BM, Stott JRR (1979) The compressive strength of lumbar vertebrae. J Anat 129:753–7583
Iencean SM (2000) Lumbar intervertebral disc herniation following experimental intradiscal pressure increase. Acta Neurochir (Wien) 142:669–676
Inufusa A, An HS, Lim TH, Hasegawa T, Haughton VM, Nowicki BH (1996) Anatomic changes of the spinal canal and intervertebral foramen associated with flexion-extension movement. Spine 21:2412–2420

Jensen MC, Brant-Zawadzki MN, Obuchowski N, Modic MT, Malkasian D, Ross JS (1994) Magnetic resonance imaging of the lumbar spine in people without back pain. New Engl J Med 331:69–73

Kelsey JL (1975) An epidemiological study of the relationship between occupations and acute herniated lumbar intervertebral discs. Int J Epidemiol 4:197–205

Kelsey JL, Githens PB, White AA, Holford TR, Walter SD, O'Connor T, Ostfeld AM, Weil U, Southwick WO, Calogero JA (1984) An epidemiologic study of lifting and twisting on the job and risk for acute prolapsed lumbar intervertebral disc. J Orthop Res 2:61–66

Kelsey JL, Githens PB, O'Connor T, Weil U, Calogero JA, Holford TR, White AA, Walter SD, Ostfeld AM, Southwick WO (1984) Acute prolapsed lumbar intervertebral disc. An epidemiologic study with special reference to driving automobiles and smoking. Spine 9:608–613

McRae DL (1956) Asymtomatic intervertebral disc protrusions. Acta Radiol 46:9–27

Olmarker K, Blomquist J, Strömberg J, Nannmark U, Thomsen P, Rydevik B (1995) Inflammatogenic properties of nucleus pulposus. Spine 20:665–669

Perey O (1957) Fracture of the vertebral end-plate in the lumbar spine. Acta Orthop Scand Suppl 25:1–101

Reimers C (1961) Untersuchungen zur Entstehung der lumbalen Bandscheibenhernie. Wirbelsäule in Forschung und Praxis. 25:89–106

Videman T, Battié MC (1999) The influence of occupation on lumbar degeneration. Spine 24:1164–1168

Wood KB, Garvey TA, Gundry C, Heithoff KB (1995) Magnetic resonance imaging of the thoracic spine. J Bone Jt Surg 77A:1631–1638

Wood KB, Blair JM, Aepple DM, Schendel MJ, Garvey TA, Gundry CR, Heithoff KB (1997) The natural history of asymptomatic thoracic disc herniations. Spine 22:525–530

Diskussion

? Gibt es spezielle experimentelle Daten, die weitere Hinweise für die Ursache traumatischer Bandscheibenvorfälle geben können?

Aus ethischen Gründen können nur In-vitro-Versuche durchgeführt werden. Bei solchen Versuchen konnten bislang Bandscheibenvorfälle nur unter besonderen, wenig wirklichkeitsnahen Umständen provoziert werden.

In dem Experiment von Adams und Hutton (1982) wurde das Bewegungssegment in Hyperflexion belastet. Nur in dieser Haltung kann der Faserring reißen oder sich von der Endplatte lösen. Diese Haltung tritt in der Praxis am ehesten bei Unfällen (z. B. beim Geräteturnen – missglückter Absprung vom Gerät mit anschließendem Stand) auf; bei beruflicher Arbeit dürfte dieser Belastungsmodus eher selten sein.

In den Experimenten von Brinckmann u. Porter (1994) wurde das Bewegungssegment axial belastet. Bei Überlast kam es stets zum Einbrechen der knöchernen Endplatte, nicht aber zu einem Bandscheibenvorfall. Ein Bandscheibenvorfall konnte erst dann erzielt werden, nachdem eine radiale Fissur künstlich gesetzt und zusätzlich aus dem Bandscheibenraum entnommenes Gewebe zerstückelt und wieder in den Bandscheibenraum zurückverbracht wurde.

In dem Experiment von Iencean (2000) wurde die Bandscheibe nicht einer Gewichtslast ausgesetzt. Stattdessen wurde mit einem Kompressor im Bandscheibenraum ein pneumatischer Druck aufgebaut (die angrenzenden Wirbel waren mechanisch fixiert). Bei Überlast wurde immer eine Schädigung des Faserringes beobachtet. Zum Teil konnten auch Endplatteneinbrüche erzeugt werden. Bei Vorschädigung (Gewebsrisse; Nachweis durch Diskographie) waren die erforderlichen Drücke zur Schädigung des Faserringes kleiner.

2 Der schwierige (Bandscheibenvor-)Fall

J. LEHMANN

Zur Diskussion gestellt wird hier ausschließlich der Bandscheibenvorfall im Lendenwirbelsäulenbereich – die Einbeziehung von Bandscheibenvorfällen an der Halswirbelsäule würde die vorgesehenen zeitlichen Rahmenbedingungen sprengen. Man denke nur an das Stichwort „Schleudertrauma"! Abschließend soll aber – außerhalb der Diskussion – kurz auf die Halswirbelsäule eingegangen werden. Zunächst zur Beantwortung der Frage: Was ist ein schwieriger (Bandscheibenvor-)Fall? Schwierig bedeutet im Rahmen dieses Sachverständigengesprächs die Beurteilung des Zusammenhangs zwischen dem Manifestwerden der Symptome eines Bandscheibenvorfalls einerseits und einem Unfall andererseits.

Bei einer Literaturdurchsicht wird man auf die übereinstimmende Aussage stoßen, dass bisher der unzweifelhafte Beweis für den Eintritt des isolierten Vorfalls einer gesunden Lendenbandscheibe als Folge einer einmaligen Gewalteinwirkung noch aussteht (Brinckmann 1997, Rompe 1997, Russe u. Neumann 1989). Mit dieser Feststellung könnte die „Schwierigkeit" der Zusammenhangsbeurteilung für den ärztlichen Gutachter schon beendet sein. Das ist aber deshalb nicht der Fall, weil einerseits in der Regel die Frage nach einer vorbestehenden degenerativen Zerrüttung des Bandscheibengewebes zu berücksichtigen ist und andererseits im Versicherungsrecht verschiedenartige Anspruchsvoraussetzungen vorliegen. Erinnert sei in diesem Zusammenhang an die unterschiedlichen Rechtsgrundlagen für die private und die gesetzliche Unfallversicherung (Lemke 1999).

Für die Diskussion vorbereitet sind 4 Fallbeispiele mit verschiedenartigem biomechanischem, aber nicht ungewöhnlichem Ablauf.

Zu diskutieren wäre:
- Über das so genannte Verhebetrauma
- Über Folgen der axialen Stauchung an der Lendenwirbelsäule
- Über Folgen einer übergroßen Lasteinwirkung auf den Rücken
- Über Folgen eines Sturzes auf den Rücken

Aus Zeitgründen wird sich die Diskussion auf ein oder zwei der genannten Fallbeispiele beschränken müssen.

Fallbeispiele

1. Fall: Das so genannte Verhebetrauma

Ein zum Zeitpunkt des Geschehens (Anfang Juli 1997) 55 Jahre alter Gastwirt verspürte beim Anheben eines 50-l-Bierfasses einen Schmerz im Gesäß/Hüftbereich links. Am Folgetag suchte er seinen Hausarzt auf, der ihm wegen eines „eingeklemmten Nervs" eine Spritze verabreichte. Drei Wochen später traten im linken Bein Gefühlsstörungen und Kribbelmissempfindungen auf, woraufhin eine kernspintomografische Untersuchung der Lendenwirbelsäule veranlasst wurde. Der Radiologe beschrieb einen linksparamedianen Bandscheibenvorfall L5/S1 mit Irritation der L5-Wurzel sowie der S1-Wurzel links. Es erfolgte Anfang September – also mehr als 2 Monate später – die Vorstellung bei einem Neurochirurgen. Dieser diagnostizierte ein Wurzelkompressionssyndrom L5 links ohne wesentliche neurologische Ausfälle. Arbeitsunfähigkeit wurde vom Hausarzt erst 3 Monate später, nämlich vom 09.10.–30.11.1997 bescheinigt.

Aus der weiteren Vorgeschichte geht hervor, dass 1970 und 1984 jeweils Heilverfahren wegen Wirbelsäulenbeschwerden durchgeführt worden waren.

Aufgrund von Ansprüchen, welche der Gastwirt an die zuständige Berufsgenossenschaft stellte, wurde im Februar 1998 ein neurochirurgisches Zusammenhangsgutachten in Auftrag gegeben. Unter anderem sollte darin die Frage beantwortet werden, ob ein ursächlicher Zusammenhang zwischen dem Ereignis und den aufgetretenen Beschwerden bestehe.

2. Fall: Axiale Stauchung der Lendenwirbelsäule

Der 31-jährige Versicherte war am 28.08.1999 dabei, ein junges Pferd einzureiten. Von dem Vorgang, der für die nachfolgende Gesundheitsstörung an der Lendenwirbelsäule angeschuldigt wurde, gibt es zwei Versionen. In der Unfallanzeige heißt es, dass das Pferd plötzlich gebuckelt habe. Bei der gutachtlichen Untersuchung wurde angegeben, das Pferd sei plötzlich gestiegen und, um einem Absturz zuvorzukommen, sei der Versicherte abgesprungen. Er sei auf den Füßen gelandet, habe zwei Schritte nach vorn gemacht und sei sodann vornüber gefallen. Als er am Boden lag, habe er kein Gefühl mehr in den Beinen verspürt. Von anwesenden Zeugen des Geschehens sei ihm auf die Beine geholfen worden, er habe sich nach Hause begeben und hingelegt. Gegen Abend sei es zu Kreuzschmerzen gekommen, die in beide Beine ausstrahlten. Am Folgetag habe er eine Krankenhausambulanz aufgesucht. Dort habe man eine Röntgenuntersuchung vorgenommen. Es wurde die Diagnose „Lumbago" gestellt, und er wurde zur Weiterbehandlung an die Hausärztin verwiesen. Aus dem Befundbericht des Krankenhauses geht hervor, dass sich am Rücken keine äußeren Verletzungszeichen fanden, dass keine Gefühlsstörungen an den Beinen vorlagen, dass sich aber beiderseits ein positives Lasèguezeichen gefunden habe. Auf den Röntgenbildern sei keine frische knöcherne Verletzung zu finden gewesen. Die Hausärztin veranlasste am 06.09.1999 eine computertomografische Untersuchung der Lendenwirbelsäule. Es fand sich dabei ein breitbasiger, medialer *rechts*betonter Bandscheibenvorfall im Segment L5/S1. Eine 8 Tage später vorgenommene kernspintomografische Untersuchung kam zu dem gleichen Ergebnis. Es erfolgte eine ambulante Behandlung durch einen Orthopäden.

Aufgrund eines unbefriedigenden Behandlungserfolges nahm der Versicherte im Februar 2000 einen Arztwechsel vor. Am 15.03.2000 wurde erneut eine kernspintomografische Untersuchung vorgenommen. Beschrieben wurde jetzt ein medio-*links*-lateraler Bandscheibenvorfall im Segment L5/S1. Im Vergleich zur Voruntersuchung vom September 1999 sei dieser neu aufgetreten. Daraufhin erfolgte stationäre Einweisung zur operativen Behandlung. Bei der Operation am 26.4.2000 wurde eine Nukleotomie im Segment L5/S1 links mit zusätzlicher Entfernung eines raumfordernden Sequesters durchgeführt.

Im Juli 2000 wurde auf Veranlassung der privaten Unfallversicherung eine gutachtliche Untersuchung vorgenommen. Der Versicherte hatte Ansprüche auf Tageldzahlungen gestellt.

Beruflich ist er z.T. als Immobilienmakler tätig, zum anderen Teil wird von ihm ein Gestüt betrieben.

3. Fall: Übergroße Lasteinwirkung auf den Rücken

Am 23.12.1999 stand ein 31-jähriger Landwirt im Schweinestall, um einen etwa 250 kg schweren Strohballen, der sich in 1½ m Höhe auf einem Frontlader befand, abzuladen. Als er in gebückter Haltung dem Frontlader gerade den Rücken zukehrte, rutschte der Strohballen herunter, traf ihn im Rückenbereich und drückte ihn zu Boden. Der Versicherte gab an, sofort Schmerzen im Lendenwirbelsäulenbereich verspürt zu haben, die sich in der folgenden Nacht verstärkten. Er suchte deshalb am Folgetag einen Durchgangsarzt auf, dieser beschreibt als Befund: „Kraft und Sensibilität der Beine intakt. Reflexe symmetrisch, Lasègue li. positiv. Federungsschmerz L4."

Röntgenologisch fand sich laut Durchgangsarztbericht an der Lendenwirbelsäule keine knöcherne Verletzung.

Die Diagnose lautete: „Zerrung LWS".

Die Behandlung wurde dem Hausarzt überlassen.

Am 1. Weihnachtsfeiertag sei es wieder zu starken Schmerzen gekommen, die jetzt auch in das linke Bein ausstrahlten. Es wurde deshalb Anfang Januar 2000 eine kernspintomografische Untersuchung der Lendenwirbelsäule veranlasst. Im Befundbericht vom 04.01.2000 wird ein „frischerer links-medio-lateraler Diskusprolaps L4/5 mit erheblicher Kompression der L5-Wurzel links und eine vermutlich schon ältere anuläre geringgradig medial betonte Protrusionsdiskopathie L5/S1" beschrieben. Hämatome oder

andere Verletzungsfolgen seien nicht nachweisbar gewesen. Aufgrund dieses Befundes stellte der behandelnde Chirurg die Diagnose: „Traumatischer Bandscheibenvorfall L4/5 rechts".
In der Zwischenzeit hatte sich das Beschwerdebild gebessert. Nach einer Serie krankengymnastischer Behandlungen nahm der Landwirt Ende Januar 2000, zunächst unter Vermeidung schwerer körperlicher Belastung, seine berufliche Tätigkeit wieder auf. Eine nervenärztliche Untersuchung fand nicht statt.
Bei der gutachtlichen Untersuchung am 14.03.2000 wurde über auftretende Schmerzen im unteren Rückenbereich, ausschließlich bei der Rumpfbeuge, geklagt, ansonsten wurde Beschwerdefreiheit angegeben. In der Befragung zur allgemeinen Krankheitsvorgeschichte wurden vorausgegangene Gesundheitsstörungen an der Wirbelsäule verneint.

4. Fall: Sturz auf den Rücken

Ein 43-jähriger Materialprüfer rutschte am 21. 10. 1999 beim Laden eines Pkw-Anhängers auf der Ladefläche aus, fiel nach rückwärts und prallte aus ca. 50 cm Höhe mit dem Rücken auf Betonestrichboden auf. Er sei nicht bewusstlos geworden und habe keine Atemnot verspürt. Von Umstehenden sei ihm hochgeholfen worden. Wegen starker Schmerzen im Lendenwirbelsäulenbereich habe er sich aus der Rumpfbeuge jedoch nicht mehr aufrichten können. Er suchte sogleich die Hausärztin auf, wo er laut deren Bericht in gebückter Haltung ankam und über Schmerzen im Lendenwirbelsäulenbereich, ausstrahlend ins rechte Bein, klagte. Bei der Untersuchung fand die Hausärztin neben einer Klopfempfindlichkeit eine Hautabschürfung im Lendenwirbelsäulenbereich. Sie leitete eine schmerzlindernde Injektionsbehandlung ein. Nach Ablauf des Wochenendes – der Unfall geschah an einem Donnerstag – nahm der Versicherte seine Berufstätigkeit wieder auf, dabei sei es erneut zu einer Verstärkung der Beschwerden gekommen. Schließlich wurde er am 02.11.1999 in einer orthopädischen Klinik aufgenommen und dort bis zum 11.11.1999 konservativ stationär behandelt. Per Computertomogramm wurde am 5.11.1999 ein nach kaudal umgeschlagener medio-rechts-lateraler Bandscheibenvorfall mit dorsaler Abdrängung der rechten Wurzeltasche S1 festgestellt.
Bei der Krankenhausentlassung am 11.11.1999 hätten sich noch paravertebrale Myalgien mit Druck- und Klopfschmerzhaftigkeit gefunden. Die Neurologie sei unauffällig gewesen. Das rechtsseitig positive Laseguezeichen sei nun wieder negativ gewesen. Es schloss sich eine erweiterte ambulante physiotherapeutische Behandlung bis Ende Januar 2000 an. Wiederaufnahme der beruflichen Tätigkeit Anfang Februar 2000. Im März 2000 nochmals dreiwöchige Arbeitsunfähigkeit wegen Lumbalgien.
Bei einer gutachtlichen Untersuchung am 06.05.2000 wurde angegeben, dass seit 10 Jahren rückfällig Wirbelsäulenbeschwerden aufträten und dass es im 21. Lebensjahr einmal zu einem akuten Hexenschuss gekommen sei.

Bandscheibenvorfall an HWS und LWS

Vor Eintritt in die Diskussion ein kurzes Wort zum traumatischen Bandscheibenvorfall an der Halswirbelsäule.

Schon ihre große Beweglichkeit und ihre relativ schwache Struktur als Verbindungsglied zwischen Kopf und Rumpf lassen Rückschlüsse auf die Verletzungsanfälligkeit der Halswirbelsäule zu.

Dass es an der Halswirbelsäule gelegentlich auch zu isolierten Bandscheibenverletzungen kommen kann, ist im Rahmen gerichtsmedizinischer Untersuchungen (Kathrein et al. 1999) sowie anhand von Operationsbefunden (Klages 1999) nachgewiesen.

Lob (1998) hat einmal folgende Voraussetzungen formuliert, die für die Annahme eines Unfallzusammenhangs bei Bandscheibenvorfällen an der Lendenwirbelsäule erfüllt sein müssen (sie gelten grundsätzlich auch für die Halswirbelsäule):

- Das Unfallereignis muss schwer genug gewesen sein, um Rissbildungen in der Bandscheibe zu verursachen.
- Es muss in seiner Mechanik so abgelaufen sein, dass es die Entstehung derartiger Rissbildungen erklärt.
- Der Nachweis muss geführt werden, dass sich unmittelbar nach dem Unfall schmerzhafte Funktionsstörungen an der Lendenwirbelsäule (Halswirbelsäule) eingestellt haben und zwar dadurch, dass der Verletzte seine Arbeit nach dem Unfall niedergelegt hat.
- Es muss Beschwerdefreiheit, zumindest Beschwerdearmut vor dem Unfall vorgelegen haben.
- Die klinischen Symptome müssen für einen hinteren Bandscheibenvorfall sprechen.

Bewertung

Zum so genannten Verhebetrauma (Fall 1). Es ist müßig darüber zu diskutieren, ob das Anheben einer schweren Last dann als Trauma zu bezeichnen ist, wenn es zu lumbalen Bandscheibenbeschwerden führt. Gleichwohl haben in der Vergangenheit Ansprüche aus einem solchen Vorgang auf dem Rechtsweg durchgesetzt werden können. Erinnert sei z.B. an das „Mörtelwannen-Urteil" des Bundesgerichtshofes von 1988, welches nicht zuletzt Anlass für eine Neuformulierung der allgemeinen Unfallversicherungsbedingungen der privaten Unfallversicherer war.

In den allgemeinen Unfallversicherungsbedingungen der Privatversicherer wird der Versicherungsschutz dadurch erweitert, dass auch Kraftanstrengungen, die zu Störungen an Körperstrukturen führen, als Unfälle gelten. Nach den allgemeinen Unfallversicherungsbedingungen der alten wie auch der neuen Fassung lässt sich das Anheben des zentnerschweren Bierfasses als „Kraftanstrengung" bezeichnen.

Liegen dem Vertrag des Gastwirts die alten Bedingungen – nämlich die AUB 61 – zugrunde, so könnte er als Konsequenz des Urteils des BGH von 1988 Ansprüche an seine Unfallversicherung geltend machen. Sind allerdings die neuen Bedingungen der AUB 88 maßgeblich, so fallen lt. § 1 IV(2) und § 2 III (2) Zerreißungen an Bandscheiben, die anlässlich einer Kraftanstrengung eingetreten sind, nicht unter den Versicherungsschutz.

In der gesetzlichen Unfallversicherung ist zunächst darüber nachzudenken, ob es sich bei dem Vorgang überhaupt um einen Unfall gehandelt hat. Grundsätzlich gilt die Regel, dass die Muskulatur altersgemäß nicht mehr Kraft aufbringt, als die nachgeschalteten Körperstrukturen tolerieren, ohne Schaden zu nehmen. Im vorliegenden Fall ist der Hergangsschilderung kein ungewöhnlicher Verlauf zu entnehmen. Dies wäre z. B. dann der Fall, wenn der Gastwirt nach Anheben des Fasses ausgerutscht wäre, die Last ihn unter Überstreckung der Lendenwirbelsäule unvermittelt nach hinten gedrückt und er sich mit „letzter" Kraft dagegen gestemmt hätte. Eine solche überfallartig auftretende Gewalteinwirkung fordert zu einer unkoordinierten maximalen Kraftanstrengung heraus, die über die Grenze muskulärer Leistungsbereitschaft hinaus geht. Grenzfallsituationen dieser Art können rechtlich als wesentliche Teilursache für einen dabei in Erscheinung tretenden lumbalen Bandscheibenvorfall angesehen werden. Vorauszusetzen ist im Hinblick auf das Lebensalter des Gastwirts als weitere Ursache aber eine vorbestehende degenerative Zerrüttung des Bandscheibengewebes.

Als Gutachter steht man vor folgenden Fragestellungen:
- kann der Hebevorgang in seinem Ablauf als wesentliche Teilursache für die Auslösung des Bandscheibenvorfalls angesehen werden? oder
- war der Vorgang Anlass zur Manifestation einer Schadensanlage, nämlich eines bis dahin stumm gebliebenen degenerativen Bandscheibenleidens? oder
- hat der Vorgang zur Verschlimmerung eines vorbestehenden bekannten Bandscheibenleidens geführt?

Zur axialen Stauchung der Lendenwirbelsäule (Fall 2). Legt man den vom Versicherten anlässlich der gutachtlichen Untersuchung geschilderten Hergang zugrunde, so ist das Abspringen vom Pferd, auch wenn es im Notfall übereilt geschieht, kein Unfall gemäß der Definition der privaten Unfallversicherung oder nach dem Verständnis der gesetzlichen Unfallversicherung. Der bewusst vorgenommene Absprung geschah soweit unter Kontrolle, dass die Landung auf den Füßen erfolgte. Die hierbei auftretenden axialen Stauchungskräfte werden weitgehend durch die Beine abgefedert, besonders dann, wenn zum Abfangen des Schwungs noch Schritte nach vorn gemacht werden.

Anders sieht es beim „Buckeln" des Pferdes aus. Der Reiter wird unvermittelt hochgeschleudert und landet unsanft wieder auf dem Sattel. Die hierbei auftretenden Stauchungskräfte sind – zumal dann, wenn das Buckeln mehrfach hintereinander erfolgt – verletzungsträchtig. Allerdings sind an erster Stelle das Becken und seine Organe gefährdet. Dennoch ist auch eine Wirbelsäulenverletzung denkbar.

Nun ist nach entsprechenden Untersuchungen seit längerer Zeit belegt, dass eine gesunde Bandscheibe Kompressionskräften deutlich besser gewachsen ist als die angrenzenden Wirbelkörper. Zu erwarten ist also bei einer durch Buckeln des Pferdes ausgelösten axialen Stauchung der Lendenwirbelsäule eher ein Kompressionsbruch eines oder mehrerer Wirbelkörper als eine Bandscheibenläsion.

Der Krankheitsverlauf im zitierten Fallbeispiel bestätigte im übrigen das Vorliegen einer bandscheibenbedingten Erkrankung auf degenerativer Basis. Zunächst wurde computertomografisch bzw. kernspintomografisch ein rechtsbetonter Bandscheibenvorfall im untersten Lendenwirbelsäulensegment, einige Monate später ein linksbetonter Bandscheibenvorfall in diesem Segment festgestellt. Bei der Operation wurde ein raumfordernder Sequester entfernt. Die histologische Untersuchung des bei der Operation gewonnenen Bandscheibenmaterials führte zur Feststellung einer fortgeschrittenen Bandscheibendegeneration.

Das angeschuldigte Ereignis mag zur Manifestierung des Bandscheibenleidens beigetragen haben, als wesentliche Ursache des Bandscheibenvorfalls muss jedoch die vorbestehende degenerative Zerrüttung des Bandscheibengewebes angesehen werden.

Zur direkten Gewalteinwirkung auf den Rücken (Fall 3). Die Last des unvermittelt abkippenden Strohballens hat den betroffenen Landwirt zu Boden gedrückt. Es ist vorstellbar, dass hier die von Lob formulierten Grundvoraussetzungen für die Anerkennung eines traumatischen Bandscheibenvorfalls im Sinne der gesetzlichen Unfallversicherung vorgelegen haben und dass andererseits das Ereignis im Sinne der privaten Unfallversicherung überwiegende Ursache für den Bandscheibenvorfall war.

Die Kausalitätsbetrachtungen sind im vorliegenden Fall dadurch begrenzt, dass weder ein neurologischer noch operativer Befund vorliegt. Man muss sich in der Beurteilung allein auf die Hergangsschilderung, den knappen Verletzungsanfangsbefund des Durchgangsarztes, den Befund der bildgebenden Verfahren sowie die Verlaufsschilderung stützen.

Grundsätzlich kann man davon ausgehen, dass die auf den Rücken des Landwirts einwirkende Belastung das Risiko einer komplexen Wirbelsäulenverletzung beinhaltete. Denn der Schilderung ist zu entnehmen, dass neben einer Stauchung eine gewaltsame Beugung mit nicht auszuschließender Scherwirkung auf die Lendenwirbelsäule aufgetreten war. Allerdings ist es kaum vorstellbar, dass eine solche Gewalteinwirkung allein zu isolierten Verletzungen einer gesunden Lendenbandscheibe ohne Läsion benachbarter Strukturen geführt haben soll.

Gewichtige Argumente gegen die frische Verletzung einer gesunden Lendenbandscheibe liefert der kernspintomografische Befund. Neben dem Bandscheibenvorfall im Segment L4/5 wird auch eine Bandscheibenvorwölbung im Segment L5/S1 beschrieben. Beide Bandscheibenräume wiesen laut Befundbericht gleichermaßen eine Signalminderung auf. Strukturveränderungen, welche auf eine frische Verletzung hindeuten (Einblutungen, Zerreißungen im Halteapparat des betroffenen Segments) sind nicht beschrieben.

Es stellten sich bildlich gleichartige Veränderungen in den beiden untersten Lendenwirbelsäulensegmenten dar mit dem Unterschied, dass sie im Segment L4/5 stärker ausgeprägt als im Segment L5/S1 waren. Bekanntlich sind im breiten Bevölkerungsquerschnitt diese beiden Segmente am häufigsten von vorzeitigen degenerativen Veränderungen befallen.

Schließlich wirkt auch der Krankheitsverlauf nicht überzeugend im Hinblick auf das Vorliegen einer traumatischen Bandscheibenzerreißung. Bei einer solchen Zerreißung handelt es sich unstrittig um eine nicht gerade leichte Verletzung. Zu erwarten sind länger dauernde Funktionseinschränkungen an der Lendenwirbelsäule. Dass dem Versicherten im vorliegenden Fall schon gut 5 Wochen nach dem Ereignis Arbeitsfähigkeit für die Tätigkeit als Landwirt bescheinigt wurde, spricht gegen eine ernstere Verletzung.

Sturz auf den Rücken (Fall 4). Im geschilderten Fallbeispiel war die Bandscheibensymptomatik sogleich nach dem Ereignis eingetreten und der Betroffene nahm sofort ärztliche Hilfe in Anspruch. Ca. 2 Wochen nach dem Ereignis wurde ein Bandscheibenvorfall im untersten Lendenwirbelsäulensegment computertomografisch gesichert. Insofern ist ein Teil der Kriterien von Lob, welche zur Anerkennung einer traumatischen Bandscheibenzerreißung vorauszusetzen sind, scheinbar erfüllt.

Abstriche zu machen sind aber sowohl beim Schweregrad und der Mechanik der Gewalteinwirkung wie auch beim nachfolgenden Verlauf.

Ein Sturz aus 50 cm Höhe auf den Rücken lässt sich nicht unbedingt als „dramatisch" bezeichnen. Denkbar ist weder, dass es dabei zu Scher- oder Rotationseinwirkungen auf das Segment L5/S1 noch zu einer gewaltsamen Überbeugung oder Überstreckung der Lendenwirbelsäule gekommen ist. Nach der Hergangsschilderung hat auch keine axiale Stauchung an der Lendenwirbelsäule durch Aufprall auf das Gesäß stattgefunden. Von der Hausärztin, die der Betroffene aus eigener Kraft aufsuchte, wird eine kleine Hautabschürfung im Lendenwirbelsäulenbereich beschrieben. Das ist als Beleg für einen Aufprall auf den Rücken zu werten.

Legt man die anatomischen Verhältnisse am lumbosakralen Schanier mit dem kräftigen Halteapparat an der Verbindungsstelle zwischen Wirbelsäule und Becken zugrunde, ist zudem eine isolierte traumatische Zerreißung der gesunden untersten Lendenbandscheibe ohne Verletzung benachbarter Strukturen praktisch undenkbar.

Unter zusätzlicher Berücksichtigung des Lebensalters des Betroffenen und der von Gesundheitsstörungen an der Wirbelsäule nicht freien Krankheitsvorgeschichte wird man als Gutachter überzeugend dafür argumentieren können, dass als weit überwiegende Ursache für den festgestellten Bandscheibenvorfall im Segment L5/S1 eine degenerative Vorschädigung verantwortlich zeichnet.

Literatur

BGH, Urteil vom 23.11.1988 (IV a ZR 38/88, Celle), zitiert in Versicherungsrecht 1989, Heft 3, 73/74

Brinckmann P (1997) Was wissen wir über die Ursache des Vorfalles lumbaler Bandscheiben. Manuelle Therapie. Thieme, Stuttgart 1:19–22

Kathrein A et al (1999) Die Pathomorphologie der verletzten zervikalen Bandscheibe. Hefte zu „Der Unfallchirurg". Springer, Berlin 271:145–156

Klages G (1999) Der posttraumatische zervikale Bandscheibenvorfall – Radikulo-/Medullopathie beim „Soft and Hard Disc". Hefte zu „Der Unfallchirurg". Springer, Berlin 271:177–187

Lemke J (1999) Gutachterliche Gesichtspunkte bei als traumatisch einzustufenden Bandscheibenvorfällen. Hefte zu „Der Unfallchirurg". Springer, Berlin 271:83–90

Lob A (1998) Zitat aus Schönberger A, Mehrtens G, Valentin H: Arbeitsunfall und Berufskrankheit 6. Aufl., Schmidt, Berlin 491–492

Rompe G (1997) Begutachtung von Rückenleiden. Praktische Orthopädie. Thieme, Stuttgart 28:206–218

Russe O, Neumann K (1989) Verletzungsmechanismen – Unterschiede Hals-, Brust- und Lendenwirbelsäule. Hierholzer et al. (Hrsg) Gutachtenkolloquium. Springer, Berlin 4:15–18

Schröter F (1994) Begutachtung und Rehabilitation. Praktische Orthopädie. Thieme, Stuttgart 24:209–219

Diskussion

? Ist das Verhebetrauma ein geeigneter Unfallmechanismus im Sinne der privaten/gesetzlichen Unfallversicherung?

Begrifflich ist das „Verheben" nach allgemeinem Verständnis ein Vorgang, der zu Rückenschmerzen führt. „Trauma" bedeutet Verletzung. Der täglich dutzendfach unter mehr oder weniger großem Krafteinsatz ausgeführten Bewegung des Hebens wird mit der Silbe „ver"krankmachende Wirkung zugesprochen und die aufgetretene Gesundheitsstörung wird durch die Anfügung des Wortes „Trauma" als verletzungsbedingt definiert. Das heißt, eine alltägliche Körperbewegung wird, wenn sie zu Schmerzen führt, als Unfall bezeichnet.

Hier werden zwei Begriffe in unzulässiger Weise miteinander verbunden, sodass versicherungsrechtlich ein entschädigungspflichtiger Tatbestand suggeriert wird.

Der Sachverständige sollte deshalb die Begriffskombination „Verhebetrauma" im Gutachten für die gesetzliche wie für die private Unfallversicherung nicht verwenden.

? Muss die Bildgebung durch den orthopädisch-traumatologischen Gutachter beurteilt werden oder kann eine radiologische Beurteilung übernommen werden?

Abbildungen von Körperstrukturen durch technische Verfahren jeder Art sind gutachtlich stets einer kompetenten Beurteilung zu unterziehen. Der gutachtlich tätige Chirurg oder Orthopäde ist dann kompetent, wenn er in seinem Gebiet die entsprechende Weiterbildung absolviert hat. Das gilt in der Regel für die diagnostische Teilradiologie, nicht immer aber für die Computertomografie, die Kernspintomografie, die Szintigrafie, die Angiografie und die Sonografie.
Besitzt der Gutachter für eines dieser Verfahren die Beurteilungskompetenzen nicht, hat er sich auf den Befundbericht eines entsprechend weitergebildeten Facharztes zu stützen.
In der diagnostischen Radiologie seines Gebietes wird der chirurgisch-orthopädische Gutachter dem Fachradiologen nicht selten überlegen sein. Hier darf er eine eigene Beurteilung vornehmen. Er muss sich aber mit einem evtl. schon vorliegenden Befundbericht eines anderen Arztes kritisch auseinandersetzen, wenn er zu einem unterschiedlichen Ergebnis kommt.

? Wie stark müssen degenerative Veränderungen versus Unfallereignis gewichtet werden? Müssen diese beiden Ursachen nicht in Zusammenhang gebracht werden?

Die Bedeutung jeder Teilursache für den eingetretenen Körperschaden ist zunächst einzeln zu gewichten. Danach ist eine Abwägung untereinander vorzunehmen.
In der gesetzlichen Unfallversicherung gilt die Lehre von der wesentlichen Teilursache. Haben mehrere Ursachen gleichwertig oder annähernd gleichwertig zum Gesundheitsschaden beigetragen, so ist jede von ihnen wesentlich mitwirkende Ursache im Rechtssinn. Zählt ein versichertes Unfallereignis zu den wesentlichen Teilursachen, so hat der Geschädigte vollen Anspruch auf Leistungen aus der gesetzlichen Unfallversicherung. Hat dagegen eine der Ursachen gegenüber den oder der anderen eine überragende Bedeutung (z. B. eine körpereigene Schadensanlage), so ist sie allein Ursache im Rechtssinne.
Maßgeblich für die private Unfallversicherung ist die Adäquanztheorie. Hiernach sind alle Ursachen rechtlich von Bedeutung, die mit dem eingetretenen Gesundheitsschaden im adäquaten Zusammenhang stehen. Es müssen auch Ursachen berücksichtigt werden, deren Bedeutung in der gesetzlichen Unfallversicherung als nicht wesentlich einzustufen wären (sog. Gelegenheitsursachen). Hierbei ist es notwendig, die vorhandenen Teilursachen (Partialkausalitäten) gegeneinander abzuwägen und den Mitwirkungsanteil prozentual zu beurteilen.
Geregelt ist dies in § 8 AUB 88. Gebräuchlich sind Bewertungen in Höhe von 25/50/75%. So können z.B. degenerative Veränderungen als Teilursache für den resultierenden Körperschaden nach einem Unfall je nach ihrer Ausprägung einen Mitwirkungsanteil in einer Größenordnung zwischen 25 und 75% haben.

3 Wirbelsäulenfrakturen
– Prognose und Begutachtung

U. LILJENQVIST

Biomechanik der Brust- und Lendenwirbelsäule

Die Kenntnis der Biomechanik der Wirbelsäule ist wichtig, um die Pathogenese von Wirbelsäulenverletzungen und ihre Stabilität beurteilen zu können. Das Zweisäulenkonzept nach Holdsworth unterteilt die thorakolumbale Wirbelsäule in eine vordere und hintere Säule (Holdsworth 1970). Die vordere Säule umfasst die Wirbelkörper, die Bandscheiben und das vordere und hintere Längsband. Die hintere Säule wird von den dorsalen Wirbelstrukturen wie Wirbelgelenke und Wirbelbögen sowie den supra- und interspinösen Bändern und dem Lig. flavum gebildet (Abb. 3.1). Biomechanischen Untersuchungen zufolge werden etwa 80% der axial auf die Wirbelsäule einwirkenden Kräfte über die vordere Säule und nur etwa 20% über die hintere Säule fortgeleitet (Bergmark 1989). Demnach werden Wirbelkörper und Bandscheiben überwiegend auf Kompression und die hintere Säule auf Zug belastet.

Klassifikation

Zur Beurteilung von Wirbelsäulenfrakturen ist zunächst die korrekte Klassifikation entscheidend. Sie spiegelt den Grad der Instabilität der Verletzung wider. Die aktuelle Klassifikation nach Magerl und Mitarbeitern teilt die Verletzungen der Brust- und Lendenwirbelsäule in Typ-A-, -B- und -C-Verletzungen auf (Magerl et al. 1994). Typ-A-Verletzungen entstehen infolge einer Kompression der vorderen Säule und werden in Kompressionsfrakturen (ohne Hinterkantenbeteiligung), Splitfrakturen und in Berstungsfrakturen (mit Hinterkantenbeteiligung) unterteilt. Typ-B-Verletzungen entstehen infolge einer Distraktion im Bereich der vorderen oder hinteren Säule, wobei man Flexions-Distraktions-Verletzungen von den Hyperextensionsverletzungen unterscheidet. Typ-C-Verletzungen sind Rotationsverletzungen mit Beteiligung der vorderen und hinteren Säule und stellen somit die instabilste Form der Wirbelverletzungen dar.

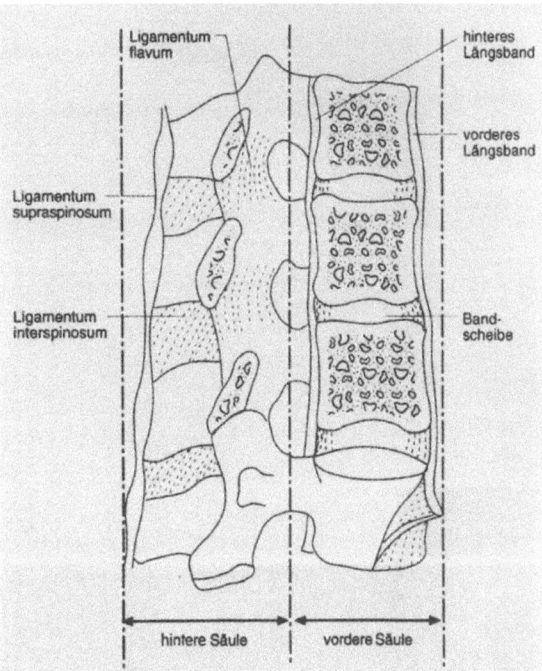

Abb. 3.1. Skizze des Zweisäulenkonzepts nach Holdsworth

Therapieüberblick

Leicht- und mittelgradige Kompressionsfrakturen mit einer ventralen Höhenminderung von weniger als einem Drittel werden in aller Regel konservativ mit kurzer Bettruhe und einer orthesengestützten Mobilisation behandelt. Schwergradige Kompressionsfrakturen mit starker kyphotischer Fehlstellung, mittel- und schwergradige Berstungsfrakturen sowie Typ-B- und Typ-C-Verletzungen sollten operativ reponiert und stabilisiert werden. Dabei konkurrieren dorsale und ventrale Verfahren sowie kombiniert dorsoventrale Eingriffe.

Spätfolgen

Posttraumatische Kyphose

Insbesondere nach konservativer Therapie können lokale Kyphosierungen im frakturierten Segment entstehen. Sie können sowohl Folge einer weiteren Sinterung des frakturierten Wirbels als auch eines Kollapses der insbesondere bei Split- und Berstungsfrakturen mitverletzten angrenzenden Bandscheiben sein. Am häufigsten finden sich posttraumatische Kyphosierungen nach konservativ behandelten Kompressionsbrüchen (Abb. 3.2 a–c).

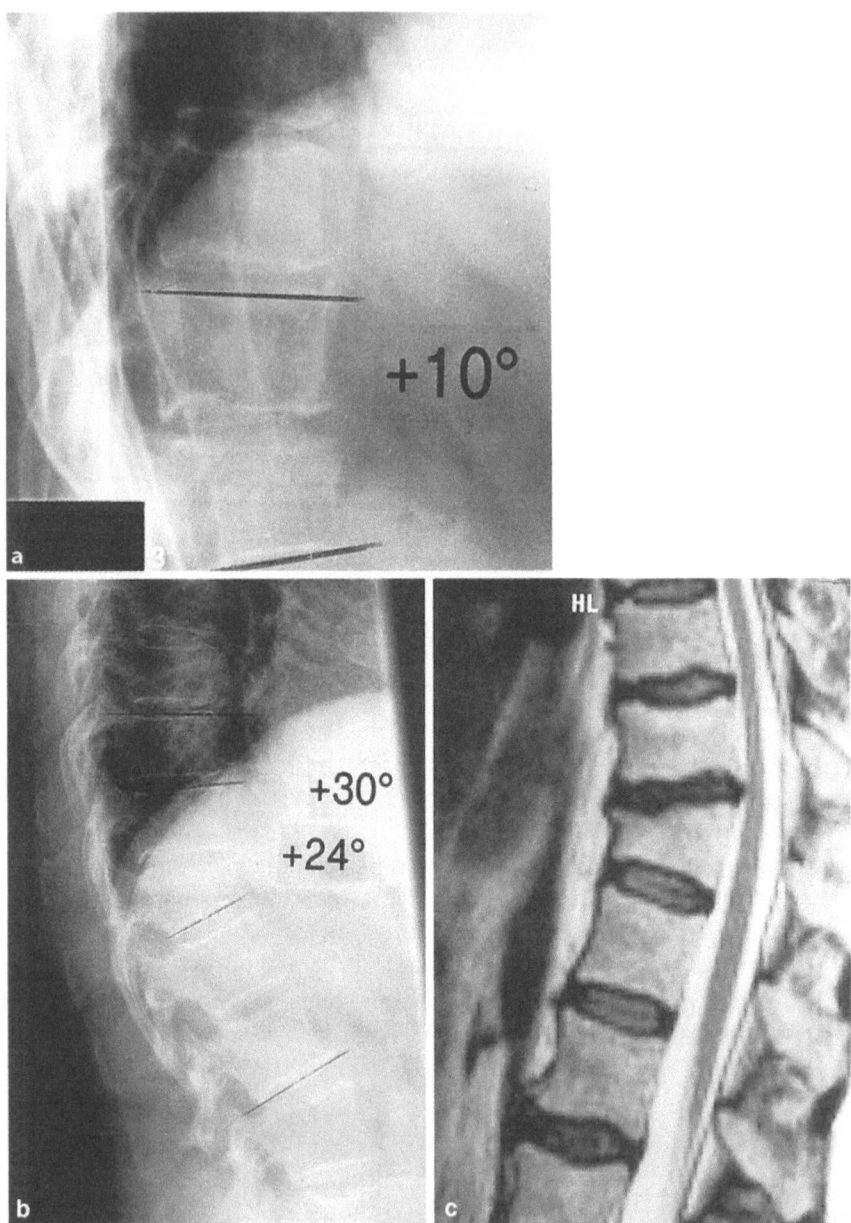

Abb. 3.2. BWK-12-Kompressionsfraktur (Typ-A-1-Verletzung) nach Autounfall. **a** Segmentale Kyphose 10°. **b** 5 Jahre nach dem Unfall und konservativer Behandlung Ausbildung einer posttraumatischen Kyphose mit einer segmentalen Kyphose von 24° und einer kyphotischen Einstellung des thorakolumbalen Übergangs von 30°. **c** Das T2 gewichtete Bild der Kernspintomografie zeigt eine Dehydratation der Bandscheibe Th11/Th12 als Zeichen einer unfallbedingten Bandscheibendegeneration

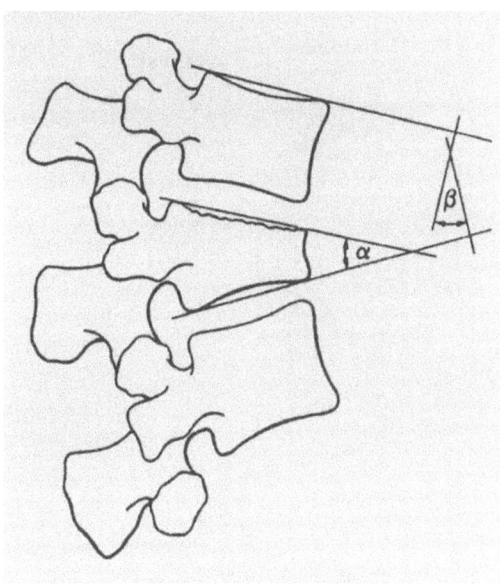

Abb. 3.3. Skizze der vertebralen (α-Winkel) und der segmentalen Kyphose (β-Winkel)

Klinisch können dabei zum einen lokale Beschwerden vom Bereich des verletzten und in Fehlstellung verheilten Segments ausgehen. Jedoch können auch die angrenzenden Wirbelsäulenabschnitte, die sich in einer kompensatorischen Fehlhaltung befinden, symptomatisch sein. So führt zum Beispiel eine segmentale Kyphosierung im thorakolumbalen Übergang zu einer kompensatorischen Hyperlordosierung der mittleren und unteren Lendenwirbelsäule. Die Folge ist eine Einstauchung der kleinen Wirbelgelenke, die mit spondylarthrogenen Beschwerden einhergehen kann.

Um das Ausmaß der posttraumatischen Kyphose exakt zu ermitteln, sollte die vertebrale Kyphose (Winkel des keilförmig deformierten frakturierten Wirbels) und die segmentale Kyphose (Kyphosewinkel zwischen Grundplatte des frakturierten Wirbels und Deckplatte des kranial angrenzenden Wirbels) gemessen werden (Liljenqvist u. Mommsen 1995) (Abb. 3.3). Dazu sollten Röntgenaufnahmen im Stehen erfolgen. Von entscheidender Bedeutung in der Beurteilung von lokalen Kyphosierungen ist die Lokalisation. So ist eine posttraumatische Kyphose in Höhe des thorakolumbalen Übergangs anders zu bewerten als eine im Bereich der mittleren Brustwirbelsäule. In der Literatur finden sich Normalwerte für jedes Bewegungssegment (Tabelle 3.1).

Um die Auswirkung der lokalen Fehlstellung auf das gesamte Profil zu ermitteln, sollte das sagittale Profil der Brust- und Lendenwirbelsäule analysiert werden. Dabei wird die Brustwirbelsäulenkyphose von der Lendenlordose und dem thorakolumbalen Übergang unterschieden. Die Normalwerte für die Brustwirbelsäulenkyphose (gemessen zwischen Th4 und Th12) belaufen sich auf +25° bis +40° nach Cobb. Der thorakolumbale

Wirbelsäulenfrakturen – Prognose und Begutachtung

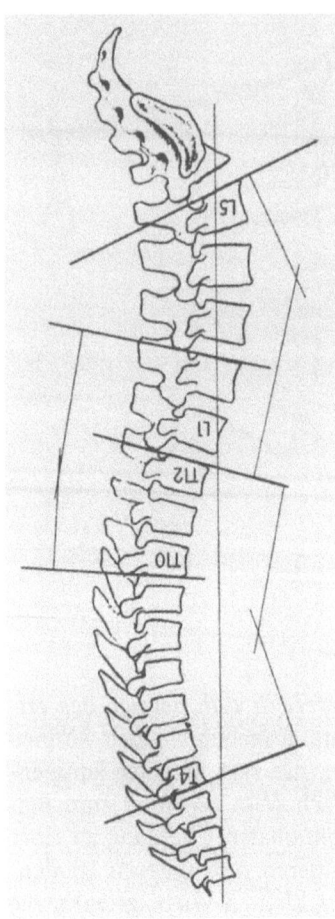

Tabelle 3.1. Normalwerte für die segmentale Kyphose (nach Bernardt u. Bridwell 1989)

Segment	Segmentale Kyphose
Th1/Th2	+1°
Th2/Th3	+3°
Th3/Th4	+3,5°
Th4/Th5	+5°
Th5/Th6	+5°
Th6/Th7	+5°
Th7/Th8	+5°
Th8/Th9	+4°
Th9/Th10	+3°
Th10/Th11	+3°
Th11/Th12	+2,5°
Th12/L1	+1°
L1/L2	−4°
L2/L3	−7°
L3/L4	−13°
L4/L5	−20°
L5/S1	−28°

Abb. 3.4. Bestimmung des sagittalen Wirbelsäulenprofils. Thorakale Kyphose (T4–T12), thorakolumbaler Übergang (T10–L2), lumbale Lordose (L5–S1)

Übergang (gemessen zwischen Th10 und L2) weist Normalwerte von −10° bis +10° nach Cobb auf und die Normalwerte für die Lendenlordose (gemessen zwischen L1 und L5) betragen −35° bis −55° (Bernardt u. Bridwell 1989). Bei ausgeprägten, nicht kompensierten kyphotischen Fehlstellungen sollte der sagittale Rumpfüberhang auf der seitlichen Ganzwirbelsäulenaufnahme ermittelt werden. Dabei wird ein Lot vom Mittelpunkt des 7. Halswirbelkörpers gefällt, das bei einem physiologischen sagittalen Profil durch die Mitte des Bandscheibenfachs L5/S1 laufen sollte (Abb. 3.4).

Posttraumatische Instabilitäten

Der Begriff der Instabilität wird kontrovers diskutiert und ist bis heute nicht klar definiert. Zur Beurteilung einer segmentalen Hypermobilität anhand von Funktionsaufnahmen liegen in der Literatur zahlreiche Unter-

Tabelle 3.2. Normalwerte für die segmentale Rotation und Translation der Lendenwirbelsäule in der Sagittalebene (aus Castro u. Jerosch 1996)

Segment	Flexion/Extension	Translation
L1/L2	10° (7–13°)	1,4 mm
L2/L3	12° (8–15°)	1,3 mm
L3/L4	12° (8–15°)	1,2 mm
L4/L5	14° (9–18°)	1,2 mm
L5/S1	14° (9–17°)	1,0 mm

suchungen zu den Normalwerten im Bereich der Lendenwirbelsäule sowohl bezüglich Translation als auch der Rotation in der Sagittalebene (Flexion/Extension) vor (Tab. 3.2).

Während Kompressionsfrakturen in aller Regel in kyphosierter Fehlstellung stabil verheilen, können nach Berstungsbrüchen oder B- und C-Verletzungen insbesondere nach konservativer Therapie Instabilitäten verbleiben. Auch wenn Normalwerte für jeden einzelnen lumbalen Wirbelsäulenabschnitt vorliegen, so muss zu Beurteilung einer segmentalen Instabilität die Mobilität der Nachbarsegmente in Betracht gezogen werden. Liegt etwa eine generelle Hypermobilität (gemäß den Normalwerten) aller Segmente vor und unterscheidet sich das Ausmaß der Hypermobilität im verletzten Segment nicht von den restlichen Bewegungssegmenten, so sollte eine posttraumatische Instabilität nicht angenommen werden. Liegt dagegen eine gegenüber den anderen Bewegungssegmenten deutlich vermehrte Mobilität im verletzten Segment vor, so kann auch dann eine posttraumatische Hypermobilität angenommen werden, wenn das Bewegungsausmaß noch im Normalbereich liegt. Der radiologische Befund sollte jedoch stets mit der klinischen Situation korreliert werden. Der Instabilitätsschmerz ist in aller Regel ein belastungsabhängiger Schmerz, der sich in Ruhe deutlich bessert.

Posttraumatische Bandscheibenveränderungen

Frakturen im Bereich der Deckplatten können mit Verletzungen der Bandscheiben im Sinne von Einrissen des Faserrings bis hin zum intravertebralen Prolaps von Bandscheibengewebe einhergehen. Dieser Mechanismus konnte in zahlreichen experimentellen Studien, u.a. in einer aktuellen Arbeit von Lundin et al. (2000) nachgewiesen werden. Insbesondere die Split- und Berstungsbrüche sowie die Typ-B-Verletzungen mit Bandscheibenbeteiligung und die Typ-C-Verletzungen sind mit einer Verletzung der Bandscheibe vergesellschaftet. Dabei kommt es bei den Typ-A-Verletzungen eher zur Einsprengung von Bandscheibengewebe in den frakturierten Wirbelkörper, wogegen die Typ-B- und Typ-C-Verletzungen mit einer Zerreißung des Faserrings einhergehen. Beide Schädigungsformen haben eine

Zerstörung des Bandscheibengefüges gemein, die langfristig zu einem Kollaps des Bandscheibenraumes führen kann. So konnte in einer Nachtuntersuchung von 30 Frakturen bei den Berstungsbrüchen eine durchschnittliche Rekyphosierung im verletzten Bandscheibensegment von im Durchschnitt 4° gemessen werden (Liljenqvist u. Mommsen, 1995). Um diese Rekyphosierung zu verhindern, wird bei Berstungsbrüchen eine dorsoventrale Vorgehensweise empfohlen (Knop et al. 1997). In einer aktuellen Untersuchung von 14 jungen Patienten (Durchschnittsalter 16 Jahre) mit Kompressionfrakturen des thorakolumbalen Übergangs konnten die Autoren bei jedem zweiten Patienten nach durchschnittlich 4 Jahren kernspintomografisch dokumentierte vorauseilende umformende Bandscheibenveränderungen im verletzten Segment feststellen (Kerttula et al. 2000).

Spätfolgen nach operativer Stabiliserung

Die Versteifungsstrecke bei instabilen Wirbelsäulenverletzungen hängt von der Anzahl der betroffenen Segmente ab. Bei Typ-A- und -B-Verletzungen werden in aller Regel zwei Bewegungssegmente in die Instrumentation einbezogen. Bei rein ventraler Versorgung gelingt im Einzelfall auch die monosegmentale Fusion. Nach Weber u. Wimmer (1992) beträgt die Gesamtbeweglichkeit der Brust- und Lendenwirbelsäule rein rechnerisch 310°. Diese Gesamtbeweglichkeit verteilt sich je nach individueller Segmentbeweglichkeit auf die einzelnen Bewegungssegmente (Tab. 3.3), wodurch sich eine prozentuale Minderung der Erwerbsfähigkeit (MdE) errechnen lässt.

Neben der direkten Auswirkung der Versteifung im Sinne einer Bewegungsminderung müssen jedoch auch die Folgen für die angrenzenden, nicht versteiften Bewegungssegmente berücksichtigt werden. Nagata et al. (1993) konnten in einer experimentellen Untersuchung nachweisen, dass mit steigender Anzahl der versteiften Bewegungssegmente die Mobilität und auch die Belastung der angrenzenden Segmente zunimmt. Das so genannte Postfusionssyndrom konnte bisher insbesondere nach lumbosakralen Fusionen bei degenerativen Bandscheibenerkrankungen beobachtet werden. Dabei führt die kompensatorische Mehrbeweglichkeit und Mehrbelastung der angrenzenden Bewegungssegmente zu einem frühzeitigem Verschleiß der Bandscheiben. Eine segmentale Instabilität kann die Folge sein. Insgesamt stellen jedoch die Fälle einer revisionsbedürftigen Anschlussinstabilität angesichts der großen Anzahl der Fusionsoperationen eher eine Rarität dar. In der Literatur wird eine Häufigkeit von etwa 2% angegeben (Frymoyer et al. 1978). Radiologische Veränderungen im Sinne einer akzelerierten Degeneration von Anschlusssegmenten fanden sich jedoch in einer Untersuchung von Lehmann et al. (1987) in 45% der Fälle nach lumbalen Fusionsoperationen.

Nach operativer Versorgung von Wirbelsäulenverletzungen müssen auch unmittelbare Operationsfolgen wie z. B. Narbenschmerzen oder die Folgen einer Thorakotomie berücksichtigt werden. Narbenschmerzen treten insbeson-

Tabelle 3.3. Segmentbeweglichkeit und prozentuale Minderung der Erwerbsfähigkeit (nach Weber u. Wimmer 1992)

Segment	Bewegungsausmaß in °	MdE in %
Th1/Th2	14	2,2
Th2/Th3	14	2,2
Th3/Th4	14	2,2
Th4/Th5	14	2,2
Th5/Th6	14	2,2
Th6/Th7	16	2,5
Th7/Th8	12	1,8
Th8/Th9	12	1,8
Th9/Th10	12	1,8
Th10/Th11	14	2,2
Th11/Th12	12	1,8
Th12/L1	23	3,6
L1/L2	21	3,3
L2/L3	23	3,6
L3/L4	29	4,5
L4/L5	36	5,6
L5/S1	30	4,7

dere nach Thorakotomien und nach Beckenkammspanentnahmen auf. So wird die Häufigkit eines so genannten Postthorakotomiesyndroms im Sinne von persistierenden Schmerzen im Bereich der Brustwand nach thoraxchirurgischen Eingriffen mit 54% angegeben (Dajzman et al. 1991). Nach Beckenkammspanentnahmen berichten 22% der Patienten über persistierende Schmerzen am Beckenkamm, 15% über eine berührungsempfindliche Narbe und 22% beklagen Sensibilitätsstörungen im Narbenbereich (Hill et al. 1999). Die Eröffnung des Brustkorbes geht mit einer postoperativen Beeinträchtigung der Lungenfunktion von zwischen 10 und 20% einher. Diese ist jedoch bei sonst Lungengesunden ohne klinische Relevanz. Nach etwa zwei Jahren nach Thorakotomie normalisiert sich die Lungenfunktion wieder und kehrt zu präoperativen Werten zurück (Graham et al. 2000).

Gutachterliche Bewertung

Für die gutachterliche Bewertung einer Wirbelsäulenverletzung sind folgende Fragen von Bedeutung: Ist die Fraktur stabil verheilt? Besteht eine Fehlstellung in der Sagittal- oder Frontalebene? Liegt eine Ankylose oder eine Instabilität des betroffenen Bewegungssegments vor? Je tiefer das betroffene

Segment, desto stärker sind die Auswirkungen von Ankylose und Fehlstellung, da weniger Bewegungssegmente dies kompensieren können. Grundsätzlich bedingen Frakturen im Bereich der Wirbelsäule ohne neurologische Ausfälle, die stabil und ohne wesentliche Deformität verheilt sind, eine MdE von 10 v. H. nach Ablauf des 2. Unfalljahres. Bestehende Instabilitäten oder gröbere Fehlstellungen werden mit einer MdE von zwischen 20 und 30 v. H. nach Ablauf des 2. Unfalljahres bewertet (Rompe u. Erlenkämper 1998).

Die Beurteilung der posttraumatischen Kyphose sollte jedoch nicht auf die segmentale Kyphose begrenzt bleiben, sondern das Profil des gesamten Wirbelsäulenabschnitts (Brustwirbelsäule, thorakolumbaler Übergang, Lendenwirbelsäule) sollte stets analysiert werden. So kann eine leichtere, aber gemäß der Normalwerte aus Tabelle 3.1 pathologische segmentale Kyphose ohne jegliche Auswirkungen auf das Profil des gesamten Wirbelsäulenabschnitts bleiben.

Von Deimling et al. (1993) messen dem thorakolumbalen Übergang eine besondere Bedeutung zu. Aufgrund der erheblichen Rotationsmöglichkeit im Segment Th12/L1 fordern die Autoren auch bei stabiler und regelrechter Ausheilung ohne Fehlstellung eine MdE von 20 v. H., wenn das Segment Th12/L1 entweder direkt betroffen ist oder in eine Fusion mit einbezogen wurde. Bei vorliegender Fehlstellung erhöht sich die MdE um 10 v. H. Für den Bereich der Lendenwirbelsäule differenzieren die Autoren in mono- und bisegmentale Fusionen der mittleren und unteren Lendenwirbelsäule. Bei regelrechter Ausheilung eine monosegmentalen Frakturversorgung ohne nennenswerte Fehlstellung der mittleren Lendenwirbelsäule wird eine MdE von 10 v. H. gefordert, bei bisegmentaler Fusion eine MdE von 20 v. H.. Für den Bereich der unteren Lendenwirbelsäule (LWK 3 bis SWK 1) erhöht sich die MdE um 10 v. H., da hier distale ‚Kompensationssegmente' fehlen. Liegen Überlastungsschäden im Bereich der Anschlusssegmente vor, so ist die MdE jeweils um 10 v. H. höher zu bewerten.

Weber u. Wimmer (1992) fordern eine differenzierte Bewertung in Abhängigkeit vom Befund (Kyphose, Ankylose, Instabilität) und vom Bewegungssegment. In Tab. 3.3 sind die einzelnen Segmentbeweglichkeiten sowie die dazugehörige MdE aufgeführt. Die MdE des betroffenen Segments wird bei vorliegender Kyphose (Normalwerte s. Tabelle 3.1) mit dem Faktor 2, bei Ankylose mit dem Faktor 3 und bei einer Instabilität mit dem Faktor 4 (Instabilität Grad Meyerding I) bis 6 (Instabilität Grad Meyerding II) multipliziert. Eine in kyphotischer Fehlstellung stabil verheilte und ankylosierte LWK-1-Fraktur würde demnach eine prozentuale MdE von 20 ergeben ($2 \times 3,6 + 3 \times 3,6 = 18$). Dabei sind die errechneten Endwerte auf die nächste 5%-Stufe auf- oder abzurunden. Die mit dieser Formel ermittelte MdE gilt als Dauerzustand. Nach Weber u. Wimmer (1992) kann die MdE in den ersten beiden Unfalljahren in Abhängigkeit vom klinischen Befund bis zu doppelt so hoch bewertet werden.

Die oben aufgeführten gutachterlichen Interpretationen bedürfen jedoch einer kritischen Betrachtung. Als Beispiel soll der Fall eines 34-jährigen

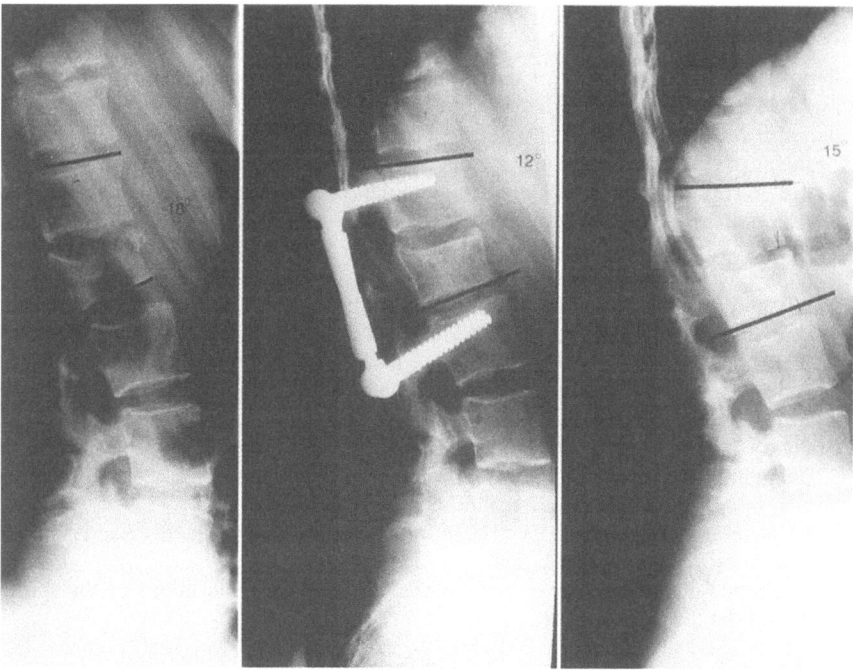

Abb. 3.5. Prä- und postoperative sowie seitliche Röntgenbilder 2 Jahre nach Berstungsfraktur LWK 2, 34-jähr. Mann. Dorsale Instrumentationsspondylodese L1–L3 und Metallentfernung nach 18 Monaten

Mannes geschildert werden, der sich im Rahmen eines Sturzes aus großer Höhe einen Berstungsbruch des 2. Lendenwirbelkörpers ohne neurologische Ausfälle zuzog (Abb. 3.5). Er ist mit einer rein dorsalen Instrumentationsspondylodese von L1–L3 und anschließender Metallentfernung versorgt worden. Die Fraktur ist stabil in einer kyphotischen Fehlstellung (segmentale Kyphose 15°) verheilt, wobei die Segmente L1/L2 und L2/L3 versteift worden sind. Der Proband beklagt belastungsabhängige Dorsalgien ohne Ausstrahlung in die Beine und klinisch imponiert eine eingeschränkte Entfaltung der Lendenwirbelsäule in der Vornüberneigung. Eine regelmäßige Schmerzmitteleinnahme wird verneint. Nach Weber u. Wimmer (1992) ergibt sich die MdE wie folgt: Eine prozentuale MdE von 3,3 bzw. 3,6 für jedes Segment. Diese wird jeweils mit dem Faktor 3 (wegen der Ankylose) und des Segment L1/L2 mit dem Faktor 2 (wegen der Kyphose) multipliziert und anschließend addiert. Es ergibt sich damit eine MdE von 30 v. H. (abgerundet von 30,6). Eine vergleichbare MdE ist gemäß den MdE-Tabellen jedoch z. B. für Wirbelsäulenschäden mit schweren funktionellen Auswirkungen und erheblicher Instabilität vorgesehen. In Anbetracht dieser Vergleichsfälle ist in diesem Fall eine MdE von 30 v. H. sicherlich zu hoch bewertet. Vielmehr wäre eine MdE von 20 v. H. angemessen.

Literatur

Bergmark A (1989) Stability of the lumbar spine. A study of mechanical engineering. Acta Orthop Scand 230:28 ff

Bernardt M, Bridwell KH (1989) Segmental analysis of the sagittal plane alignment of the normal thoracic and lumbar spines and thoracolumbar junction. Spine 7:717 ff

Castro WHM, Jerosch J (1996) Orthopädisch-traumatologische Wirbelsäulen- und Beckendiagnostik. Enke-Verlag Stuttgart

Dajzman E, Gordon A, Kreisman H, Wolkove N (1991) Long-term postthoracotomy pain. Chest 99:270 ff

von Deimling U, Hallbauer T, Münzenberg K (1993) Zur Begutachtung von operativ versorgten Wirbelfrakturen der BWS und LWS ohne neurologische Komplikationen. Z Orthop 131:270 ff

Frymoyer J, Hanley E, Howe J, Kuhlmann D, Matteri R (1978) Disc excision and spine fusion in the management of lumbar disc disease. Spine 3:1 ff

Graham E, Lenke L, Lowe Th, Betz R, Bridwell K, Kong Y, Blanke K (2000) Prospective pulmonary function evaluation following open thoracotomy for anterior spinal fusion in adolescent idiopathic scoliosis. Spne 25:2319 ff

Hill NM, Horne JG, Devane PA (1999) Donor site morbidity in the iliac crest bone graft. Aust NZ J Surg 69:726 ff

Holdsworth F (1970) Fractures, dislocations, and fracture-dislocations of the spine. J Bone Joint Surg 52-A:1534 ff

Kerttula L, Serlo W, Tervonen O, Paakko E, Vanharanta H (2000) Post-traumatic findings of the spine after earlier vertebral fracture in young patients: clinical and MRI study. Spine 25:1104 ff

Knop C, Blauth M, Bastian L, Lange U, Kesting J, Tscherne H (1997) Frakturen der thorakolumbalen Wirbelsäule. Spätergebnisse und deren Konsequenzen. Unfallchirurg 100:630 ff

Lehmann T, Spratt K, Weinstein J (1987) Long-term follow-up of lower lumbar fusion patients. Spine 12 :97 ff

Liljenqvist U, Mommsen U (1995) Die operative Behandlung thorakolumbaler Wirbelsäulenverletzungen mit dem Fixateur interne und transpedikulärer Spongiosaplastik. Unfallchirurgie 1:30 ff

Lundin O, Ekström L, Hellström M, Holm S, Swärd L (2000) Exposure of the porcine spine to mechanical compression: difference in injury pattern between adolescents and adults. Eur Spine J 9:466 ff

Magerl F, Aebi M, Gertzbein S, Harms J (1994) A comprehensive classification of thoracic and lumbar injuries. Eur Spine J 3:184 ff

Nagata H, Schendel M, Transfeldt E, Lewis J (1993) The effects of immobilzation of long segments of the spine on the adjacent and distal facet force and lumbosacral motion. Spine 18:2471 ff

Rompe G, Erlenkämper A (1998) Begutachtung der Haltungs- und Bewegungsorgane. 3. Auflage, Thieme-Verlag, Stuttgart New York

Weber M, Wimmer B (1992) Begutachtung bei knöchernen Verletzungen der Wirbelsäule. Z Orthop 130:453 ff.

Diskussion

? Ist bei der Typ-A-Verletzung immer ein ventrales Vorgehen mit Korporektomie und Wirbelkörperersatz erforderlich?

In aller Regel ist bei operationsbedürftigen Typ-A-Verletzungen ein rein dorsales Vorgehen ausreichend. Bei schwerstgradigen Frakturen mit erheblichem ventralen Substanzdefekt sollte eine dorsale Reposition und eine ventrale Abstützung erfolgen. Eine regelrechte Korpektomie mit Wirbelkörperersatz ist nur in Ausnahmefällen bei kompletter Berstung des Wirbelkörpers indiziert.

? Ändert sich die Einschätzung der MdE bei noch liegendem Implantat?

Ein regelrecht liegendes Implantat bedingt keine Änderung der MdE. Ausnahmefälle sind Fehllagen (die jedoch operativ korrigiert werden sollten) oder ein prominentes Implantat, weches zu Irritationen der Weichteile führt (hier sollte bei fester Durchbauung der Fraktur das Metall entfernt werden).

? Ist die Bandscheibe bei Typ-A-Verletzungen immer traumatisiert; resultiert hieraus die Kyphosierung?

Die Bandscheibe wird insbesondere bei Typ-A-2- und -3-Verletzungen geschädigt, da es hier zu einer erheblichen Traumatisierung der Wirbelkörperabschlussplatten kommt. Der Grad der Kyphosierung spiegelt jedoch vielmehr das Ausmaß der knöchernen Traumatisierung als das der Bandscheibenschädigung wider.

? Sollen A-2-Verletzungen von ventral oder dorsal angegangen werden?

Eine schwergradige A-2-Verletzung mit ausgeprägter Einsprengung von Bandscheibengewebe in den frakturierten Wirbelkörper sollte auch von ventral angegangen werden, da das eingesprengte Bandscheibengewebe eine knöcherne Ausheilung des betroffenen Wirbelkörpers verhindert.

? Wie lauten die entscheidenden Kriterien für die Bewertung der Verletzungsfolgen?

Die entscheidenden Kriterien für die Bewertung der Verletzungsfolgen sind Ausmaß der Kyphose (sowohl segmentale Kyphose als auch das gesamte Profil des betroffenen Wirbelsäulenabschnittes), die Anzahl der fusionierten Segmente, eine eventuelle Instabilität und die Segmenthöhe (je tiefer lumbal, desto ungünstiger, da weniger Kompensationssegmente). Bei Fehlstellungen sollten auch die Auswirkungen auf die benachbarten Bewegungssegmente mit beurteilt werden (z.B. lumbosakrale Facettengelenksirritation unterhalb einer in kyphotischer Fehlstellung verheilten Fraktur der mittleren Lendenwirbelsäule).

4 Die traumatische Querschnittlähmung – Prognose und Begutachtung

U. Bötel

Außer bei einer primär vollständigen Querschnittlähmung ist die zukünftige Prognose nur schwer festzulegen, da es keine zuverlässigen Parameter gibt, die Rückbildungsfähigkeit ursprünglicher Lähmungserscheinungen zu beurteilen. Gutachterliche Fragen knüpfen sich auch an das Ausmaß der funktionellen Ausfälle, die durch eine Querschnittlähmung hervorgerufen werden. Auch nach einem Trauma gibt es gelegentlich Fragestellungen, um den Zusammenhang einer eingetretenen Querschnittlähmung mit einem Unfallereignis abzuklären.

Für ein ausreichendes Verständnis ist es notwendig, sich zunächst ein Bild über die Auswirkungen einer Querschnittlähmung zu verschaffen und hierbei auch Begriffe festzulegen, die einem allgemein und international gültigen Sprachgebrauch entsprechen und damit vergleichbar verstanden werden können. Ferner werden Kriterien zur möglichen Prognose der Querschnittlähmung gefunden werden müssen. Erforderlich ist auch die Kenntnis der möglichen Komplikationen der Lähmung, die dann auch bei der Begutachtung zu berücksichtigen sind. Fragen müssen beantwortet werden, welcher Gutachter im Fall einer traumatischen Querschnittlähmung anzusprechen ist, welche MdE Grade bei verschiedenen Läsionstypen und Läsionshöhen regelhaft zu unterstellen sind, jedoch werden auch Zusammenhangsfragen zu klären sein. Große Bedeutung für den Gutachter hat auch die Beurteilung der Pflegebedürftigkeit.

Auswirkungen der Querschnittlähmung

Eine Querschnittlähmung bedeutet einen Symptomenkomplex, verursacht durch eine vollständige oder teilweise Leitungsunterbrechung des Rückenmarks für Motorik, Sensibilität und vegetative Funktionen (Blase, Mastdarm, Sexualität) unterhalb einer Schadensstelle, unabhängig von der Ursache der Läsion, die sehr vielfältig sein kann, bei der jetzt vorliegenden Fragestellung jedoch auf ein Trauma zurückzuführen ist.

Nach internationaler Übereinkunft wird die Läsionshöhe mit dem letzten vollständig intakten Segment benannt, sodass der Schaden unterhalb dieses

Segments beginnt. Ist als letztes vollständig intaktes Segment beispielsweise aufgrund der zugehörigen Leitfunktionen C6 zu benennen, wird eine entsprechende Querschnittlähmung unterhalb oder sub C6 genannt. Da der Schaden des Rückenmarks sehr unterschiedlich nach rechts und links sowie nach motorischen und sensiblen Funktionen ausgeprägt sein kann, wird man korrekterweise die Schadenshöhe für die motorischen Funktionen nach rechts und links unterscheiden müssen, ebenso jedoch die Schadenshöhe für die sensiblen Ausfälle, ebenfalls nach rechts und links, sodass für einen Rückenmarkschaden bis zu vier verschiedene Läsionshöhen festgestellt werden können, meist ist jedoch der Schaden annähernd gleichseitig ausgeprägt.

Von größter Bedeutung ist insbesondere, festzustellen, ob die Querschnittlähmung als komplett oder inkomplett anzusehen ist, wobei ebenfalls nach internationaler Übereinkunft alle Lähmungen unabhängig von der Läsionshöhe als komplett angesehen werden, bei denen in den distalsten Segmenten S4 und S5 (Sphinkter ani und perianale Sensibilität) motorisch und sensibel vollständig ausgefallen sind, wobei oberhalb von S4 durchaus unvollständige Funktionsausfälle gelegentlich festgestellt werden im Sinne einer Zone partieller Präservation (ZPP). Im Gegensatz dazu werden alle Querschnittlähmungen, die nur einen partiellen Ausfall der sensiblen und/oder motorischen Funktionen in den Segmenten S4 und S5 aufweisen, als inkomplett angesehen.

Diese Unterscheidung ist außerordentlich wichtig, da sich der Begriff inkomplett nicht an einer teilweise erhaltenen Gehfähigkeit orientiert, als komplett jedoch nur die vollständige Rollstuhlabhängigkeit angesehen wird, sondern ausschließlich an die vollständig oder nur teilweise ausgefallenen Funktionen im Bereich der Segmente S4 und S5 gebunden ist.

Obwohl der Läsionsbereich im Rückenmark eine nur recht kleine Ausdehnung haben kann, wird durch die Störung der Leitungsfunktionen eine außerordentliche Vielzahl von Funktionen und Regelkreisen je nach Läsionshöhe beeinflusst. Neben den immer vorhandenen Beeinträchtigungen der Motorik und Sensibilität mit entsprechend ausgedehntem Ausmaß, je näher die Läsion zum Gehirn liegt, kommt es immer auch zu Steuerungsstörungen im Bereich der Harnwege und des Mastdarmsphinkters. Abhängig von der Läsionshöhe kommt es dann zusätzlich zu Störungen der Atmung bis hin zum Ausfall aller willkürlich innervierten Atemmuskeln, zu ausgeprägten Kreislaufregulationsstörungen, zu Störungen der Darmmotilität, zu Störungen des Knochenstoffwechsels und schließlich auch zu nicht unbeträchtlichen psychischen Störungen aufgrund der ausgeprägten Funktionsausfälle.

Es kann deshalb nicht verwundern, wenn zur umfassenden Betreuung Querschnittgelähmter eine Vielzahl medizinischer Fachgebiete betroffen ist: Intensivmedizin (Anästhesie), Chirurgie/Traumatologie, Neurochirurgie, Orthopädie, Neuro-Urologie, Röntgenologie, Neurologie, innere Medizin, Kardiologie, Pneumologie, Gastroenterologie, Psychiatrie/Psychologie.

Ggf. werden auch Behandlungen auf den Fachgebieten Hals-Nasen-Ohren, Augen, Gynäkologie, Pädiatrie, Dermatologie, Kieferchirurgie und Zahnheilkunde notwendig sein.

Prognose

Liegt primär eine komplette Querschnittlähmung nach den oben skizzierten Kriterien vor, bilden sich die Lähmungserscheinungen nach den bisherigen Erfahrungen unabhängig vom eingeschlagenen Therapieweg in der Regel nicht zurück, graduelle Besserungen sind bei einer kompletten Querschnittlähmung mit ZPP jedoch durchaus möglich.

Im Gegensatz dazu haben inkomplette Querschnittlähmungen unabhängig vom Ausmaß der primären funktionellen Ausfälle durchaus das Potenzial für eine zukünftige Rückbildung, ohne dass sichere Kriterien dafür genannt werden können, wie weit eine Rückbildung gehen kann (sleeping function).

Zwei Formen einer partiellen Rückbildung sind zu unterscheiden:
- Die ursprünglich festgestellte Läsionshöhe kann um ein oder mehrere Segmente nach kaudal absinken, was im Bereich des Halsmarks durchaus von hoher Bedeutung ist, da mit jedem Segment im Zervikalbereich ein erheblicher funktioneller Zugewinn oder erheblicher funktioneller Verlust verbunden sein kann. So bedeutet der Unterschied zwischen einer Läsion sub C5 und einer Läsion sub C6 die Fähigkeit, mit relativ einfachen Anpassungsmaßnahmen einen Pkw zu steuern, was bei einer Läsion sub C5 nicht möglich wäre. Von diesem geringen segmentalen Unterschied hängt auch ab, ob primitive tertiäre Greifformen ausgeführt werden können oder nicht.
- Teilweise Rückbildungen können jedoch auch in Bezug auf globale Funktionen beobachtet werden, indem beispielsweise im Verlauf der Rückbildung ursprünglich funktionell nicht verwertbare äußerst geringfügige Muskelfunktionen zu funktionell verwertbaren Aktivitäten werden, indem der Kraftgrad 3 erreicht oder überschritten wird.

Rückbildung kann in Stunden nach einer Commotio spinalis ohne Substanzschädigung, nach Tagen bei einer Contusio spinalis, jedoch auch erst nach Wochen, Monaten oder ein bis zwei Jahren eintreten, wobei in Einzelfällen partielle Rückbildungen um ein bis zwei Segmente oder ein außerordentlich später Zugewinn von vorher unfunktionellen Kraftgraden auch noch nach 3-6 Jahren beobachtet werden konnten. Als Regel kann gelten, dass die Lähmungsrückbildung umso nachhaltiger und weitreichender sein wird, je früher sie einsetzt.

Neben Verbesserungen der Rückenmarkläsion sind auch Verschlimmerungen möglich, glücklicherweise jedoch eher selten. Negative Veränderungen der Rückenmarkläsion sind:
- Übergang einer inkompletten in eine komplette Lähmung
- Zunehmende Rückenmarkmangeldurchblutung mit Läsionsausweitung nach kranial und überwiegend schlaffer Lähmung
- Spätere Entwicklung einer Hydro- oder Syringomyelie, ebenfalls mit Ausweitung der Lähmung nach proximal.

Komplikationen

Im Verlauf der Querschnittlähmung kommt es zu einer Reihe von durchaus typischen Früh- und Spätkomplikationen, die sowohl bei der Therapie als auch bei der Begutachtung eine besondere Rolle spielen. Einzelne der Komplikationen sind durchaus lebensbedrohlich.

- Infolge der läsionsbedingten Blasenentleerungsstörung mit den damit verbundenen ungünstigen Urinabflussbedingungen können bei ungenügender Beachtung der Situation – insbesondere bei nicht indizierter transurethraler Dauerkatheterableitung – rezidivierende Harnwegsinfekte auftreten mit zunehmender Verdickung der Blasenwand, vor allem bei der hyperreflexiven Blasenlähmung und dadurch bedingtem vesikoureteralen Reflux, der dann zu aufsteigenden Harnwegsinfekten führt mit sekundärer Niereninsuffizienz und schließlich Dialysepflichtigkeit.
- Bei allen Tetraplegien und hohen Brustmarklähmungen kann es infolge der Entkoppelung des Gleichgewichts zwischen Sympathikus und Parasympathikus zu einer ausgeprägten autonomen Dysregulation kommen im Zusammenhang mit Drucksteigerungen innerhalb des Abdominalraums insbesondere bei hohen Blasenspeicherdrücken, wodurch neben erheblichen Schweißausbrüchen, Hautrötung und Kopfschmerzen vor allem auch hypertensive Krisen ausgelöst werden, die Anlass von Hirnblutungen sein können und damit lebensbedrohlich sind.
- Wegen der mangelhaften Gefäßsteuerung mit Weitstellung der Gefäße und Verlust der sensiblen Qualitäten besteht von Anfang an die Gefahr der Entwicklung von Hautschäden, insbesondere auch in der Primärphase im Zusammenhang mit dem häufigen primären Volumenmangelschock. Zusätzliche Zerstörungen durch bakterielle Invasion und Einbruch in tiefe Muskelschichten, Knochen und Gelenke führen dann zu einer lebensbedrohlichen Sepsis. Die Druckgeschwürsgefahr bleibt lebenslang bestehen. Die Behandlung wird auch durch ausgedehnte plastisch-chirurgische Maßnahmen mit zunehmender Zahl der abgelaufenen Druckgeschwüre immer schwieriger und weniger erfolgversprechend.

Daneben gibt es eine Reihe weniger gravierender Komplikationen, die jedoch ebenfalls erhebliche zusätzliche funktionelle Beeinträchtigungen bedeuten:

- In einer Reihe von Fällen treten Verknöcherungen in den Weichteilen in typischer Ausprägung auf, die nur bei Verletzungen und Erkrankungen des zentralen Nervensystems beobachtet werden. Die heterotopen Ossifikationen im Sinne von Paraosteoarthropathien (POA) sind vorwiegend im Bereich der Hüftgelenke zu finden, jedoch auch bei entsprechender Lähmungshöhe im Bereich der Schulter und Ellenbogengelenke und der Kniegelenke, sehr selten im Bereich der Fingergelenke. Die heterotopen Ossifikationen führen zu erheblichen funktionellen Beeinträchtigungen, die sowohl das Sitzen als auch die Selbsthilfe betreffen.

- Alle Rückenmarkläsionen weisen unterhalb der Läsion eine deutliche Knochenkalksalzminderung auf, die wahrscheinlich neurogenen Ursprungs ist und nicht allein auf die Inaktivitätsosteoporose zurückgeführt werden kann. Die Osteopenie führt leicht zu Brüchen der Knochen auch bei relativ geringfügigen Unfallmechanismen, wobei sowohl Schaftbrüche, insbesondere jedoch gelenknahe Brüche beobachtet werden. Entsprechende Brüche werden auch bei der krankengymnastischen Behandlung zur Aufdehnung von lähmungsbedingten Kontrakturen beobachtet, ohne dass hierbei den Therapeuten eine besondere Schuld zugewiesen werden könnte.
- Durch die Beckenbodeninsuffizienz und die erschwerte lähmungsbedingte Stuhlentleerung werden nicht selten Anal- und Rektumprolapse beobachtet, die ebenfalls eine mittelbare Unfallfolge darstellen. Häufig wird hierbei der Prolaps als Entwicklung von Hämorrhoiden fehlinterpretiert.
- Bei lähmungsbedingter Insuffizienz der unteren Bauchmuskulatur kann es im Zusammenhang mit erhöhtem Abdominaldruck durch Blasen- und Darmentleerung mit Hilfe der Bauchpresse zu direkten Leistenbrüchen kommen, die damit eine mittelbare Folge der traumatischen Querschnittlähmung darstellen.
- Erheblich problematisch sind lähmungstypische Schmerzsyndrome im Sinne eines Deafferentierungsschmerzes, der einer Therapie nur außerordentlich schwer zugänglich ist.

Begutachtung

Die MdE-Bewertung und Begutachtung einer traumatischen Querschnittlähmung erscheint auf den ersten Blick einfach, tatsächlich ergeben sich jedoch auch außerhalb des normalen Ablaufs einige Fragestellungen und Besonderheiten, die nachfolgend erläutert werden müssen:

Welcher Gutachter?

Grundsätzlich muss vorausgesetzt werden, dass der Hauptgutachter über langjährige Erfahrungen in der Diagnostik und Behandlung von Querschnittlähmungen verfügt, während es keine besondere Rolle spielt, ob der Hauptgutachter Neurologe, Chirurg, Neurochirurg, Orthopäde oder Internist ist.

Ausmaß und Zahl der notwendigen Zusatzgutachter wird mit dadurch bestimmt, welchem Fachgebiet der Hauptgutachter angehört. *Immer* ist ein neuro-urologisches Gutachten mit Einschluss urodynamischer Untersuchungsmethoden erforderlich. *Immer* muss bei Vorliegen oder Verdacht auf eine psychogene Lähmung ein Psychiater, Neuropsychologe und Neurologe zugezogen werden, während im allgemeinen chirurgisch-orthopädische, internistische oder neurologische Zusatzgutachten nur fakultativ erforderlich werden, wenn der Hauptgutachter über die notwendigen Erfahrungen in der neurologischen Basisuntersuchung verfügt. Nur sehr selten werden auch Hals-Nasen-Ohren-ärztliche oder augenärztliche Zusatzgutachten benötigt.

Regelgutachten/MdE

Zur Erfassung des komplexen Gesamtbildes einer Querschnittlähmung sind verschiedene Fragestellungen zu erfassen und zu beantworten. Die Fragestellungen beziehen sich sowohl auf den körperlichen Gesundheitszustand als auch auf die soziale und berufliche Wiedereingliederung.

Zur Erfassung des Gesundheitszustandes dienen Fragen nach
- Hautschäden
- Harnwegsinfekten
- Atemwegsinfekten
- Weiteren interkurrenten Erkrankungen oder Unfällen.

Zur Beurteilung der Leistungsfähigkeit müssen Fragen nach
- Sitzfähigkeit und Sitzausdauer
- Ggf. nach der Gehstrecke und der aufzuwendenden Zeit dafür
- Art der Blasenentleerung
- Art der Darmentleerung
- Sexualität
gestellt worden.

Die berufliche und soziale Wiedereingliederung lässt sich durch Fragen nach
- Ausmaß der Selbsthilfe
- Ausmaß der Fremdhilfe
- Wohnungssituation
- Mobilität
- Beruflicher Situation
überprüfen.

Wegen der komplexen Auswirkungen der Rückenmarkläsion muss ein vollständiger körperlicher Befund erhoben werden, vor allem auch bei inkompletten Lähmungen ein Muskelstatus mit Festlegung der Muskelkraft nach der MRC-Skala (Kraftgrad 0–5) sowie ein Gelenkstatus nach der Neutral-0-Methode zur Dokumentation ggf. vorliegender Kontrakturen. Ein vollständiger Reflexstatus einschließlich Erfassung der sakralen Reflexe ist erforderlich sowie eine vollständige Erfassung der sensiblen Ausfälle für die verschiedenen Qualitäten.

Nativröntgenaufnahmen sind in der Regel für die Wirbelsäule, insbesondere den verletzten Bereich erforderlich sowie im Bereich von Zusatzverletzungen und im Bereich kontrakter Gelenke, um ggf. das Ausmaß und die Entwicklung von heterotopen Ossifikationen und deren Reifegrad feststellen zu können. Fallweise sind Computertomografien oder ein Kernspintomogramm notwendig. Ebenfalls fallweise werden neurophysiologische Untersuchungen mit EMG, SEP und MEP notwendig, insbesondere dann, wenn Zusammenhangsfragen oder eine Verschlimmerung überprüft werden müssen.

Grundsätzlich muss wegen der Bedeutung der Blasenlähmung für die Harnwege eine eingehende urodynamische Untersuchung gefordert werden, ggf. zusätzlich Isotopenuntersuchungen zur Überprüfung der Nierenfunktion seitengetrennt.

Die MdE-Einschätzung ist unabhängig vom Versicherungsstatus einfach bei Vorliegen einer vollständigen Tetraplegie oder einer vollständigen Paraplegie bis L3. In diesen Fällen kann immer eine MdE von 100% zugrunde gelegt werden. Schwieriger ist die Beurteilung eines vollständigen Konussyndroms unterhalb S1/2, da hierdurch die Gehfähigkeit nicht tiefgreifend beeinflusst wird, wohl aber ein vollständiger Ausfall der Willkürentleerung von Blase und Mastdarm vorliegt sowie erhebliche Störungen der Sexualität, weshalb eine MdE von 60–80% zugrunde gelegt werden muss. Hierbei ist besonders die Funktion der Glutäalmuskulatur als Beckenstabilisator zu berücksichtigen, da bei Ausfall der Glutäalmuskulatur ein freier stabiler Stand nicht erreicht werden kann und auch das Treppensteigen erheblich eingeschränkt ist. Zu berücksichtigen ist bei der MdE-Höhe auch, ob Gehhilfen benutzt werden müssen oder nicht. Psychologisch sind Patienten mit einem vollständigen Ausfall der Blasen- und Mastdarmkontrolle mit vor allem wiederkehrenden unfreiwilligen Stuhlabgängen bei vollständigem Ausfall des Sphinkterapparats häufig mehr betroffen als rollstuhlabängige Querschnittgelähmte.

Schwieriger ist die Einschätzung der MdE oder des GdB bei unvollständigen Lähmungsbildern. Die MdE-Einstufung kann dabei zwischen 30 und 100% variieren, abhängig vom Ausmaß der funktionellen Beeinträchtigungen. Durchgesetzt haben sich nachstehende Beurteilungskriterien:

Inkomplette Tetraplegie (nicht funktionelle Muskulatur, rollstuhlabhängig)	100%
Inkomplette Tetraplegie (zentrales Halsmarksyndrom, keine Handfunktion)	80–100%
Inkomplette Tetraplegie (Muskulatur funktionell, keine Blasen-Mastdarmstörung)	30–60%
Inkomplette Paraplegie (Muskulatur unfunktionell, Blasen- und Mastdarmstörung)	80–100%
Inkomplette Paraplegie (Muskulatur funktionell, Blasen-Mastdarmstörung)	60–80%
Inkomplette Paraplegie (ohne Blasen-Mastdarmstörung)	30–60%

Gelegentlich verlangen die privaten Unfallversicherungen eine Einschätzung der verschiedenen Funktionsstörungen im Bereich der Gliedmaßen nach der Gliedertaxe.

Zusammenhangsfragen

In einigen Fällen sind auch bei einer posttraumatischen Rückenmarkläsion insbesondere dann Zusammenhangsfragen zu klären, wenn keine eindeutig definierte knöcherne oder ligamentäre Verletzung festgestellt werden kann bei bereits vorbestehenden degenerativen Veränderungen und Spinalkanalstenosen, bei der posttraumatischen Syringomyelie, Auftreten einer Spätmyelopathie sowie bei psychogenen Lähmungen.

Insbesondere bei vorbestehenden Spinalkanalstenosen, überwiegend degenerativ verursacht, kommt es auch ohne definitiven Nachweis einer diskoligamentären oder knöchernen Verletzung nach typischen Unfällen zum Auftreten von Lähmungserscheinungen, die sich nicht selten als zentrales Halsmarksyndrom manifestieren, bei denen typischerweise das Lähmungsausmaß wesentlich stärker im Bereich der oberen Gliedmaßen ausprägt als der unteren und bei denen nur eine überwiegend inkomplette Lähmung von Blase und Mastdarm besteht. Es handelt sich dabei fast ausnahmslos um Überstreckungsverletzungen sowohl durch Auffahrunfälle von hinten als vor allem auch durch Stürze aufs Gesicht, wobei dann auch sehr häufig Prellmarken, Schürfungen und Platzwunden im Bereich von Stirn und Gesicht nachweisbar sind. Die Verletzung erklärt sich durch schlagartige Einengung des Spinalkanals mit dorsaler Vorwölbung einer bereits degenerierten Bandscheibe bei gleichzeitiger harmonikaartiger Auffaltung des verdickten Lig. flavum. Insbesondere bei bereits vollständigem Ausbrennen der Bandscheiben infolge Degeneration bei Osteochondrose und Retrospondylose sind tatsächlich vorhandene diskoligamentäre Zerreißungen auch im Kernspintomogramm häufig nicht sicher zu erkennen, obwohl solche Zerreißungen nicht selten vorkommen, wie dies bei pathologisch-anatomischen Präparaten nachgewiesen werden kann. Im Bereich des Rückenmarks selber findet sich häufig primär nur eine ödematöse Schwellung, erst einige Tage bis Wochen später eine intramedulläre Zerfallshöhle um den Zentralkanal herum, wodurch sich auch die proximal betonte Lähmung erklärt mit teilweiser oder vollständiger Schonung der langen Bahnen. Die Lähmungserscheinungen setzen sofort oder wenige Stunden nach dem läsionstypischen Überstrecktrauma ein, sodass die Lähmung ohne jede Frage und unabhängig von der degenerativen Vorschädigung dem Unfallereignis zugeordnet werden muss. Eine Myelopathie, die erst Wochen bis Monate nach einem Unfallereignis klinisch deutlich wird, kann dem Unfallereignis nicht mehr zugeordnet werden, sondern entsteht im Zusammenhang mit der unfallunabhängigen Spinalkanalstenose.

Eine Spätmyelopathie mit Entwicklung einer inkompletten Querschnittlähmung muss einem früheren Unfallereignis zugeordnet werden, wenn der frühere und eindeutige Unfall zu erheblichen Achsenknickungen und posttraumatischen Spinalkanalstenosen geführt hat. Zwischen eigentlichem ersten Unfallereignis und spätem Auftreten von Lähmungserscheinungen können erhebliche Zeitspannen liegen. Ich selbst habe einen Fall einer spastischen, inkompletten Querschnittlähmung über 30 Jahre nach dem Primärtrauma mit erheblicher kyphotischer Fehlstellung nach Flexions-Distraktions-Bruch des BWK 10 beobachtet, dessen neurologische Ausfälle exakt mit der in den Wirbelkanal vorragenden Unterhinterkante des BWK 10 in Übereinstimmung stehen, sodass ein Unfallzusammenhang bejaht werden musste.

Auch die posttraumatische Syringomyelie kann zu den späten Folgen einer erheblichen Wirbelsäulenverletzung gehören, indem Lähmungserscheinungen erst mit deutlicher zeitlicher Verzögerung auftreten oder eine bereits bestehende Lähmung im Ausmaß verschlimmert wird. Als Ursache wird eine posttraumatische Liquorzirkulationsstörung im Zusammenhang mit der posttraumatischen Spinalkanalstenose und arachnitischen Verklebungen angenommen, weshalb es auch das Ziel der operativen Therapie ist, die Spinalkanalstenose zu beseitigen und die Liquorzirkulation wieder herzustellen.

Eine besondere gutachterliche Problematik stellen psychogene Lähmungen nach zum Teil durchaus erheblichen Unfallereignissen dar, da funktionell und subjektiv zwar Lähmungserscheinungen und Rollstuhlabhängigkeit vorliegen, eingehende neurologische und neurophysiologische Untersuchungen jedoch keine tatsächlichen entsprechenden Ausfälle nachweisen lassen und auch der kernspintomografische Befund negativ ist. Nur selten besteht bei diesen Patienten eine bewusstseinsnahe Simulation, vielmehr handelt es sich um ein eigenständiges Krankheitsbild, das schwere Beeinträchtigungen nach sich zieht und nur sehr schwer aufgebrochen werden kann. Das Unfallereignis hat in diesen Fällen nicht zu einer morphologisch fassbaren Veränderung des Rückenmarks geführt, gleichwohl werden Symptome demonstriert, die an eine Querschnittlähmung denken lassen.

Der Verdacht auf eine psychogene Lähmung kommt immer dann auf, wenn trotz Rollstuhlbenutzung und fehlender Gehfähigkeit die Muskelkonturen und der Muskelspannungszustand erstaunlich gut erhalten sind und normale Reflexe ausgelöst werden können ohne Reflexzonenverbreiterungen oder klonische Nachzuckungen. Die Hautdurchblutung bleibt normal, sodass auch die sonst gefürchteten Komplikationen der Querschnittlähmung wie Druckgeschwüre nicht beobachtet werden. Zur Aufklärung sind nicht nur umfangreiche neurologische und neurophysiologische Untersuchungen erforderlich, sondern auch eingehende psychiatrische und neuropsychologische Untersuchungsmethoden. Zwar hat das Unfallereignis eine substanzielle Schädigung des Rückenmarks nicht hervorgerufen, ist gleichwohl jedoch der Auslöser der psychogenen Lähmung gewesen.

Pflegebedürftigkeit

Auch die Beurteilung der Pflegebedürftigkeit gehört zu gutachterlichen Aufgaben im Zusammenhang mit einer posttraumatischen Querschnittlähmung. Das Ausmaß der Abhängigkeit von fremder Hilfe ist dabei nicht nur abhängig von der Läsionshöhe, sondern auch vom Lebensalter und der Qualität der durchgeführten rehabilitativen Behandlung. Paraplegiker werden nach Abschluss einer ordnungsgemäßen Primär- und Rehabilitationsbehandlung zwar für die meisten Verrichtungen des täglichen Lebens fremde Hilfe nicht in Anspruch nehmen müssen, wohl aber Hilfen bei der Haushaltsführung. Auch muss berücksichtigt werden, dass die Selbsthilfefunktionen störanfällig sind und bei Auftreten von lähmungsspezifischen Komplikationen oder interkurrenten Erkrankungen sofort wieder zur teilweisen oder vollständigen Abhängigkeit von fremder Hilfe führen.

In der gesetzlichen Pflegeversicherung sind drei verschiedene Pflegestufen zu differenzieren. Besondere Erschwernisse können in Einzelfällen berücksichtigt werden. So ist keine Frage, dass Tetraplegien mit vollständiger Abhängigkeit von artifizieller Beatmung einer Rund-um-die-Uhr-Pflege bedürfen.

Je nach Selbsthilfestatus werden Paraplegien nur der Pflegestufe I zugeordnet werden können, schwerwiegende Zusatzverletzungen oder Zusatzerkrankungen machen jedoch durchaus auch ggf. eine Einstufung in die Pflegestufe II möglich.

Tetraplegien unterhalb C5–C7 werden in der Regel der Pflegestufe II zugeordnet, Zusatzbehinderungen machen jedoch vor allem auch bei Läsionen unterhalb C5 eine Zuordnung zur Pflegestufe III notwendig.

Läsionen unterhalb C4 mit Ausfall der gesamten Willkürmotorik der oberen Extremitäten mit Ausnahme geringfügiger Schulterbewegungen sind der Pflegestufe III zuzuordnen.

Anders verhält sich die Einordnung der Pflegebedürftigkeit im Rahmen der gesetzlichen Unfallversicherung. Hier erfolgt ein etwas differenzierteres System der Zuordnung auf der Grundlage des § 44 des SGB VII. Das Pflegegeld wird großzügiger als in der gesetzlichen Pflegeversicherung bemessen und beträgt zur Zeit im Höchstsatz DM 2 193,– monatlich.

Unterschieden werden vier verschiedene Grundkategorien:

Kategorie I schwerste Beeinträchtigung	80–100%
Kategorie II erhebliche Beeinträchtigung	60–80%
Kategorie III mittlere Beeinträchtigung	40–60%
Kategorie IV leichtere Beeinträchtigung	25–40%

Hierbei wird vom Höchstbetrag des Pflegegeldes ausgegangen.

Den verschiedenen Schweregraden werden unterschiedliche Fallgruppen mit Beschreibung der funktionellen Beeinträchtigungen zugeordnet:

■ Fallgruppe 1	Tetraplegie mit überwiegender oder dauernder Beatmung	100%
■ Fallgruppe 5	Tetraplegie, abhängig von möglichen tertiären Greifformen	80–100%
■ Fallgruppe 11	inkomplette Tetraplegie, komplette Paraplegie bis D10	60–80%
■ Fallgruppe 16	Paraplegie sub D10 bis sub L3, inkomplette Tetraplegie mit geringem muskulären Defizit	40–60%
■ Fallgruppe 20	vollständige Paraplegie ohne Blasen- und Mastdarmstörung, rollstuhlabhängig	30–50%
■ Fallgruppe 23	Paraplegie sub L4, inkomplette Paraplegie mit teilweiser Rollstuhlabhängigkeit	25–40%

Das Pflegegeld entfällt, wenn die Pflege anderweitig als zu Hause durchgeführt wird, beispielsweise bei einer stationären Behandlung oder im Rahmen einer internatsmäßigen beruflichen Rehabilitation.

Auf Antrag kann statt des Pflegegeldes auch die Pflege durch gewerbsmäßige Haus- oder Heimpflege erbracht werden.

Literatur

Gerner HJ (1992) Die Querschnittlähmung – Erstversorgung, Behandlungsstrategie, Rehabilitation. Blackwell, Berlin

Hanisch L (1998) Neuropsychiatrische Aspekte der Schmerzbegutachtung. In: Ludolph E, Lehmann R, Schürmann J (Hrsg) Kursbuch der ärztlichen Begutachtung. eco-med VI – 2.6

Meinecke FW (1994) Querschnittlähmungen. In: Witt AN, Rettig H, Schlegel KF (Hrsg) Orthopädie in Praxis und Klinik. Thieme, Stuttgart New York. Bd V/2, 4.1–4.34

Ludolph E, Lehmann R, Schürmann J (Hrsg) (1998) Kursbuch der ärztlichen Begutachtung. eco-med

Reichenbach M, Ludolph E (1998) Einschätzungsempfehlung für die private Unfallversicherung. In: Ludolph E, Lehmann R, Schürmann J (Hrsg) Kursbuch der ärztlichen Begutachtung. eco-med IV-1.2.4

Rompe G (1994) Begutachtung der Wirbelsäule. In: Witt AN, Rettig H, Schlegel KF (Hrsg) Orthopädie in Praxis und Klinik. Thieme, Stuttgart, New York. Bd V/2, 5.1–5.23

Rompe G, Erlenkämper A (1992) Begutachtung der Haltungs- und Bewegungsorgane. Thieme, Stuttgart New York

5 Erektile Dysfunktion

Neurologische Begutachtung

M. FABRA

Definition und Epidemiologie

Von den für die neurologische Begutachtung wesentlichen Störungen der Sexualfunktion des Mannes ist die erektile Dysfunktion (Impotenz) die häufigste. Per definitionem handelt es sich dabei um die Unfähigkeit des Mannes, eine für Kohabitation und sexuelle Befriedigung notwendige Gliedsteife zu erreichen und aufrechtzuerhalten. Insoweit ergibt sich eine klar zu ziehende Grenze zu anderen Störungen der Sexualfunktion wie etwa Libidoverlust, Störungen im Ablauf der sexuellen Erregung und des Höhepunktgefühls oder Störungen der Ejakulation (Ejaculatio praecox, retardata oder retrograde Ejakulation). Abzugrenzen sind auch subjektiv erlebte Minder- oder Überempfindlichkeit des Genitales bzw. dort gelegene Missempfindungen, die nicht mit einer Einschränkung der Gliedsteife einher gehen.

Gerade in einer Zeit sexueller Offenheit, deren Kehrseite für viele sexueller Leistungsdruck ist, wird die erektile Dysfunktion mehr als früher als Krankheit erlebt, und zwar unabhängig davon, dass sie im Einzelfall im Leben des betroffenen Mannes erhebliche psychosoziale Folgen nach sich zieht, die dann ihrerseits zu psychogenen Störungen von Krankheitswert führen können. Nach neueren Schätzungen leiden in den USA etwa 10 Millionen Männer unter erektiler Dysfunktion (Lerner et al. 1993), und zwar mit fortschreitendem Alter in zunehmendem Maße. So beträgt die Häufigkeit bei 40-Jährigen ca. 2%, mit 65 Jahren sind bereits 25% aller Männer betroffen. Bei bestimmten Erkrankungen, etwa Diabetes mellitus, wird eine Häufigkeit von bis zu 50% berichtet (McCulloch et al. 1980).

Grundsätzlich sind somatische und psychische Entstehungswege der erektilen Dysfunktion denkbar. Hielt man früher etwa 80% aller Impotenzen für psychogen und 20% für somatogen, so wird heute von Urologen und Neurophysiologen das Verhältnis gerade umgekehrt gesehen. Somatogene Impotenz kann vaskulär, neurogen oder hormonell sein. Insgesamt wird das Zusammenwirken somatischer und psychischer Faktoren oft unterschätzt.

Anatomie und Physiologie

Der menschliche Penis setzt sich zusammen aus den beiden dorsal gelegenen Corpora cavernosa und dem ventral gelegenen Corpus spongiosum, welches in die Glans penis übergeht. Jedes der drei Corpora ist von einer derben Faszie umgeben, der Tunica albuginea, eine Verbindung besteht über das Septum mediale. Die Corpora cavernosa bestehen aus einem Flechtwerk glatter Muskelzellen, die über so genannte Gap junctions in Verbindung stehen und auf diese Weise elektrische Signale austauschen können. Die arterielle Versorgung erfolgt über die A. pudenda, der venöse Abfluss überwiegend über die Vv. penis profundae; die V. dorsalis penis führt demgegenüber lediglich das Blut aus Haut und subkutanem Gewebe.

Die glatte Muskulatur der Corpora cavernosa und des Corpus spongiosum ist im flakziden Stadium kontrahiert; über eine nerval gesteuerte Abnahme des Gefäßwiderstandes in den penilen Arterien, die über spezielle glattmuskuläre, im flakziden Stadium kontrahierte Wandverstärkungen verfügen (sog. Polster) strömt über die Endäste der penilen Arterien, die Aa. helicinae, Blut in die kavernösen Hohlräume. Gleichzeitig erschlafft aktiv die glatte Muskulatur. Der venöse Abfluss wird vor allem mechanisch gedrosselt, indem die abführenden Venen an der Tunica albuginea zusammengedrückt werden; inwieweit beim Menschen darüber hinaus eine durch aktive Kontraktur der Gefäßmuskulatur bewerkstelligte Widerstandserhöhung in den abführenden Venen eine Rolle spielt, ist umstritten, ebenso die Rolle der quergestreiften Beckenbodenmuskulatur, deren (unwillkürliches) Anspannen zu einer zusätzlichen Zunahme des Abflusswiderstandes führt. In erigiertem Zustand beinhaltet der Penis das 8fache an Blut, verglichen mit dem Stadium der Flakzidität; der intrakorporale Druck liegt in der Gegend des arteriellen Mitteldrucks.

Die Erektion wird vorrangig induziert durch parasympathische Impulse der Segmente S2–S4, vor allem S2, die das Sakralmark über die vordere Wurzel verlassen und im N. pelvicus zum Plexus pelvicus lateral des Rektums gelangen, hier auf das postganglionäre Neuron umgeschaltet werden und über die Nn. cavernosi (erigentes), der gemeinsamen Endstrecke der parasympathischen und der meisten sympathischen Nervenfasern, den Penis erreichen. Impulse des sympathischen Nervensystems entstammen den Segmenten Th11–L2. Sie gelangen zum einen über die Nn. splanchnici, den Plexus mesentericus und den N. hypogastricus zum Plexus pelvicus (prävertebrale Bahn, eher proerektil), zum anderen treten sie in den lumbosakralen Grenzstrang ein und verlaufen von hier im N. pelvicus zum Plexus pelvicus (paravertebrale Bahn, eher antierektil). Einige Fasern verlaufen auch im N. dorsalis penis, der zu etwa 5% sympathische, evtl. antierektile

Nervenfasern führt (McKenna u. Nadelhaft 1986, Merckx et al. 1993). Somatische Efferenzen entspringen einer definierten Kerngruppe, dem sog. Nucleus Onufrii der Segmente S2–S4, sie sind in enger Nachbarschaft der parasympathischen Kerngebiete gelegen und mit diesen verbunden; sie verlassen das Rückenmark über die Vorderwurzeln und gelangen über den Plexus sacralis zum N. pudendus und mit diesem zu den quergestreiften Muskeln des Beckenbodens; die somatischen Afferenzen vom N. dorsalis penis gelangen auf demselben Weg zu den Segmenten S2–S4, die sie über die Hinterwurzeln erreichen. Zur Physiologie s. auch S. 46, 47.

Diagnostik

Wesentlicher Bestandteil der Diagnostik sind Anamnese und klinische Befunderhebung. In Zusammenhang mit der Potenzstörung eingetretene Störungen der Blasen-Mastdarm-Funktion können auf eine gemeinsame neurologische Ursache hindeuten. Häufiger ist aber die isolierte erektile Dysfunktion. Vor allem Polyneuropathien, etwa bei Diabetes mellitus, gefolgt von alkoholbedingten, entzündlichen, toxischen und paraneoplastischen Polyneuropathien gehen mit Potenzstörungen einher. Beckenfrakturen führen über die Beschädigung der somatischen und autonomen Nervenstränge am Beckenboden, oft in Kombination mit Gefäßverletzungen, zu erektiler Dysfunktion, ebenso Beckenoperationen, vor allem die radikale Prostatektomie und die Rektumamputation.

Wirbelsäulenverletzungen und große Bandscheibenvorfälle, insbesondere mit (Konus-)Kauda-Syndromen, können über die Kompression sakraler Nervenwurzeln zu erektiler Dysfunktion führen. Lokale Störungen des Penis, z. B. ein langer Priapismus, Traumata oder operative Eingriffe, z. B. die operative Korrektur der Induratio penis plastica, daneben Komplikationen lokaler Gefäßoperationen wie der Dorsalvenenligatur oder fehlgelaufener Prothesenimplantationen können Nervenverletzungen nach sich ziehen. Bei den Erkrankungen des ZNS stehen Querschnittsyndrome und die multiple Sklerose im Vordergrund, aber auch nach Schlaganfällen, vor allem bei diffuser vaskulärer Enzephalopathie (SAE und Multiinfarktsyndromen), beim Parkinson-Syndrom und der Multisystematrophie kommt es zu neurogener Impotenz.

Psychogene Erkrankungen müssen erfragt werden. Wesentlich ist eine genaue Medikamenten-, Drogen- und Schadstoffanamnese. Notwendige Hormonspiegelbestimmungen werden in der Regel vom Urologen veranlasst werden.

Die neurologische Untersuchung schließt die Prüfung der Sensibilität am Damm und am Genitale, die Untersuchung des Analsphinkters, den Kremaster- und Analreflex sowie ggf. die klinische Prüfung des Bulbokavernosusreflexes (s. u.) ein.

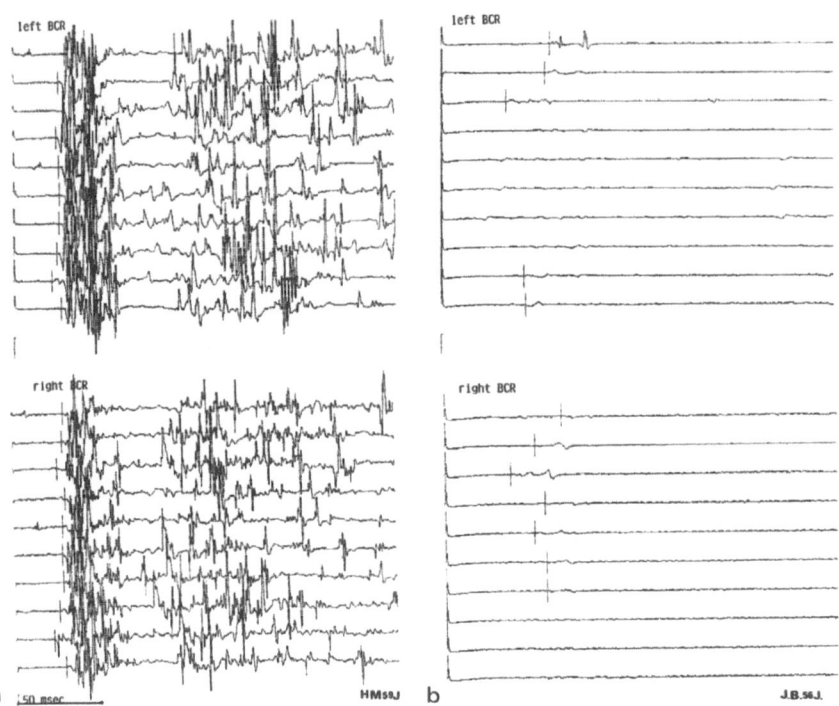

Abb. 5.1. Bulbokavernosus-Reflex-Latenzen im Seitenvergleich; 10 aufeinanderfolgend beiderseits synchron gemessene Antworten. **a** Normalbefund, **b** Befund bei einem Patienten mit peniler Neuropathie bei Diabetes mellitus

Neurophysiologische Diagnostik des somatischen Nervensystems

Bereits seit den 60er Jahren (Rushworth 1967) wird der penile Reflexbogen mittels des Bulbokavernosusreflexes (BCR) (Abb. 5.1) überprüft. Als Antwort auf einen mechanischen oder elektrischen Reiz am Penis kontrahiert sich die Beckenbodenmuskulatur, was palpatorisch oder neurophysiologisch mittels im M. bulbocavernosus beidseits platzierten konzentrischen Nadelelektroden nachzuweisen ist. Die neurophysiologische Methode erlaubt die Bestimmung der Latenz der Reflexantwort sowie weiterer Parameter, wodurch sich die diagnostische Aussage erheblich verbessern lässt (Porst et al. 1988, Tackmann et al. 1988, Vodusek u. Janko 1990).

An die Bestimmung der Bulbokavernosusreflex-Latenzen sollte sich die elektromyografische Untersuchung ausgewählter Beckenbodenmuskeln, etwa der Mm. bulbocavernosi, der Mm. ischiocavernosi und ggf. des M. sphinkter ani externus anschließen.

Der afferente Schenkel des Reflexbogens sowie die zentralnervöse sensible Bahn werden mit den sensibel evozierten Skalppotenzialen (SSEP) des N. pudendus erfasst, die in analoger Reiz- und Ableitetechnik wie die SSEP des N. tibialis bei Reizung mit um den Penis gelegten Ringelektroden bestimmt werden könnnen. Im Gegensatz zu den SEP des N. tibialis erwiesen sich aber die lumbale und zervikale Antwort als inkonstant und erforderten außerdem für den Patienten im Einzelfall zumeist nicht tolerierte Anzahlen von Einzelreizen, sodass sich lediglich die Bewertung des Skalpkomplexes in der Praxis durchgesetzt hat (Tackmann et al. 1987).

Grundsätzlich möglich ist die Ableitung von motorisch evozierten Potenzialen aus dem M. bulbocavernosus nach kortikaler und lumbaler Magnetstimulation (Dressler et al. 1990). Eine weitere auch in der Praxis durchzuführende Methode ist die Bestimmung der Pudenduslatenz (Jost et al. 1992) sowie die Bestimmung der orthodromen sensiblen Nervenleitgeschwindigkeit des N. dorsalis penis; letztere setzt eine konstante, standardisierte Messstrecke voraus, was durch Anhängen eines Gewichtes an die Glans erreicht werden soll (Bradley et al. 1984).

Neurophysiologische Diagnostik des autonomen Nervensystems

Ein Verfahren, mit dem sich Störungen der autonomen penilen Innervation sowie der Funktionsfähigkeit der glatten kavernösen Muskulatur nachweisen lassen, glaubte man Ende der 80er Jahre mit der Ableitung elektrischer Aktivität aus den Corpora cavernosa (CC-EMG) gefunden zu haben (Gerstenberg et al. 1989, Stief et al. 1990, 1991, Wagner et al. 1989). Diese kann mit im Corpus cavernosum platzierten bipolar-konzentrischen ebenso wie mit monopolaren Nadelelektroden, aber auch mit am Penisschaft befestigten Hautelektroden nachgewiesen werden (Merckx et al. 1993, Stief et al. 1993). Beurteilt wurde zum einen das Muster kavernöser Aktivität im Stadium der Flakzidität und seine Veränderung bei Tumeszenz und Erektion unter audiovisueller sexueller Stimulation (Gerstenberg et al. 1993, Wagner et al. 1989). Andere Untersucher analysierten Form und Dauer der Potenziale (Dressler et al. 1990, Merckx et al. 1993, Stief et al. 1990, 1992) (Abb. 5.2). Leider ermöglicht es die Methode noch nicht, eine krankhafte Situation im Einzelfall zuverlässig zu erfassen (Fabra et al. 1993, 1997, 1998, Vardi et al. 1996, Yarnitzky et al. 1995) (Abb. 5.3), woran auch die Verwendung digitaler Messtechnik und aufwendiger Rechenverfahren bisher nichts ändern konnte (Gorek et al. 1996, 1997). Zwar wurden bereits Anfang der 90er Jahre Geräte auf dem Markt angeboten, die die Ableitung des CC-EMG in der täglichen Praxis des Neurologen oder Urologen ermöglichten; gleichwohl bleibt die Methode bis heute klinischer Forschung vorbehalten. Dies bedeutet, dass sich eine isolierte Schädigung erektiler autonomer Nervenfasern im Becken, z.B. nach Traumen, radikaler Prostatektomie oder Rektumamputation, mit keiner der in der Praxis zur Verfügung stehenden klinischen oder neurophysiologischen Methoden nachweisen lässt, hier hilft nur die Anamnese weiter.

Bei Erkrankungen, die eine umfassende Schädigung des autonomen Nervensystems hervorrufen, etwa die diabetische Polyneuropathie, das Guillain-Barré-Syndrom, die multiple Sklerose u.a., lässt sich auf die bewährten Messmethoden wie Blutdruck- und Hautdurchblutungstests, Schweißtests, die sympathische Hautantwort (SSR) (Claus u. Schondorf 1999, Schwalen

Erektile Dysfunktion

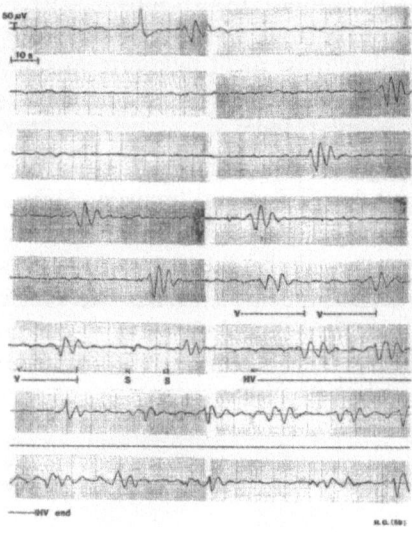

Abb. 5.2. CC-EMG. Potenzialschwankungen zwischen zwei etwa in der Mitte des Penisschaftes rechts und links befestigten Hautelektroden. Flacczides Stadium. Beachte die langsame Zeitschreibung (Messung über ca. 17 Minuten). Provokationsmethoden: V: Valsalva-Manöfer, S: Weckreiz, HV: Hyperventilation

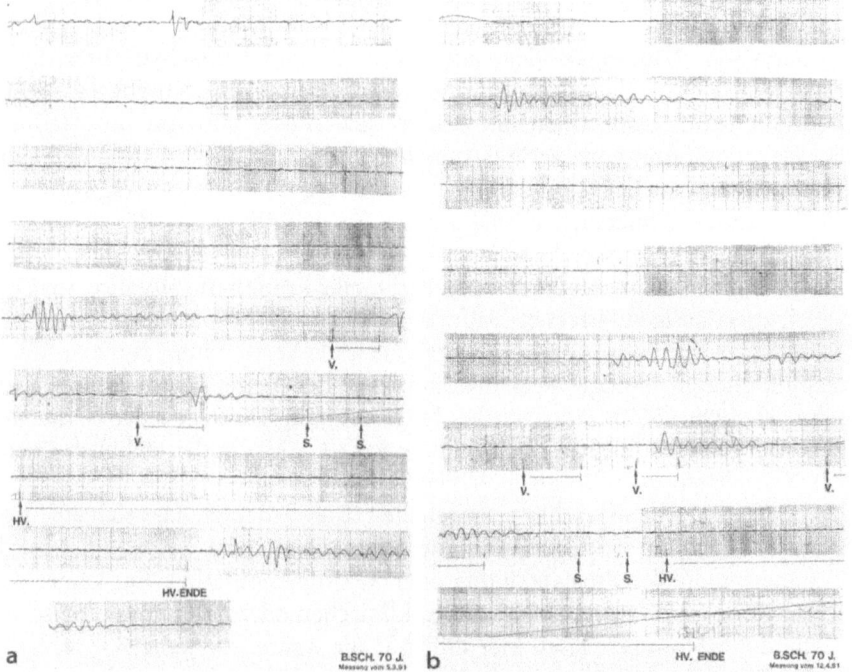

Abb. 5.3. CC-EMG bei einem Patienten (B. Sch., 70 Jahre, Diagnose Prostatakarzinom) **a** vor (5.3.91) und **b** nach (12.4.91) radikaler Prostatektomie mit Durchtrennung der Nn. cavernosi bei ausgedehntem Lokalbefund. Es ergibt sich trotz autonomer Denervierung des Penis keinerlei Veränderung des Befunds. (Aus Fabra et al. 1993)

u. Jörg 1993), die R-Zacken-Intervall-Relation (Baron u. Ewing 1999, Shahani et al. 1990) u. a. zurückgreifen. Die penile Hautanwort, also die Ableitung der SSR an der Haut des Penisschafts, ergibt gegenüber der SSR an Handfläche und Fußsohle keine weitere Information, da die die Haut versorgenden autonomen (sympathischen) Nervenfasern wie überall am Körper mit den somatischen Nerven, hier also dem N. pudendus, verlaufen und damit einen komplett anderen Weg nehmen, als die den autonomen Nervengeflechten des Beckeninnern entspringenden Nn. erigentes.

Generell lässt sich ein Anhalt über die Funktionsfähigkeit nicht myelinisierter Nervenfasern durch Bestimmung der Temperaturschwelle erhalten (Fowler et al. 1988).

Nur der Vollständigkeit halber sei auf die Möglichkeit der Ableitung sakraler Reflexe und evozierter Potenziale mit autonomer Afferenz nach Reizung des Rektums (Loening-Baucke et al. 1992) oder der Urethra (Bradley 1972, Hansen et al. 1990, Sarica u. Karacan 1986, 1987) hingewiesen. Diese Methoden haben nach Kenntnis des Autors bisher keinen Eingang in die klinische Routine gefunden.

Therapie

Die Therapie der somatogenen erektilen Dysfunktion liegt in der Hand des Urologen. Zur Verfügung stehen mechanische, mit Unterdruck arbeitende Erektionshilfen, in die Corpora injizierte (Porst 1996, Porst et al. 1998), mittlerweile durch lokale Applikation in der Harnröhre (Padma-Nathan et al. 1997) anwendbare, auf die glatte Muskulatur der Corpora einwirkende Substanzen, vor allem Prostaglandin E1, und natürlich in jüngster Zeit Sildenafil (Viagra) und seine Nachfolger. Nach wie vor besteht die Ultima ratio in der Implantation einer Prothese, wobei sogar Männer, für die aufgrund vaskulärer und/oder neurologischer Auffälligkeiten früher nur dieser Weg der Versorgung blieb, zu einem Teil auf Sildenafil ansprechen. Vom Nervenarzt werden neurologische Grunderkrankungen behandelt. Ihm obliegt in der Regel auch die Indikationsstellung zur Psychotherapie.

Begutachtung

Allgemeines

Die Begutachtung der erektilen Dysfunktion erfordert immer eine gemeinsame Betrachtung seitens des urologischen und neurologischen Gutachters, ggf. in Zusammenarbeit mit dem Psychiater bzw. Psychosomatiker. Angesichts der Koinzidenz von Überschneidungen vaskulärer und neurogener Impotenz von insgesamt etwa einem Drittel der von uns untersuchten Männer mit somatogener Störung der Sexualfunktion allgemein und noch größerer Häufigkeit bei Männern mit lokalen penilen (43%) und Beckenaffektionen (39%; Fabra u. Porst 1998), so wie sie in der traumatologischen Begutachtung vorzugsweise antzutreffen sind, müsste sowohl rein neurologisch-neurophysiologische als auch rein urologisch-vaskuläre gutachtliche Diagnostik unvollständig bleiben und würde lediglich zu eingeschränkter Aussage führen können.

Grundsätzlich ist davor zu warnen, vorschnell vom Vorliegen einer ausschließlich psychogenen erektilen Dysfunktion auszugehen. Auch wenn bei dem zu begutachtenden Mann eine psychogene Erkrankung gesichert ist, so können sich doch im Einzelfall gravierende somatische Befunde ergeben, die eine veränderte Sichtweise und gutachtliche Einschätzung nahelegen. Unter 669 Männern mit Störungen der Sexualfunktion, davon 642 mit erektiler Dysfunktion, fanden sich bei einer Untergruppe von 38 Männern mit gesicherter psychogener Erkrankung immerhin 10 (26%), die gleichzeitig pathologische somatische Befunde aufwiesen, und zwar in 5 Fällen im Sinne einer gestörten Gefäßversorgung, in 4 Fällen im Sinne einer gestörten Nervenversorgung, in einem Fall im Sinne einer kombinierten Schädigung (Fabra u. Porst 1998).

Andererseits ist jedoch ein in einem oder mehreren der neurophysiologischen Untersuchungsverfahren erhobener pathologischer Wert nicht in jedem Fall beweisend für eine somatogene erektile Dysfunktion. So ergaben sich etwa bei Diabetikern pathologische BCR-Latenzen auch bei Männern, die unter Potenzstörungen nicht litten (Buvat et al. 1985, Sarica u. Karacan 1987). Gerade Befunde wie diese relativieren den Wert neurophysiologischer Untersuchungsbefunde bei der Begutachtung von impotenten Männern wiederum und zwingen einmal mehr zu kritischer Bewertung in Verbindung mit Anamnese und klinischen Befunden. Vermutlich wird sich in Zukunft eine je nach zugrunde liegender Erkrankung unterschiedliche Aussagekraft der neurophysiologischen Befunde ergeben.

Eine Verbesserung der diagnostischen Aussage lässt sich dadurch erreichen, dass man die neurophysiologischen Parameter, etwa BCR-Latenzen oder Pudendus-SSEP, nicht einzeln erhebt und bewertet, sondern sie im Zusammenhang einer umfassenden Batterie neurophysiologischer und klinischer Untersuchungen interpretiert. Diese Untersuchungen müssen mit vertretbarem Zeitaufwand und vertretbarer Beeinträchtigung für den zu begutachtenden Mann durchführbar sein, wobei ein gewisses Maß an Beeinträchtigung und womöglich seelischer Irritation bei einem derart sensiblen Gebiet nicht zu umgehen sein wird. Um die Belastung bei maximaler Aussagekraft möglichst gering zu halten, sollte man aus der Sicht des Autors vor allem auf in der klinischen Routine gut etablierte Methoden zurückgreifen. In unserem Labor hat sich die kombinierte Untersuchung von BCR-Latenzen, Pudendus-SSEP, Tibialis-SSEP, motorischer und sensibler Neurografie überwiegend der Nn. peronaeus und suralis, Nadelmyografie des Beckenbodens und ausgewählter Beinmuskeln, sowie der Sympathetic skin response (SSR) und der R-Zacken-Intervall-Variabilität bewährt. In Einzelfällen beziehen wir das CC-EMG (mit Oberflächenelektroden, was für den Untersuchten schmerzfrei ist) ein, allerdings mit größter Zurückhaltung bei der Bewertung der Befunde. Zusätzlich sinnvoll ist die Bestimmung der Pudenduslatenz, die vergleichsweise einfach und kaum belästigend ist, soweit man über die erforderliche Spezialelektrode (St. Mark's Elektrode; Jost et al. 1992) verfügt.

Die psychiatrisch-psychosomatische gutachtliche Einschätzung der erektilen Dysfunktion mit der Bewertung der Biografie und des aktuellen Lebenshintergrundes des betroffenen Mannes kann die urologische und neurologische Diagnostik nicht ersetzen, sondern ergänzt sie im Idealfall zu einem schlüssigen Gesamtbild. Es ist überhaupt nicht einzusehen, warum ein Mann allein „psychogen" oder allein „somatogen" impotent sein soll; einen solchen Gegensatz aufzubauen, wäre künstlich und würde der Realität nicht gerecht. Selbstverständlich hat ein Nachlassen der Potenz aus somatischen Gründen, etwa wenn volle penile Rigidität infolge einer beginnenden kavernösen Insuffizienz nicht mehr erreicht wird, und dies vielleicht progredient, auf die betroffenen Männer (und ebenso ihre Partnerinnen) ganz erhebliche seelische Rückwirkungen, sodass je nach seelischer Stabilität und allgemeiner Fähigkeit zur Lebensbewältigung des Betroffenen ein Zusammenbruch der erektilen Funktion aus psychischen Gründen (Stichwort „Erwartungsangst") unmittelbar plausibel werden kann.

Diese Zusammenhänge gilt es im Rahmen der Begutachtung zu erhellen, wofür die interdisziplinäre Zusammenarbeit Voraussetzung ist.

Spezielle gutachterliche Bewertung

Die Bewertung der erektilen Dysfunktion in Vom-Hundert-Sätzen bzw. GdB/MdE-Graden ist je nach Rechtsgebiet (Versorgungsrecht, gesetzliche Unfallversicherung, private Unfallversicherung, Kfz-Haftpflicht u. a.) unterschiedlich.

Die „Anhaltspunkte für die Ärztliche Gutachtertätigkeit..." (1996) sehen für den Verlust der Beischlaffähigkeit (Impotentia coeundi) „... bei nachgewiesener erfolgloser Behandlung und nicht altersbedingt" einen GdB/MdE-Grad von 20 vor, wobei sie jedoch anfügen, dass „...außergewöhnliche psychoreaktive Störungen... ggf. zusätzlich zu berücksichtigen..." seien. Diese seien als gegeben anzunehmen, wenn „...psychoreaktive Störungen in einer solchen Ausprägung vorliegen, dass eine spezielle Behandlung dieser Störungen, z.B. eine Psychotherapie, erforderlich ist". Wenigstens wenn diese Voraussetzungen vorliegen, muss der zu begutachtende Mann einer psychiatrisch-psychosomatischen Begutachtung zugeführt werden, da sich nur so die in Anlehnung an die Nummer 26.3 (Neurosen, Persönlichkeitsstörungen, Folgen psychischer Traumen) der „Anhaltspunkte..." (1996) zu bewertende Schwere der psychischen Störung fundiert ermessen lassen wird, wonach sich der – in der Regel dann mehr als 20 betragende – GdB/MdE-Grad richtet. Zu berücksichtigen ist dabei, dass Männer, die mit lang hingezogenen schwer beeinträchtigenden psychoreaktiven Störungen auf eine Potenzstörung reagieren, in der Regel auch in anderen Lebensbereichen durch psychogene Symptome eingeschränkt sind.

Die gesetzliche Unfallversicherung sieht je nach Autor sehr unterschiedliche Vom-Hundert-Sätze bei Einschränkung bzw. Ausfall der Beischlaffähigkeit vor. Diese liegen zwischen 10 und 50 (Schönberger et al. 1998). Auf den ersten Blick könnte man sich fragen, auf welche Weise dann die Impotenz sich „auf dem allgemeinen Arbeitsmarkt" auswirken sollte, da eine erhaltene Beischlaffähigkeit doch, jedenfalls im Allgemeinen, für den täglichen Broterwerb nicht von Belang ist. Die Rechtssprechung geht jedoch davon aus, dass beim Wegfall einer derart elementaren Quelle menschlicher Zufriedenheit Rückwirkungen auf die Leistungsfähigkeit und damit das Erwerbsleben nicht ausbleiben können, diese sind dann in der Regel mit einer MdE von 20 v. H. zu bewerten. In höherem Lebensalter kann der Wert im Einzelfall geringer sein. Höhere Vom-Hundert-Sätze sind wieder dann angebracht, wenn nachhaltige seelische Störungen von eigenständigem Krankheitswert entstehen. Diese allerdings sind aus psychiatrisch-psychosomatischer Sicht wieder einer sorgfältigen Kausalitätsbetrachtung zu unterwerfen und dürfen nur dann als Folge der erektilen Dysfunktion anerkannt werden, wenn sie zumindest rechtlich wesentlich mitursächlich auf diese zurückgehen. Dies erfordert, wie die Kausalitätsbetrachtung bei psychogenen Unfall- und Verletzungsfolgen überhaupt, ein Abwägen der Wertigkeit der Potenzstörung gegenüber persönlichkeitsgebundenen Faktoren und ereignisunabhängigen Lebensbelastungen in ihren Auswirkungen auf die psychogene Störung, die nur der gutachtlich erfahrene Psychiater bzw. Psychotherapeut leisten kann. Während von der Rechtssprechung eine Art basale psychische Beeinträchtigung mit der Folge einer MdE von etwa 20 v. H. ohne weitere Beweisanforderungen vorausgesetzt wird, ist der Versicherte zum Nachweis einer tiefgreifenden seelischen Störung beweispflichtig mit allen daraus resultierenden Folgen (Schönberger et al. 1998).

Schwierig sein kann die gutachterliche Bewertung eines erfolgreich behandelten Mannes mit erektiler Dysfunktion, so wie sie nach dem Siegeszug von Sildenafil (Viagra) in der täglichen Begutachtung häufiger wird, aber auch nach erfolgreicher prothetischer Versorgung. Hier wird man ähnlich einem Menschen nach Hüftgelenkersatz aus unserer Sicht weiterhin eine MdE anzuerkennen haben; letztlich fällt es in den Kompetenzbereich des urologischen Gutachters, sich mit derartigen Fragen auseinander zu setzen.

Auf dem Gebiet der Kraftfahrzeughaftpflicht ist die Höhe der für die erektile Dysfunktion in Ansatz zu bringenden MdE vergleichbar derjenigen der gesetzlichen Unfallversicherung. Zu beachten sind die differierenden Kausalitätsbegriffe.

In der privaten Unfallversicherung (AUB 88) sind psychische Störungen grundsätzlich vom Entschädigungsrahmen ausgeschlossen. Dies bedeutet, dass eine psychogene erektile Dysfunktion, etwa als Reaktion auf eine entstellende Verletzung, die ihrerseits einen Rückzug aus sozialen Bindungen zur Folge hat, nicht entschädigt werden kann, so nachvollziehbar als Unfallfolge sie für alle Beteiligten auch sein mag. Nach den alten AUB (AUB 61) wäre in Einzelfällen auch eine psychogene erektile Dysfunktion entschädigungsfähig, dies allerdings nur dann, wenn sie in Zusammenhang mit einem unfallbedingt erlittenen substanziellen Hirntrauma und postkontusioneller Hirnleistungsminderung und/oder Wesensänderung steht. Diese Frage aufzuwerfen ist aber in den meisten Fällen akademisch, da sich eine durch hirnorganische Wesensänderung hervorgerufene Störung der Sexualfunktionen von einer psychogenen oder einer solchen, die durch direkte Schädigung der die Erektion induzierenden Zentren im Hirn zustande kommt, kaum zuverlässig trennen lassen wird.

„Für die komplette Beischlafunfähigkeit kann man aus der Sicht des Autors eine Teilinvalidität von bis zu 20 v. H. vertreten. Es gibt allerdings keine verbindlichen Richtwerte, wobei die vergleichsweise hohen MdE-Empfehlungen (s. o.) der Literatur zur gesetzlichen Unfallversicherung aufgrund der unterschiedlichen Definitionen der Begriffe Invalidität („Beeinträchtigung der allgemeinen körperlichen oder geistigen Leistungsfähigkeit") und Minderung der Erwerbsfähigkeit („Einschränkung der Fähigkeit des/der Versicherten, sich unter Ausnutzung der Arbeitsgelegenheiten, die sich ihm/ihr nach seinen/ihren gesamten Kenntnissen und körperlichen wie geistigen Fähigkeiten im ganzen Bereich des wirtschaftlichen Lebens bieten, einen Erwerb zu verschaffen") allenfalls als Orientierungshilfe herangezogen werden können. Lehmann vertritt eine Teilinvalidität von 5–10% für die komplette Beischlafunfähigkeit (Lehmann 2001), und wendet sich damit gegen die Empfehlung von Strohmeyer et al. 1994, die überhaupt keine Einschränkung der Lebens- und Leistungsfähigkeit infolge organisch bedingter Beischlafunfähigkeit annehmen wollen."

Selbstverständlich sind etwaige bereits vor dem Unfall nachzuweisende Störungen der Sexualfunktion im Sinne eines Vorschadens zu benennen und dann, wie nach den AUB 88 insgesamt gefordert, anteilig in Abzug zu bringen.

Zusammenfassung und Ausblick

Die neurologisch-neurophysiologische Diagnostik der erektilen Dysfunktion ist komplex. Sie sollte immer in Kombination mit urologischer Diagnostik erfolgen, dies u. a. deshalb, weil die Koinzidenz von vaskulären und neurophysiologischen Auffälligkeiten bei Männern mit somatogener erektiler Dysfunktion bis zu einem Drittel beträgt (Fabra u. Porst 1998). Eine große Schwierigkeit liegt im Fehlen einer standardisierten Messmethode für die autonome penile Innervation. Ob das CC-EMG hier jemals zu im Einzelfall verlässlichen Aussagen führen wird, bleibt abzuwarten. Bei dem Verdacht einer umfassenden Schädigung des autonomen Nervensystems haben die o. g. klinischen (Schellong-Test) und neurophysiologischen Messmethoden (SSR, RRIV) ihren festen Platz in der Diagnostik; aber auch die gut standardisierten und seit Jahrzehnten durchgeführten Untersuchungen des somatischen Nervensystems, allen voran BCR-Latenzen und Pudendus-SSEP, werden ihren Platz behalten. Sie allerdings sind insbesondere bei bestimmten Krankheitsbildern, so dem Diabetes mellitus, mit der gebotenen Vorsicht, am besten im Rahmen einer breit gefächerten Batterie neurophysiologischer Untersuchungen und stets in Zusammenhang mit Anamnese und klinischen Befunden zu interpretieren.

Literatur

Anhaltspunkte für die Ärztliche Gutachtertätigkeit im sozialen Entschädigungsrecht und nach dem Schwerbehindertengesetz, Bundesministerium für Arbeit und Sozialordnung. Ausgabe 1996, Nr. 26.13, S 111-112

Baron R, Ewing DJ (1999) Heart rate variability. In: Deuschl G, Eisen A (eds) Recommendations for the practice of clinical neurophysiology. Guidelines of the international federation of clinical physiology. Elsevier, EEG (Suppl 52):283-286

Bradley WE (1972) Urethral electromyography. J Urol 108:563-564

Bradley WE, Lin JT, Johnson B (1984) Measurement of the conduction velocity of the dorsal nerve of the penis. J Urol 131:1127-1129

Buvat J, Lemaire A, Buvait-Herbaut M, Guieu JD, Bailleul JP, Fossati P (1985) Comparative investigations in 26 impotent and 26 non-impotent diabetic patients. J Urol 133:34-38

Claus D, Schondorf R (1999) Sympathetic skin response: In: Deuschl G, Eisen A (eds) Recommendations for the practice of clinical neurophysiology. Guidelines of the international federation of clinical physiology. Elsevier, EEG (Suppl 52):277-281

Dressler D, Schönle PW, Neubauer H (1990) Central motor conduction time to bulbocavernosus muscle: evaluation by magnetic brain stimulation and testing of bulbocavernosus reflex. J Neurol 237:239-241

Fabra M, Porst H, Schneider E (1991) Single potential analysis of cavernous electric activity (SPACE). Provokation durch Valsalva-Versuch, Schreck und Hyperventilation. Urol A (Suppl 30):A81

Fabra M, Porst H, Schneider E (1993) Single potential analysis of cavernous electric activity (SPACE). Befunde vor und nach Durchtrennung der Nn. cavernosi im Rahmen der Radikalen Prostatektomie. Urol A 32:145-150

Fabra M, Frieling A, Porst H, Schneider E (1997) Single potential analysis of corpus cavernosum electromyography for the assessment of erectile dysfunction: provocation, reproducibility and age-dependence-findings in 36 healthy volunteers and 324 patients. J Urol 158:444-450

Fabra M, Frieling A, Porst H, Schneider E (1998) Provozierbarkeit von Signalen des CC-EMG als Parameter in der Diagnostik der erektilen Dysfunktion. Urol A 37:287-293

Fabra M, Porst H (1998) Bulbocavernosusreflex - latencies and pudendal nerve SSEP compared to penile vascular testing in 669 patients with erectile failure and other sexual dysfunction. Intern J Impot Res 10:167-175

Fowler CJ, Ali Z, Kirby RS, Pryor JP (1988) The value of testing the unmyelinated fibre, sensory neuropathy in diabetic impotence. Br J Urol 61:63-67

Gerstenberg TC, Nordling J, Hald T, Wagner G (1989) Standardized evaluation of erectile dysfunction in 95 patients. J Urol 141:857-860

Giuliano F, Rampin O, Jardin A, Rousseau JP (1993) Electrophysiological study of relations between the dorsal nerve of the penis and the lumbar sympathetic chain in the rat. J Urol 150:1960-1964

Gorek M, Hartung C, Stief CG (1996) Computergestützte Diagnose von Elektromyogrammen glatter Muskelzellverbände der Corpora Cavernosa (CC-EMG) mit Hilfe der Fuzzy-Logik. Fortschritt-Berichte VDI, Reihe 17, Biotechnik, Nr. 151, VDI-Verlag GmbH

Gorek M, Stief CG, Hartung C, Jonas U (1997) Computer-assisted interpretation of electromyograms of corpora cavernosa using fuzzy logic. World J Urol 15:65-70

De Groat WC, Booth AM (1993) Neural control of penile erection. In: Maggi CA (ed) The autonomic nervous system, Vol 3, Nervous control of the urogenital system. Harwood, London, Ch 13, 467-524

Hansen MV, Ertekin C, Larsson LE (1990) Cerebral evoked potentials after stimulation of the posterior urethra in man. EEG Clin Neurophysiol 77:52-58

Jost WH, Mielke U, Schimrigk K (1992) Eine neue Methode zur Bestimmung der Pudenduslatenz. Kontinenz 3:109-111

Lehmann R (2001) Die Bewertung der erektilen Dysfunktion in der privaten Unfallversicherung. Versicherungsmedizin 53(3):144-145

Lerner SE, Melman A, Christ GJ (1993) A review of erectile dysfunction: new insights and more questions. J Urol 149:1246-1255

Loening-Baucke V, Read NW, Yamada T (1992) Further evaluation of the afferent nervous pathways from the rectum. Am J Physiol 262:G927-G933

McCulloch DK, Campbell IW, Wu FL, Prescott RJ, Clarke BF (1980) The prevalence of diabetic impotence. Diabetologia 18:279 ff

McKenna KE, Nadelhaft I (1986) The organisation of the pudendal nerve in the male and female rat. J Comp Neurol 248:532-549

Merckx L, De Bruyne R, Keuppens FI (1993) Electromyography of cavernous smooth muscle during flaccidity: evaluation of technique and normal values. Brit J Urol 72:353-358

Padma-Nathan H, Hellstrom WJ, Kaiser FE, Labasky RF, Lue TF, Nolten WE, Norwood PC, Peterson CA, Shabsigh R, Tam PY (1997) Treatment of men with erectile dysfunction with transurethral alprostadil. Medicated urethral system for erection (MUSE) study group. N Engl J Med 336(1):1-7

Porst H, Tackmann W, v. Ahlen H (1988) Neurophysiological investigations in potent and impotent men. Br J Urol 6:445-450

Porst H (1996) The rationale for prostaglandin E1 in erectile failure. A survey of worldwide experience. J Urol 155:802-815

Porst H, Buvat J, Meuleman E, Michal V, Wagner G (1998) Intracavernous alprostadil alfadex – an effective and well tolerated treatment for erectile dysfunction. Results of a long-term european study. Int J Impot Res 4:225-231

Rushworth G (1967) Diagnostic value of the electromyographic study of reflex activity in man. Electroencephalog Clin Neurophysiol Suppl 25:65-73

Sarica Y, Karacan I (1986) Cerebral responses evoked by stimulation of vesico-urethral junction in normal subjects. Electroenceph Clin Neurophysiol 65:440-446

Sarica Y, Karacan I (1987) Bulbocavernosus reflex to somatic and visceral nerve stimulation in normal subjects and in diabetics with erectile impotence. J Urol 138:55-58

Schönberger A, Mehrtens G, Valentin H (1998) Arbeitsunfall und Berufskrankheit. Erich-Schmidt-Verlag, 6. Aufl, S 296-300

Schwalen S, Jörg J (1993) Peripher autonome potentiale. Normwerte unter verschiedenen Bedingungen. Z EEG-EMG

Shahani BT et al (1990) RR-interval-variation and the SSR in the assessment of autonomic function in peripheral neuropathy. Arch Neurol 47:659-666

Stief CG, Thon WF, Bischoff R, Djamilian M, Allhof EP, Kramer AJL, Jonas U (1990) Die Diagnose neurogen-autonom bedingter Erektionsstörungen: Single potential analysis of cavernous electric activity (SPACE) Aktuelle Urologie 21:227-302

Stief CG, Djamilian M, Anton P, de Riese W, Allhoff EP, Jonas U (1991) Single potential analysis of cavernous electric activity in impotent patients: a possible diagnostic method for autonomic cavernous dysfunction and cavernous smooth muscle degeneration. J Urol 146:771-776

Stief CG, Thon W, Djamilian M, Allhoff EP, Jonas U (1992) Transcutaneous registration of cavernous smooth muscle electric activity. Noninvasive diagnostic of neurogenic autonomic impotentce. J Urol 147:47-50

Strohmaier WL, Bichler K-H (1994) Erkrankungen und Verletzungen des männlichen Genitale. In: Bichler K-H (Hrsg) Das urologische Gutachten. Springer, Berlin Heidelberg, 156

Tackmann W, Vogel P, Porst H (1987) Somatosensory evoked potentials after stimulation of the dorsal penile nerve: normative data and results from 145 patients with erectile dysfunction. Eur Neurol 27:245-250

Tackmann W, Porst H, v. Ahlen H (1988) Bulbocavernosus reflex latencies and somatosensory evoked potentials after pudendal nerve stimulation in the diagnosis in impotence. J Neurol 235:219-225

Vardi Y, Dashkovsky A, Rogovsky Z, Yarnitsky D (1996) Smooth muscle EMG: rat corpora and urethra surface signals concur with smooth muscle activity. Int J Impotence Res 8(3):D64

Vodusek DB, Janko M (1990) The bulbocavernosusreflex - a single motor neuron study. Brain 113(III):813-820

Wagner G, Gerstenberg TC, Levin R (1989) Electrical activity of corpus cavernosum during flaccidity and erection in the human penis. A new diagnostic method? J Urol 142:723-725

Yarnitsky D, Sprecher E, Barilan Y, Vardi Y (1995) Corpus cavernosum electromyogram: spontaneous and evoked electrical activities. J Urol 153:653-654

Urologische Begutachtung

C. Weining, L. Hertle

Einleitung

Potenzstörungen finden in medizinischen Gutachten oft keine ausreichende Beachtung. Für den betroffenen Wirbelsäulenverletzten stehen zum Zeitpunkt der ersten Begutachtung zumeist die offensichtlichen Unfallfolgen, wie z. B. eine Bewegungseinschränkung, mit den sich hieraus unmittelbar ergebenden Einschränkungen im Vordergrund. Die Vita sexualis ruht bei vielen Betroffenen während der ersten Krankenhaus- und Rehabilitationsphase, sodass erst zu einem späterem Zeitpunkt Potenzstörungen überhaupt als dauerhaftes Problem empfunden werden. Hinzu kommt, dass vor allem junge Männer aufgrund ihres Schamgefühls und ihrer Unsicherheit ihre Probleme nur unzulänglich dem Untersucher schildern und somit die Potenzstörungen keine ausreichende Würdigung in der gutachterlichen Bewertung finden. Aber auch mangelndes Problembewusstsein auf Seiten der begutachtenden Ärzte sind eine Erklärung, warum Potenz- und Ejakulationsstörungen in medizinischen Sachverständigengutachten eine eher untergeordnete Rolle spielen.

Physiologie der Erektion

Der Penis besteht aus drei zylindrischen Kompartimenten. Dorsal liegen die beiden paarigen Corpora cavernosa, die eigentlichen erektilen Körper. Sie sind von einer festen, teilelastischen Bindegewebsfaszie, der Tunica albuginea umgeben. An der Unterseite umkleidet das Corpus bulbospongiosum die Harnröhre und bildet distal die Eichel. Arteriell wird der Penis hauptsächlich über die Aa. pudendae internae, den Endästen der Aa. iliacae internae versorgt. Die Pudendalarterien teilen sich in einen bulbospongiösen, kavernösen und dorsalen Ast auf. Bluteinstrom in die Corpora cavernosa führt zum Aufbau eines hydraulischen Drucks und einer festen Erektion. Im Corpus bulbospongiosum führt der Bluteinstrom vor allem zur Volumenzunahme der Eichel.

Die Erektion unterliegt autonomer und somatischer nervaler Steuerung. Durch sexuelle Stimulation werden in der Temporallappenregion und im limbischen System des Stammhirns erektionsfördernde Impulse generiert. Im Rückenmark werden die Impulse über parasympathische Bahnen zum spinalen reflexogenen Erektionszentrum (S2–S4) im Nucleus intermediolateralis geleitet. Die Efferenzen werden in den myelinisierten Nn. splanchnici pelvini weitergeleitet. Diese erreichen den Plexus hypogastricus inferior, verlaufen dann entlang der Innenseite der Levatormuskulatur zum Diaphragma urogenitale und erreichen schließlich als Nn. erigentes die Corpo-

58 Erektile Dysfunktion

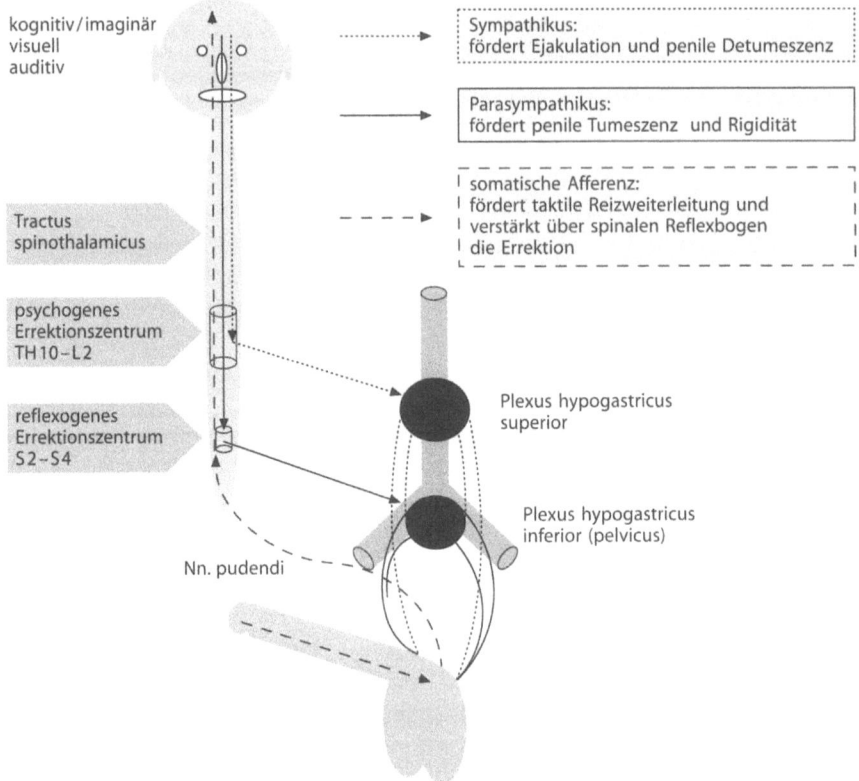

Abb. 5.4. Neurophysiologie der Erektion

ra cavernosa. Gleichfalls ausgehend von Stammhirnformationen erreichen sympathische Efferenzen über den Plexus hypogastricus superior den unteren Plexus hypogastricus. Sie werden im psychogenen Erektionszentrum (Th10–L2) im thorakolumbalen Rückenmark umgeschaltet und über den Grenzstrang weitergeleitet. Sympathische Efferenzen, generiert durch Anspannung und Angst, modulieren eine durch sexuellen Reiz über den Parasympathikus vermittelte Erektion zumeist im Sinne einer Erektionsinhibition. Ergebnisse tierexperimenteller Arbeiten ergaben Hinweise dafür, dass nach Verletzung des Parasympathikus sympathische Fasern dessen Funktion partiell übernehmen können. Afferente sensible Impulse werden über die Nn. pudendi zum spinalen Reflexzentrum weitergeleitet. Hier finden Reflexverschaltungen statt, die zur Modulation der Erektionen führen. Ausgelöst durch somatoviszerale und viszeroviszerale Reflexverschaltungen auf spinaler Ebene sind auch Erektionen unter Umgehung supraspinaler Strukturen möglich (Abb. 5.4).

In der Schwellkörpermuskelzelle wird der nervale Reiz über die Neurotransmitter Stickoxid (NO) und vasoaktives intestinales Polypeptid (VIP) vermittelt. Beide Transmitter aktivieren Nucleotidcyclasen und bewirken so nachfolgend eine Erhöhung des intrazellulären cGMP und cAMP. Über weitere Reaktionskaskaden kommt es zur Hyperpolarisation und nachfolgenden Relaxation der glatten Schwellkörpermuskelzellen. Die intrakavernösen Sinus weiten sich, es kommt zum Einstrom arteriellen Blutes in die Sinus und zur Tumeszenz der Corpora. Zwischen den Sinus und unterhalb der Tunica albuginea verlaufen venöse Gefäße, die durch Zunahme des intrakavernösen Drucks bei Erreichen der kavernösen Kapazität komprimiert werden. Bei voller Tumeszenz kommt es jetzt auch zur vollständigen Rigidität. Zur Aufrechterhaltung der vollständigen Erektion ist nur ein recht geringer Bluteinstrom pro Minute erforderlich.

Zur Auslösung des Orgasmus ist eine ungestörte somatosensible Weiterleitung taktiler Reize von der Glans penis über die Nn. pudendi und den Tractus spinothalamicus zum Thalamus und Kortex notwendig. In der Orgasmusphase wird die Ejakulation über sympathische Nervenfasern gesteuert. Sie induzieren eine rhythmische Kontraktion der Mm. ischiocavernosi und des M. bulbospongiosum. Der Einfluss sympathischer Efferenzen in der Ejakulationsphase bewirkt in der Schwellkörpermuskulatur und den Penisarterien eine Kontraktion, sodass eine Umkehrung der intrakavernösen Druckverhältnisse resultiert. Es kommt zur Verkleinerung der sinusuidalen Räume und zum Tumeszenzrückgang, die Erektion bildet sich zurück.

Definition, Häufigkeit und Ätiopathogenese

Die erektile Dysfunktion ist eine funktionelle Störung des Organs Penis. Nach international gültiger Definition versteht man hierunter

„...die Unfähigkeit, eine Erektion zu erreichen oder aufrechtzuerhalten, die für ein befriedigendes Sexualleben ausreicht" (NIH Consensus Development Panel on Impotence 1993).

Repräsentative Daten über die Häufigkeit von Potenzstörungen sind in der Literatur selten. 1994 wurde von Feldman eine epidemiologische Studie publiziert, die in Massachusetts/USA durchgeführt wurde. Von 1290 auswertbaren Männern gaben 52% Erektionsstörungen unterschiedlichen Ausmaßes an (Abb. 5.5). Eine ähnlich angelegte Befragung im Großraum Köln, bei der der Schwerpunkt auf der Erfassung schwerer Erektionsstörungen lag, ergab 1998 bei 4489 Männern zwischen 30 und 80 Jahren bei 19,2% Potenzstörungen mit Unfähigkeit zur vaginalen Penetration. Insgesamt wird in Europa die Prävalenz mittelschwerer und schwerer Erektionsstörungen auf ca. 12 Millionen Männer geschätzt.

Potenzstörungen treten im höheren Lebensalter häufiger auf. Arteriosklerotische Veränderungen als Langzeitkomplikationen von Diabetes melli-

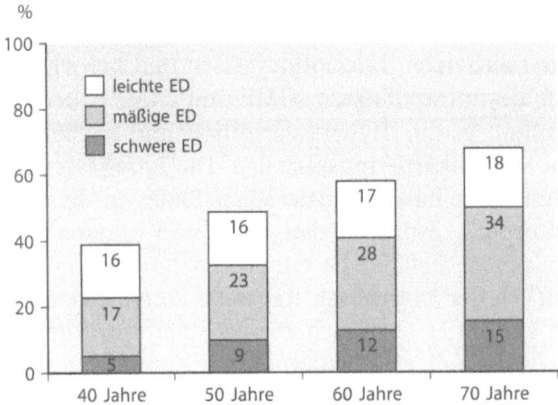

Abb. 5.5. Altersbezogene Häufigkeit von Erektionsstörungen (nach Feldman et al.: Massachusetts Male Aging Study 1994)

tus, Fettstoffwechselstörungen, Hypertonus, Nikotinabusus u. a. manifestieren sich im höheren Lebensalter, sodass sich hieraus die steigende Prävalenz von Potenzstörungen im Alter erklärt. Penile Durchblutungsstörungen führen zum Funktionsverlust und zur Atrophie der kavernösen Muskulatur. Es kommt zur Zunahme des intrakavernösen und tunikalen Kollagengehalts, infolge dessen die Schwellkörpercompliance abnimmt. Hieraus resultiert eine Störung der venösen Okklusion und damit ein Rigiditätsverlust. Hormonveränderungen, insbesondere vermindertes Testosteron, führen zu verminderter Libido und zur Atrophie der kavernösen Muskulatur. Auf neuronaler und nervaler Ebene sind Polyneuropathien und andere Erkrankungen des zentralen und peripheren Nervensystems als Ursache von Potenzstörungen zu bedenken. Tumorerkrankungen im kleinen Becken, vor allem Prostata- und Rektumkarzinome, können durch Infiltration oder Kompression der Nn. erigentes Potenzstörungen auslösen.

Iatrogen kann Impotenz Folge von Operationen und medikamentöser Therapie sein. Tumorextirpationen im kleinen Becken zerstören oft die vegetativen Plexus oder die Nn. erigentes mit der Folge einer peripheren neurogenen Potenzstörung. Ejakulationsstörungen treten nach ausgedehnten Operationen im Retroperitonealraum als Folge von Grenzstrangverletzungen auf. Bypass-Chirurgie kann durch Steal-Effekte zu Störungen der penilen Durchblutung führen. Bei Patienten, die eine Dauermedikation benötigen, können vor allem Antihypertensiva, Vasodilatatoren, Antidepressiva und Sympathomimetika die Potenz vermindern oder aufheben.

Bei Unfallverletzten können Erektion und Ejakulation aufgrund vielfältiger Unfallfolgen gestört sein. Schädel-Hirn-Traumata und Rückenmarkverletzungen bedingen Libidostörungen und Beeinträchtigungen der zentralen Erektions- bzw. Ejakulationssteuerung, Beckenringfrakturen und Harnröhrenabrisse können durch Läsionen der peripheren Innervation und der Blutversorgung des Penis bzw. der Schwellkörper Potenzstörungen durch eine gestörte Reizweiterleitung und/oder eingeschränkte Blutversorgung verursachen. Direkte Traumata des Penis (Quetschungen etc.) können zu Defektheilungen am Zielorgan mit entsprechendem Funktionsverlust führen.

Diagnostik

Aufgabe des medizinischen Sachverständigen ist, zu prüfen,
- ob überhaupt Erektionsstörungen im Sinne der WHO-Definition und/oder Ejakulationsstörungen bestehen
- welcher Schweregrad vorliegt
- ob die Störung mit versicherungsrelevanter Wahrscheinlichkeit auf das Trauma zurückzuführen ist bzw. inwieweit Begleiterkrankungen eine ursächliche Rolle spielen
- und zu welcher Beeinträchtigung des Betroffenen in seinem sozialen Umfeld die Erektionstörungen führen.

Die Anamnese- und Befunderhebung des medizinischen Sachverständigen muss auf die Beantwortung dieser Fragen abzielen. Viele Patienten haben Schwierigkeiten, ihre Beschwerden detailliert zu schildern, sodass sich die Verwendung eines Fragenkatalogs empfiehlt. So kann am besten die Dauer und das Ausmaß der Störung erfasst werden. Mit speziellen diagnostischen Schritten werden dann die Ursachen der Potenzstörung objektiviert. Für die meisten der nachfolgend aufgeführten Untersuchungen gilt, dass sie heute im Hinblick auf die Therapieauswahl nur noch eingeschränkt Bedeutung haben. Nicht zuletzt auch aus ökonomischen Gründen spielen sie deshalb in der täglichen Praxis nur noch eine untergeordnete Rolle. Der medizinische Sachverständige muss aber traumabedingte und krankheitsbedingte Störungen voneinander unterscheiden, sodass für ihn in der Regel umfangreichere Untersuchungen unumgänglich sind.

Anamnese, körperlicher Befund

Nach umfassender Anamnese, die neben den Fragen zur Sexualfunktion auch alle bekannten Vorerkrankungen, Operationen, Traumata, Medikamenten- und Genussmittelgebrauch erfassen soll, schließt sich die körperliche Untersuchung an. Eine Gynäkomastie sowie verminderte Hodengröße, -konsistenz und Schambehaarung deuten auf Hormonstörungen hin. Plaques im Bereich des Penisschaftes sind Zeichen einer Induratio penis plastica, des so genannten Morbus Peyronie. Durch rektale digitale Palpation sollen Prostata- und Rektumerkrankungen erkannt werden. Die Erhebung des Neurostatus ergibt orientierend Hinweise für den spinalen oder nervalen Läsionsort und das Ausmaß der somatosensorischen Innervationsstörung.

Labordiagnostik

Die Labordiagnostik sollte die Nieren-, Leber-, Fett- und Glucosestoffwechselparameter und das prostataspezifische Antigen (PSA) ab dem 45. Lebensjahr umfassen. Bei bekannten Diabetikern empfiehlt sich auch die Bestimmung des HbA1c zur Erfassung der mittelfristigen Blutzuckereinstellung. Durch Messungen des Testosterons und Prolactins lassen sich die wesentlichen zur Erektions- und Libidoverminderung führenden Hormonstörungen erfassen. Eine Urinanalyse zur Beurteilung von Erkrankungen der ableitenden Harnwege rundet die Labordiagnostik ab.

Spezielle diagnostische Verfahren

Schwellkörperinjektionstestung (SKIT). Durch intrakavernöse Injektion vasoaktiver Substanzen (Alprostadil, Papaverin/Phentolamin) wird die Schwellkörpermuskulatur unter Umgehung der vegetativen Innervation relaxiert und eine Erektion ausgelöst. Verminderungen der pharmakologisch herbeigeführten Erektion deuten auf Störungen in den Schwellkörpern selbst (glatte Muskulatur, Tunica albuginea) oder der arteriellen Durchblutung hin. Allerdings kann das Ergebnis durch einen hohen Sympathikotonus bei intaktem vegetativen Nervensystem, z.B. ausgelöst durch Anspannung des zu Begutachtenden, zur Unterdrückung der Injektionsantwort und somit zur Verfälschung des Untersuchungsergebnisses führen. Ein negatives Resultat nach Schwellkörperinjektionstest erfordert daher immer eine Wiederholung der Untersuchung an einem anderen Kalendertag mit erhöhter Dosis. Zielgröße der Untersuchung ist die Tumeszenz- und Rigiditätszunahme, die nach einer Skala bewertet wird (Tab. 5.1).

Duplexsonografie. Kombiniert mit der SKIT werden duplexsonografisch die Aa. profundae penis aufgesucht und die intravasale Blutflussgeschwindigkeit vor und nach der Injektion bestimmt. Amplitudenhöhe und -form sowie die Blutflussrichtung werden als Bewertungskriterien herangezogen. Änderungen können durch arteriosklerotische Wandveränderungen oder Steal-Effekte als Folge von Gefäßstenosen im Beckenbereich bedingt sein. Aussagekräftigste Zielgröße ist der systolische Peak-Flow in den tiefen Penisarterien, der bei Werten über 30 cm/s als normal, unterhalb von 25 cm/s

Tabelle 5.1. Grade der Erektion nach Schwellkörperinjektionstest

Grad der Erektion	Penile Tumeszenz	Penile Rigidität
E 0	keine	keine
E 1	mäßige	keine
E 2	volle	keine
E 3	volle	mäßige
E 4	volle	volle

als pathologisch zu werten ist. Dieser Parameter ist am wenigsten anfällig gegenüber technischen und untersuchungsbedingten Unzulänglichkeiten. Bei vollständiger Erektion werden wegen des hohen intrakavernösen Drucks fälschlich zu niedrige Werte ermittelt. Daher ist für eine optimale Aussage dieser Untersuchung ein optimales Timing der Messung wichtig.

Bulbokavernosusreflex. Besondere Bedeutung kommt dem Bulbokavernosusreflex bei der Beurteilung von Wirbelsäulenverletzten zu. Dieser neurophysiologische Test prüft die Integrität des peripheren Reflexbogens. Der Reflex wird von den sensorischen Fasern des N. dorsalis penis und der Nn. pudendi zum spinalen Reflexzentrum und nach Verschaltung über die efferenten Fasern der Nn. pudendi zu den Mm. ischiocavernosi geleitet. Über Ringelektroden, die am Penisschaft fixiert werden, werden elektrische Impulse appliziert. Über Nadelelektroden in den Mm. ischiocavernosi werden dann die Reflexantworten abgeleitet. Allgemein müssen Latenzzeiten über 40 ms oder Ausfälle des Reflexes als pathologisch angesehen werden. Der Test lässt aber keine Differenzierung zu, ob eine Läsion des peripheren Nervs oder Schädigungen des Reflexzentrums zugrunde liegen. Läsionen des Rückenmarks oberhalb des spinalen Reflexzentrums haben keinen Einfluss auf die Latenzen des Bulbokavernosusreflexes.

Somatosensorisch evozierte Potenziale (SSEP). Somatosensorisch evozierte Potenziale (SSEP) erlauben in Kombination mit dem Bulbokavernosusreflex Rückschlüsse auf die zentrale Reizweiterleitung zum Kortex. Überprüft wird hier die Integrität der peripheren und zentralen afferenten Reizweiterleitung. Ebenfalls über Ringelektroden am Penis werden Rechteckreize appliziert und über der Hirnrinde abgeleitet. Fehlende Reizantworten, asymmetrische oder verlängerte Latenzen sind pathologische Befunde. Bei normalen Latenzen im Bulbokavernosusreflex sind Latenzveränderungen bzw. Ausfälle, die mit der SSEP erfasst werden, durch Unterbrechungen im Bereich des Rückenmarks erklärbar.

Kavernosometrie/Kavernosografie. Durch Messung des intrakavernösen Drucks nach pharmakologisch induzierter Relaxation der Schwellkörpermuskulatur sind – mit Einschränkungen – Rückschlüsse auf die kavernöse Funktion möglich. Das Verfahren ist aufwendig und bedingt durch patienteneigene und untersucherabhängige Faktoren sehr störanfällig. Bis vor wenigen Jahren hatte diese Untersuchung einen festen Stellenwert. Nach der breiten Einführung von Sildenafil (Viagra) zeigte sich aber retrospektiv, dass viele Patienten durch diese Untersuchung falsch beurteilt worden sind. In der medizinischen Begutachtung wie in der klinischen Routine sollte die Kavernosometrie und -grafie daher nicht mehr angewandt werden. Nur wenn Traumata mit direkten Schädigungen der Schwellkörper beurteilt werden sollen, kann diese Untersuchung sinnvoll sein.

Penisarterienangiografie. Fragen nach der Lokalisation einer Gefäßschädigung, vor allem im Bereich der Beckenetage, die in den Penisarterien zu duplexsonografisch auffälligen Befunden führt, müssen gegebenenfalls durch angiografische Darstellung der Arterien des Beckens und des Penis verifiziert werden. Diese invasiven Untersuchungen bleiben wenigen speziellen Fragestellungen vorbehalten und sind in aller Regel nicht Bestandteil einer üblichen Begutachtungsuntersuchung. Lokalisation, Art und Umfang der vaskulären Störung lassen sich durch die Angiografie sehr spezifisch beurteilen. Qualitativ reicht die Duplexsonografie zum Nachweis relevanter Durchblutungsstörung und somit zur differenzialdiagnostischen Abgrenzung vaskulärer von neurogenen Potenzstörungen aus.

Nächtliche penile Tumeszenz- und Rigiditätsmessung (NPTR). Während des Schlafes kommt es bei potenten Männern, gekoppelt mit REM-Phasen, zu 4- bis 6-maligen physiolgischen nächtlichen Erektionen. Diese Erektionen werden – im Unterschied zu den sexuell motivierten – vom psychogenen Erektionszentrum (s.o.) generiert. Mit speziellen Messvorrichtungen ist es möglich, Anzahl und Dauer dieser Erektionen während eines vollständigen Schlafzyklus zu messen und aufzuzeichnen. Je eine Messschlaufe am distalen und proximalen Penisschaft kontrollieren durch automatisches Zusammenziehen alle 20 Sekunden Änderungen des Penisumfangs und der Penisfestigkeit. Die Daten werden mit einem Computer erfasst und abgespeichert. Schlafstörungen durch die ungewohnte Apparatur und Umgebung führen häufig zu falsch negativen Ergebnissen. NPTR-Messungen müssen daher, um ausreichend auswertbar zu sein, mindestens an 2, besser 3 aufeinanderfolgenden Nächten durchgeführt werden. Wegen des unterschiedlichen Innervierungsweges der unwillkürlichen nächtlichen und der sexuell motivierten Erektionen schließen normale Ergebnisse bei der NPTR Schädigungen des reflexogenen Erektionszentrums nicht aus. Normalbefunde lassen daher nur eine ungestörte Reizweiterleitung bis Th10–L2 sowie intakte periphere Innervation und Schwellkörperfunktion erkennen. Pathologische Befunde sind nicht nur auf Störungen des psychogenen Reflexzentrums zurückzuführen, sondern in erheblichem Umfang (ca. 30%) durch Störfaktoren bedingt. Insgesamt hat die NPT daher eine untergeordnete Bedeutung. Zudem ist der Untersuchungs- und Kostenaufwand erheblich, sodass die NPT speziellen Fragestellungen vorbehalten bleibt.

Anmerkung. Die für die Erektion so bedeutende vegetative Innervation lässt sich mit keiner neurophysiologischen Untersuchung direkt erfassen und objektivieren. Durch sympathische Hautantwortreflexe, die an Händen und Füßen abgeleitet werden können, kann bei pathologischem Ergebnis nur auf eine systemische Affektion des vegetativen Nervensystems geschlossen werden. Aussagen über die periphere vegetative Innervation der Schwellkörper sind nicht möglich. Zwar gibt es auch Literaturberichte über Ableitungen der sympathischen Hautantwort am Penis in Kombination mit einem EMG der Schwellkörpermuskulatur, allerdings sind diese Methoden nicht ausreichend validiert und haben keine allgemeine Akzeptanz. Abgesehen davon, dass diese Tests nur hochspezialisierte Fachabteilungen durchführen können, unterliegen diese Untersuchungen auch einem großen Fehlerrisiko, sodass eine für die Begutachtung ausreichende Beurteilungssicherheit nicht erreicht wird.

Gutachterliche Bewertung

Liegt eine erektile Dysfunktion vor?

Die erektile Dysfunktion ist ein subjektiv empfundener Funkionsverlust des Organs Penis. Es gibt naturgemäß keine Möglichkeit, messmethodisch den Grad der erzielten Erektionen und die Zufriedenheit mit dem Sexualleben zu korrelieren. Ob wirklich „ausreichende Erektionen erreicht oder aufrechterhalten werden, die für ein zufriedenstellendes Sexualleben ausreichen" (siehe o.g. Definition), kann letzlich nur ein Betroffener selbst beurteilen. Die sorgfältige Anamneseerhebung hat deshalb im Hinblick auf die Bewertung und Bemessung der Schadenshöhe bzw. MdE besondere Bedeutung. An dieser Stelle sei nochmals in Erinnerung gerufen, dass der Gutachter sehr genau zwischen der Existenz nächtlicher unwillkürlicher und sexuell motivierter Erektionen unterscheiden muss, denn trotz vorhandener nächtlicher unwillkürlicher Erektionen kann eine gravierende erektile Dysfunktion im Sinne der o.g. Definition vorliegen.

Durch die gutachterliche Diagnostik werden nur krankhafte oder posttraumatische Veränderungen aufgedeckt, die als Ursache für die erektile Dysfunktion infrage kommen. Die erhobenen Befunde stützen also die anamnestischen Angaben und klären den (sozial)versicherungsrelevanten Kausalzusammenhang mit dem zur Diskussion stehenden Trauma. Ergeben sich gänzlich Normalbefunde, kann umgekehrt eine Potenzstörung nicht ausgeschlossen werden. Denn auch eine psychovegetative Dystonie kann zur dauerhaften erektilen Dysfunktion führen. Auch Auswirkungen posttraumatischer Defektheilung der Temporallappenregion und des limbischen Systems lassen sich im Hinblick auf eine Erektionsstörung durch keine Funktionsuntersuchung sicher objektivieren. In diesen Fällen entscheiden in besonderem Maße eine genaue Anamnese und die klinische Erfahrung des Sachverständigen mit dieser Thematik über eine sachgerechte Beurteilung.

Differenzialdiagnostische Abgrenzung der spinalen/neurogenen Störung von anderen Ursachen der erektilen Dysfunktion-Bewertung des Kausalzusammenhangs

Epidemiologisch gehören vaskuläre Faktoren zu den häufigsten Gründen für die Ausbildung einer Potenzstörung. Speziell für die Beurteilung von Rückenmarkverletzten ist deshalb zunächst die Abgrenzung neurogener von vaskulären/kavernösen Ursachen wichtig. In aller Regel ergeben sich hier keine Schwierigkeiten, da die einschlägige Anamnese und Diagnostik zu ausreichenden Ergebnissen führt. Finden sich Hinweise für eine neurogene Problematik ist es im Weiteren weitaus aufwendiger, eine Unterscheidung zwischen zentral-spinaler Ursache und peripher-nervaler Problematik zu treffen. Insbesondere bei komplexen Zusammenhangsgutachten, wenn z. B. der Einfluss eines spinalen Traumas und eines langjährig bekannten Diabetes mellitus auf die Potenzfähigkeit differenzialdiagnostisch voneinander abgegrenzt werden sollen, müssen Bulbokavernosusreflexe, SSEPs und Messungen der peripheren Nervenleitgeschwindigkeit durchgeführt werden. Hingegen wird man bei jungen Verunglückten, bei denen keine Hinweise auf unfallunabhängige Erkrankungen mit Auswirkungen auf die Erektionsfähigkeit vorliegen und bei denen der spinale Läsionsort ausreichend bildgebend oder neurophysiologisch gesichert ist, auf eine umfangreiche Diagnostik verzichten können. Ist die spinale Läsion unstreitig, so muss bei Schädigung des spinalen Reflexzentrums (S2-S4, entspr. BWK12/LWK1) davon ausgegangen werden, dass zu 95% ein Erektionsverlust besteht. Trotz Integrität des psychogenen Reflexzentrums, welches durch die duale Innervation zum Teil den Ausfall kompensieren kann, sind die noch vorhandenen Erektionen in der Regel ohne ausreichende Rigidität, sodass ein zufriedenstellender Koitus nicht möglich ist. Schädigungen oberhalb des spinalen Reflexzentrums lassen reflektorische Erektionen zu, wobei allerdings die Tumeszenz des Corpus bulbospongiosus vermindert sein kann. Ob trotz reflektorisch ausreichender Erektionen ein befriedigendes Sexualleben möglich ist, hängt von der sensorischen Perzeptionsfähigkeit und mithin Orgasmusfähigkeit des Betroffenen ab. Bei inkompletten Querschnittläsionen ist allgemein mit höherer Wahrscheinlichkeit ein Erhalt bzw. die Rückkehr der Erektions- und Ejakulations- resp. Orgasmusfunktion zu erwarten. Umgekehrt verhält es sich mit den Ejakulationsstörungen. Hier gilt, dass eine Schädigung des Th10 und L2, entspr. BWK 8-10, zum Verlust der Ejakulationen führt, während bei Männern mit unterer motorischer Läsion die Ejakulation im Gegensatz zur Erektion oft erhalten bleibt.

Schweregrad der Störung, Schätzung der MdE

Eine traumatisch bedingte Erektions- oder Ejakulationsstörung wird per se nicht die Lebens- oder Erwerbstüchtigkeit beeinträchtigen. Allerdings stellen diese Unfallfolgen eine psychische Dauerbelastung dar, die sich auf die sozial-familiäre und die berufliche Situation auswirken kann. Die Regelungen zur Bewertung der Minderung der Erwerbsfähigkeit (MdE) sind im Schwerbehindertengesetz von 1979 und in den Richtlinien des Bundesministeriums für Arbeit und Soziales von 1983 festgeschrieben. Grundsätzlich gilt, dass die Beurteilung der MdE die Einschränkungen im beruflichen und privaten Lebensbereich erfassen soll, also nicht allein auf die körperlichen und seelischen Schäden im Hinblick auf eine verminderte Arbeitsfähigkeit abzielt. Generell erfordert die sozialmedizinische Begutachtung daher eine Berücksichtigung des Alters des Betroffenen und seiner Lebens-

Tabelle 5.2. Schätzung der MdE

Art der Sexualstörung	Minderung der Erwerbsfähigkeit (MdE)
Komplette Impotentia coeundi	20–50%
Partielle Impotentia coeundi	10–30%
Libidoverlust	10–20%
Ejakulationsverlust	20–50%

umstände. Einen jungen Mann ohne gefestigte Partnerschaft und Familienwunsch wird man anders beurteilen müssen als einen 60-jährigen Familienvater mit 4 Kindern und einer bereits vor dem Unfall bestehenden eingeschränkten Vita sexualis. Ferner ist für die korrekte Ermittlung der Entschädigung von Bedeutung, ob und welche Therapiekonzepte dem Betroffenen angeboten werden können und inwieweit ein Erfolg hiervon zu erwarten ist. Aus diesem Grunde werden in der einschlägigen Literatur Ermessensspielräume für die Schätzung der MdE angegeben, um eine dem individuellen Fall angemessene Bewertung der unfallbedingten Potenzstörung zu gewährleisten (Tabelle 5.2).

Besserungsaussichten, Zeiträume für Besserungstendenzen

Bei Betroffenen mit inkompletter spinaler Querschnittsymptomatik sind tendenziell Erektionsstörung geringer ausgeprägt als bei Patienten mit vollständigem Querschnittsyndrom. Auch kann bei inkompletten Läsionen mit höherer Wahrscheinlichkeit eine Restitutio erwartet werden. Nach Abklingen des spinalen Schocks kommt es zumeist innerhalb von ca. 6 Monaten zu einem weitgehenden Abschluss der Restitutionsphase. Zu diesem Zeitpunkt ist dann auch eine erste gutachterliche Untersuchung sinnvoll. Da aber auch Verbesserungen der posttraumatischen Potenzstörungen bis zu 18 Monaten nach dem Trauma beschrieben worden sind, sollte eine endgültige Einschätzung der MdE bezüglich einer Potenzstörung erst nach diesem Zeitraum erfolgen. Ejakulationsstörungen können sich bis zu 3 Jahre nach einem Trauma verbessern, wenn sie durch Grenzstrangverletzungen oder Läsionen der sympathischen Plexus bedingt sind. Insbesondere wenn komplexe Traumata mit spinaler Schädigung und ausgedehnter Beteiligung der Wirbelkörper und ggf. einem Zustand nach operativer Stabilisierung vorliegen, kann eine definitive Beurteilung von Ejakulationsstörungen deshalb erst nach dem 3. posttraumatischen Jahr erfolgen.

Zusammenfassung

Störungen der Erektion und Ejakulation sind bei Wirbelsäulenverletzten häufig. Ihre richtige Einordnung und Bewertung im Zusammenhang mit dem zur Debatte stehenden Trauma ist eine wichtige sozialmedizinische Aufgabe. Nicht selten ergeben sich schwierige differenzialdiagnostische

Konstellationen, die an den medizinischen Sachverständigen hinsichtlich der Differenzierung zwischen unfallbedingten und unfallunabhängigen Ursachen hohe Anforderungen stellen. Nur eine langjährige klinische Erfahrung des Sachverständigen mit der Thematik gewährleistet einen sicheren Umgang mit den zur Verfügung stehenden diagnostischen Methoden und die Kompetenz in der Beurteilung.

Literatur

Bichler KH (Hrsg) (1986) Begutachtung und Arztrecht in der Urologie, Springer, Heidelberg

Courtois FJ et al (1999) Posttraumatic erectile potential of spinal cord injured men: how physiologic recordings supplement subjective reports. Arch Phys Med Rehabil 80:1268–1272

Engelmann U (1999) Epidemiologie einer verschwiegenen Männerkrankheit. Vortrag Symposium „Zukunft der ED-Behandlung", Berlin

Feldman H et al (1994) Impotence and is medical and psychosocial correlates.... results of the Massachusetts Male Aging Study. J Urol 150

Monga M et al (1999) Male infertility and erectile dysfunction in spinal cord injury: A review. Arch Phys Med Rehabil 80:1331–1339

NIH consensus development panel on impotence. Impotence. JAMA 270:83–90

Tay HP et al (1996) Psychogenic impotence in spinal cord injury patients. Arch Phys Med Rehabil 77:391–393

6 HWS-Schleudertrauma

I. Mazzotti, M. F. Hein, W. H. M. Castro

Einleitung

Das so genannte „HWS-Schleudertrauma" stellt auch über das Jahr 2000 hinweg ein Brennpunktthema dar, zum einen aufgrund der Häufigkeit dieser vorgetragenen Verletzung nach Verkehrsunfällen, zum anderen aufgrund der Tatsache, dass trotz der Vielfalt an Publikationen in der Literatur wenig wissenschaftlich abgesicherte Meinungen zu dieser Problematik existieren, was auch aus einer Analyse der Quebec Task Force (1995) hervorgeht. Im Folgenden werden, basierend auf wissenschaftlich gesicherten Erkenntnissen, Beurteilungskriterien für die Begutachtung beim „HWS-Schleudertrauma" dargestellt.

Zunächst ist zu bemerken, dass bereits der Begriff „HWS-Schleudertrauma" insofern unpräzise ist, als hierbei allenfalls ein Unfallmechanismus beschrieben und nicht wie eigentlich üblich in der Medizin die verletzte Struktur benannt wird. Es wäre sinnvoller, den Unfallmechanismus und die resultierende Verletzung zu nennen, wie z. B. Distorsion der HWS nach Beschleunigungsmechanismus durch Heckkollision. Unter einem „HWS-Schleudertrauma" wird landläufig ein Erkrankungsbild verstanden, bei dem u. a. Nackenbeschwerden nach einem Verkehrsunfall vorgetragen werden, wobei diesen häufig kein objektivierbarer krankhafter unfallbedingter Befund gegenüber gestellt werden kann.

Aus dieser Diskrepanz zwischen subjektiven Beschwerden und objektivierbaren Befunden ergibt sich die Problematik bei der Begutachtung des „HWS-Schleudertraumas". Es ist deshalb unumgänglich, zu dem orthopädisch-traumatologischen Grundsatz zurückzukommen, nach dem eine Verletzung nur dann auftreten kann, wenn die einwirkende biomechanische Belastung die maximal tolerierbare Schwelle an Belastbarkeit des Betroffenen bzw. der betroffenen Strukturen überschreitet. Demnach muss bei der Begutachtung des „HWS-Schleudertraumas" zunächst Stellung zur Frage der Verletzungsmöglichkeit bezogen werden, um dann die Frage, ob und wenn ja, welche Verletzung objektivierbar ist, zu beantworten. Erst hiernach können Verletzungsfolgen beurteilt werden.

Zur Verletzungsmöglichkeit

Die Verletzungsmöglichkeit ist abhängig von der biomechanischen Belastung, die auf den Betroffenen einwirkt, und von der individuellen Belastbarkeit der betroffenen Person, bei der verletzungsfördernde Faktoren berücksichtigt werden müssen.

Biomechanische Belastung

Unfallmechanismus bzw. -ablauf und Belastungshöhe sind die wesentlichen Faktoren der auf den Insassen einwirkenden biomechanischen Belastung. Die Ermittlung von Unfallmechanismus und Belastungshöhe bleibt einer verkehrstechnischen Analyse vorbehalten, die sozusagen die Grundlage der anschließenden medizinischen Begutachtung darstellt.

Aufgrund unterschiedlicher Unfallabläufe kann es zu Beschleunigungsmechanismen der HWS kommen. Nicht nur bei der „klassischen" Heckkollision, sondern auch bei Frontal- und Seitenkollisionen und zweidimensionalen Kollisionen (z. B. Überlagerung einer frontalen und seitlichen Komponente bei der schiefen Frontalkollision) stehen „HWS-Schleudertraumen" zur gutachterlichen Beurteilung an. Im Rahmen der verkehrstechnischen Analyse sollte neben der Art der Kollision und der hieraus resultierenden Insassenbewegung die kollisionsbedingte Geschwindigkeitsänderung (Delta v), der der Insasse aufgrund der Kollision ausgesetzt war, und die als Maß für die Belastungshöhe angesehen werden kann (Meyer et al. 1994), angegeben werden. Hierbei handelt es sich um die Differenz der Geschwindigkeit eines Fahrzeuges unmittelbar vor und nach dem Anstoß, wobei das Fahrzeug entweder beschleunigt (bei der Heckkollision) oder verzögert (bei der Frontalkollision) wird.

Heckkollision

Wie schon beschrieben, wird bei der Heckkollision das gestoßene Fahrzeug beschleunigt. Die hierdurch hervorgerufene Bewegung des Insassen kann in eine Primärbewegung (relativ zur Fahrgastzelle nach hinten) und eine Sekundärbewegung (relatives Vorschwingen in den Gurt nach vorne) unterteilt werden (Abb. 6.1). Die primäre Bewegung verläuft in sechs Phasen (Castro et al. 1997). In der ersten Phase wird die Fahrgastzelle nach vorne geschoben, in der zweiten Phase wird der Unterkörper des Insassen auf dem Fahrzeugsitz nach vorne bewegt. In der dritten und vierten Phase beginnt der Oberkörper bzw. der Brustkorb, sich an der Vorwärtsbewegung zu beteiligen; die Wirbelsäule wird gestreckt, als ob der Klörper nach oben rutschen würde; im angloamerikanischen Sprachraum wird dies als „Ramping" bezeichnet. Da der Kopf zu diesem Zeitpunkt noch in Ruhestellung ist, kommt es zu einer translatorischen Relativbewegung zwischen Kopf-

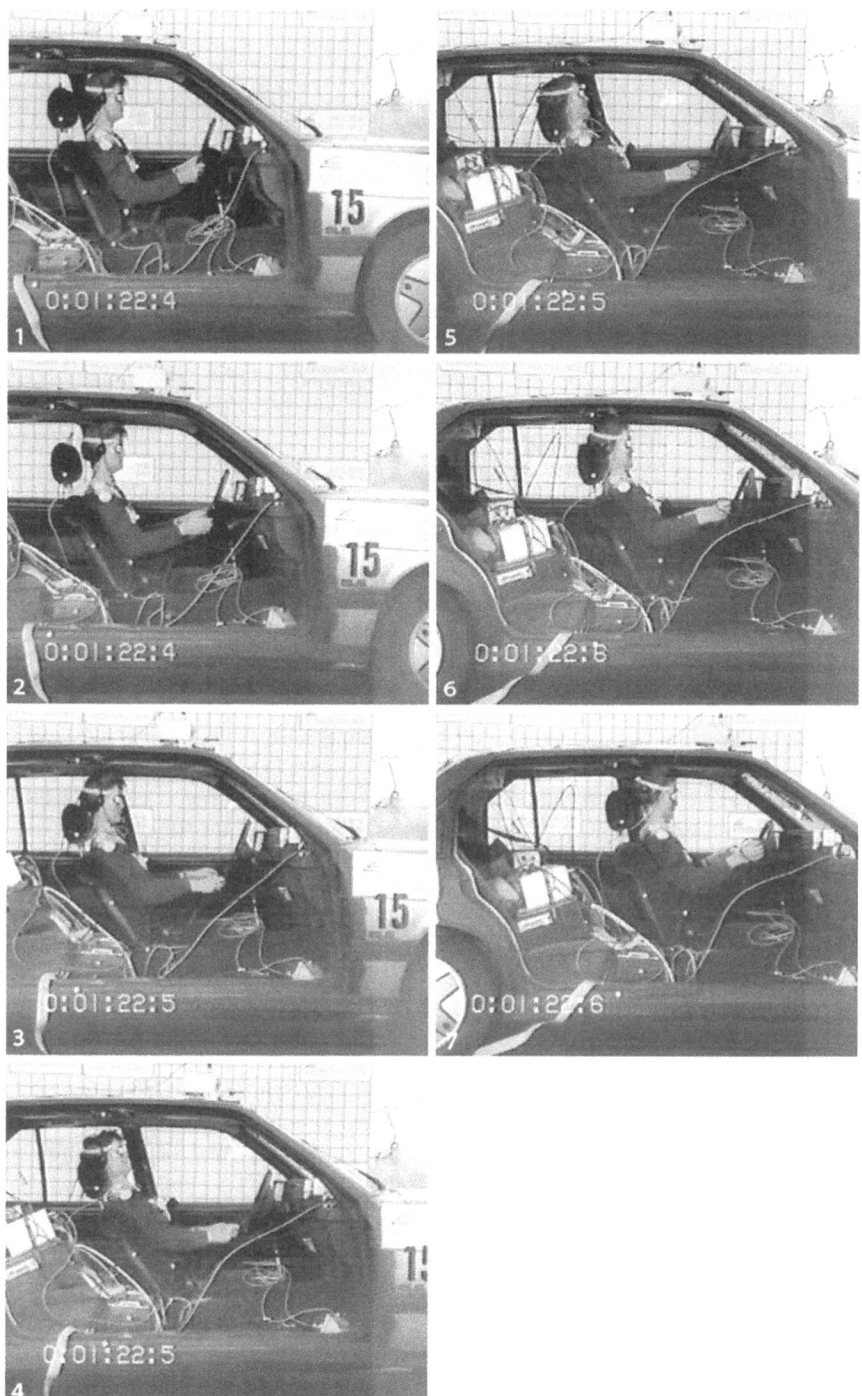

Abb. 6.1. Die 6 Phasen der Primärbewegung bei der Heckkollision

und Brustkorb. Erst in der fünften Phase kommt es zu einer Kopfbewegung, und zwar nach der translatorischen Bewegung aus Phase 3 zu einer Extensionsbewegung im Bereich der HWS. In Phase 6 kommt es zum Kontakt des Kopfes mit der Kopfstütze. Hiernach schließt sich fließend die Sekundärbewegung mit Hineinschwingen des Insassen nach vorn in den Gurt an. Diese Sekundärbewegung verläuft auf einem niedrigeren Energieniveau als die Primärbewegung.

Zu der Belastungshöhe, die als Grenze der Belastbarkeit angesehen wird, gibt es in der Literatur unterschiedliche Ergebnisse. Von Schuller und Eisenmenger (1993) werden nach Auswertung der einschlägigen Originalarbeiten in der Literatur für die HWS-Extension, wie sie bei der Heckkollision auftritt, folgende Toleranzgrenzen angegeben: eine Fahrzeugbeschleunigung von 3 g bzw. eine kollisionsbedingte Geschwindigkeitsänderung von 13 km/h.

Aus einer interdisziplinären Studie von Castro et al. (1997), bei der 19 Probanden klinisch, ultraschallgesteuert und kernspintomografisch vor, direkt nach und 4–5 Wochen nach 20 herbeigeführten Heckkollisionen untersucht wurden, kann abgeleitet werden, dass unter einer kollisionsbedingten Geschwindigkeitsänderung von 11 km/h weder Beschwerden geäußert wurden, noch klinisch oder kernspintomografisch kollisionsbedingte auffällige Befunde erhoben werden konnten. Dagegen fanden Brault et al. (1998) in einer Untersuchung, bei der 42 freiwillige Teilnehmer einer Heckkollision mit kollisionsbedingten Geschwindigkeitsänderungen von 4–8 km/h ausgesetzt waren, folgende Ergebnisse: Bei 29 bzw. fast 38% der Freiwilligen wurden nach den Versuchen mit 4 bzw. 8 km/h „schleudertrauma"-ähnliche Beschwerden angegeben. Aus einer interdisziplinären Studie von Castro et al. (2001) mit 51 Freiwilligen, die einer Heckkollision ohne relevante biomechanischen Belastung, d.h. einer simulierten Kollision ausgesetzt waren, resultiert, dass von fast 20% der Probanden „schleudertrauma"-ähnliche Beschwerden innerhalb der nächsten 3 Tage beklagt wurden, wobei die psychologische Analyse einen signifikanten Unterschied aufzeigte zwischen den Probanden mit und ohne Beschwerden nach 3 Tagen. Unter Berücksichtigung dieser Ergebnisse und denen von Brault et al. ist anzunehmen, dass die ansteigende Beschwerderate bei zunehmender Belastung im Niedriggeschwindigkeitsbereich auf die Zunahme akustischer, visueller und sensorischer Eindrücke zurückzuführen ist, während eine morphologische Verletzung im Bereich der HWS hierbei nicht als ursächlich anzusehen ist.

Frontalkollision

Nach Kullgreen et al. (1999) treten ein Drittel der HWS-Fälle nach Frontalkollisionen auf. Aus der oben schon genannten Arbeit von Schuller und Eisenmenger (1993) geht eine höhere Belastbarkeit der HWS bei der Frontalkollision im Vergleich zur Heckkollision hervor. Die biomechanische Toleranzgrenze wird für die Fahrzeugverzögerung mit 5 g (entsprechend einer kollisionsbedingten Geschwindigkeitsänderung von etwa 20 km/h) angege-

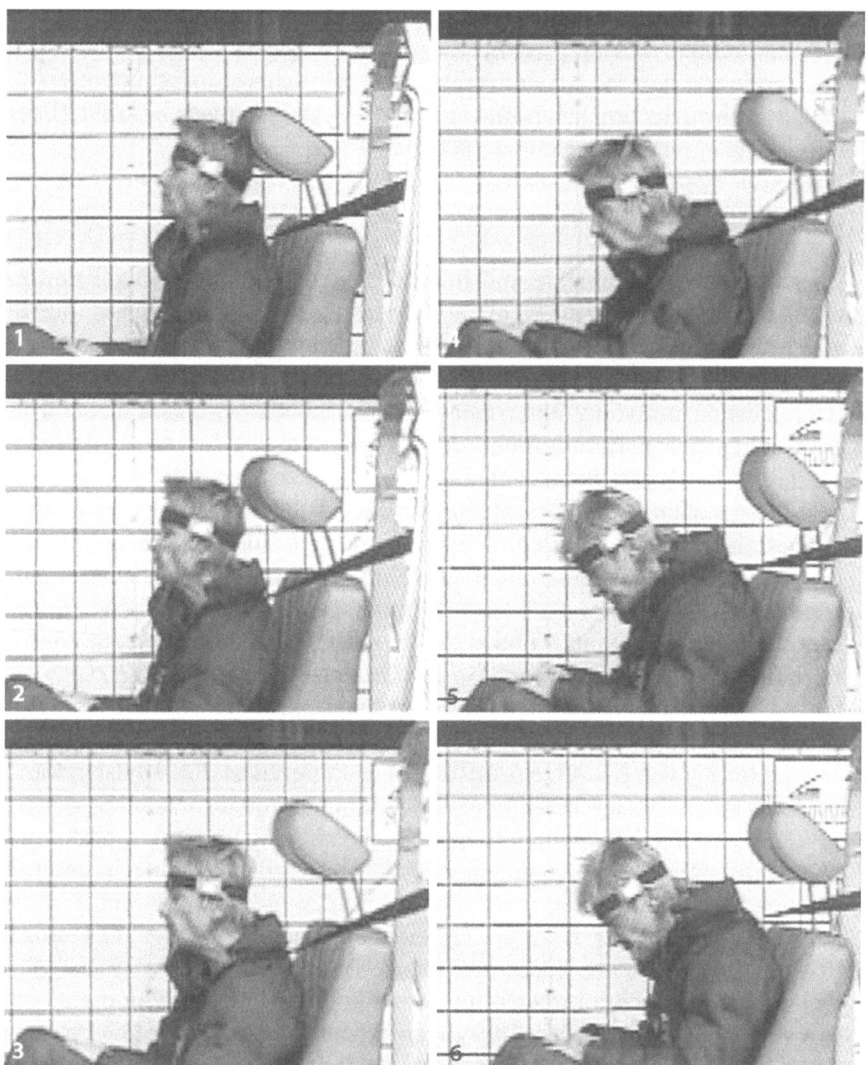

Abb. 6.2. Die Insassenbewegung bei frontaler Belastung im Gurtschlitten

ben. Eine Belastungsrichtung bzw. Insassenbewegung wie bei der Frontalkollision (Abb. 6.2) tritt auch bei den Gurtschlittentests auf, die seit den 70er Jahren eingesetzt werden, um die Wirkung von 3-Punkt-Sicherheitsgurten zu testen. Aus einer Untersuchung von Winninghoff et al. (2000), bei der drei repräsentative Gurtschlitten bezüglich der auftretenden Belastungen untersucht wurden, ergaben sich kollisionsbedingte Geschwindigkeitsänderungen von 8,9–14,9 km/h, wobei aufgrund der kürzeren Stoßzeit größere mittlere Verzögerungen als bei Pkw-Pkw-Kollisionen auftraten. Ob und inwiefern dies auf die biomechanische Belastung Auswirkungen hat, ist bislang nicht geklärt. Weiterführende Untersuchungen haben zumindest gezeigt, dass die Gurtschlittentests von den Probanden dann als angenehmer empfunden wurden, wenn unter Benutzung eine Pufferzone die Stoßzeit verlängert wurde. Aus den zahlreichen jährlichen Gurtschlittentests (ca. 25 000 Freiwillige pro Jahr) sind keine HWS-Verletzungen bekannt (Becke, Castro, Hein, Schimmelpfennig 2000).

Seitenkollision

Über die Bewegungsabläufe und Besonderheiten bei der Seitenkollision gibt es bislang in der Literatur wenig aufschlussreiche Untersuchungen. Aus den von Becke et al. (1999) vorgestellten Ergebnissen aus systematischen Untersuchungen zu dieser Thematik geht hervor, dass es sich im Vergleich zur Heckkollision um völlig unterschiedliche Insassenbewegungen handelt, und dass neben der Belastungshöhe die Sitzposition des Insassen maßgeblich für das Verletzungsrisiko ist (Abb. 6.3 a, b). Die Arbeitsgruppe fand zunächst, dass beim stoßzugewandten Insassen ab einer kollisionsbedingten Geschwindigkeitsänderung von 5 km/h in Querrichtung ein Kopf- oder Schulteranstoß im Bereich des stoßzugewandten Fahrzeuginnenraumes auftreten kann. Anstoßbedingt kommt es zu einer abrupten gegenläufigen Relativbewegung zwischen Kopf und Rumpf und somit zu einer Translationsbewegung im Bereich der HWS. Weiterführende Untersuchungen (Becke u. Castro 2000) zeigten, dass je nach Fahrzeuginnenraum, Sitzkonstruktion bzw. -einstellung und Größe des Insassen auch schon ab einer kollisionsbedingten Geschwindigkeitsänderung von 3 km/h ein Anstoß zu diskutieren ist. Für stoßabgewandte Insassen ist das Risiko eines Kopf- oder Schulteranpralles deutlich geringer. Es kommt zu einer Bewegung in den freien Fahrzeuginnenraum, wobei auch hier translatorische Bewegungen beobachtet wurden. Demnach muss aus orthopädisch-traumatologischer Sicht bei der Beurteilung einer Verletzungsmöglichkeit der HWS nach Seitenkollisionen zwischen den stoßzu- bzw. stoßabgewandten Insassen unterschieden werden, wobei sicherlich dem stoßabgewandten Insassen mit Bewegung in den freien Raum ein geringeres Verletzungsrisiko der HWS zugeschrieben werden kann. Die Bewegungen des stoßabgewandten Insassen bei der Seitenkollision sind vergleichbar mit den seitlichen Kollisionen beim Autoscooter. Auch bei diesem Freizeitvergnügen ist bei rein seitlichen Kollisionen ein Kopfanstoß an Fahrzeugteilen nicht zu diskutieren. Es werden hierbei Kollisionssituationen (und konsekutiv Beschleunigungsmechanismen der HWS) mit kollisionsbedingten Geschwindigkeitsänderungen von bis zu 15 km/h (Meyer et al. 1994) erreicht, ohne dass gehäuft – in Anbetracht der unzähligen Kollisionen – nach hiesigem Literaturkenntnisstand von einem Auftreten von „HWS-Schleudertraumen" berichtet wird.

Zusätzlich spielt bei der Seitenkollision auch noch eine Rolle, ob es sich um eine rein seitliche Kollision, für die die Ergebnisse von Becke et al. und Becke u. Castro gelten, handelt oder ob eine weitere Belastungsrichtung überlagert ist, sodass eine zweidimensionale Belastung analysiert werden muss (z. B. wie bei der schiefen Frontalkollision).

Zur Verletzungsmöglichkeit 75

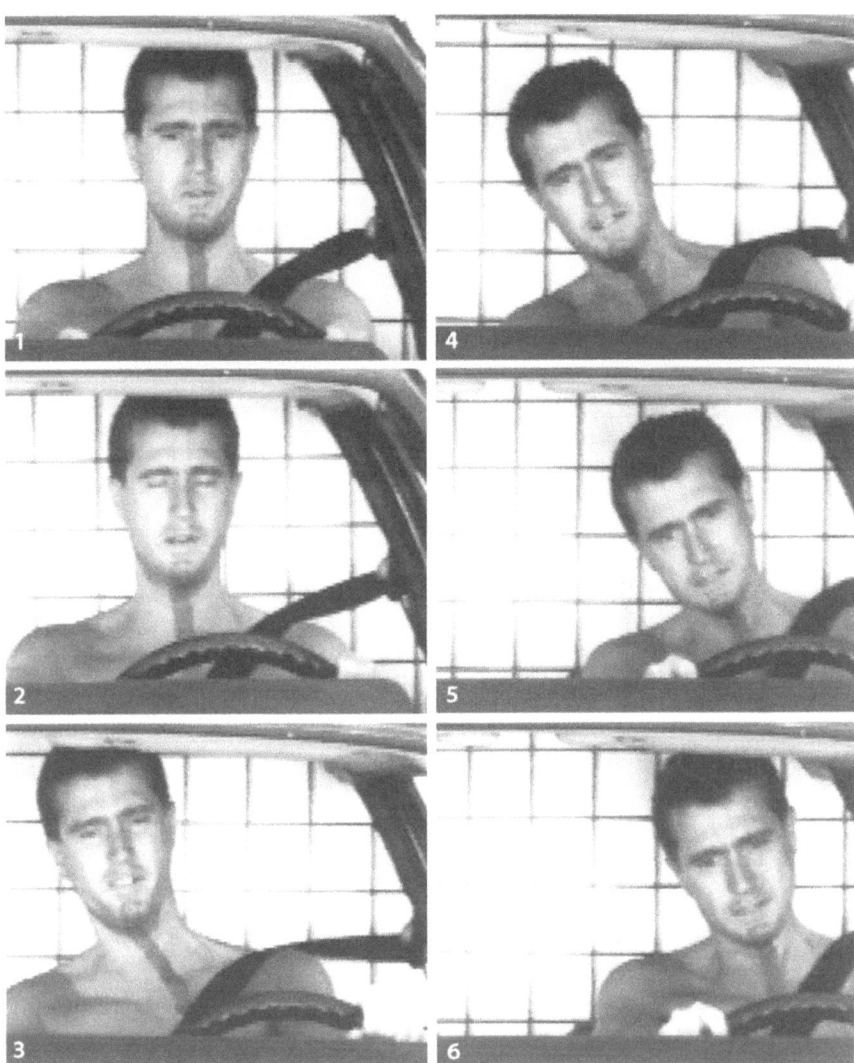

Abb. 6.3 a. Die Bewegung des stossabgewandten Insassen bei der Seitkollision (dv 5,7 km/h) in den freien Raum; man beachte eine gewisse translatorische Bewegung der HWS

HWS-Schleudertrauma

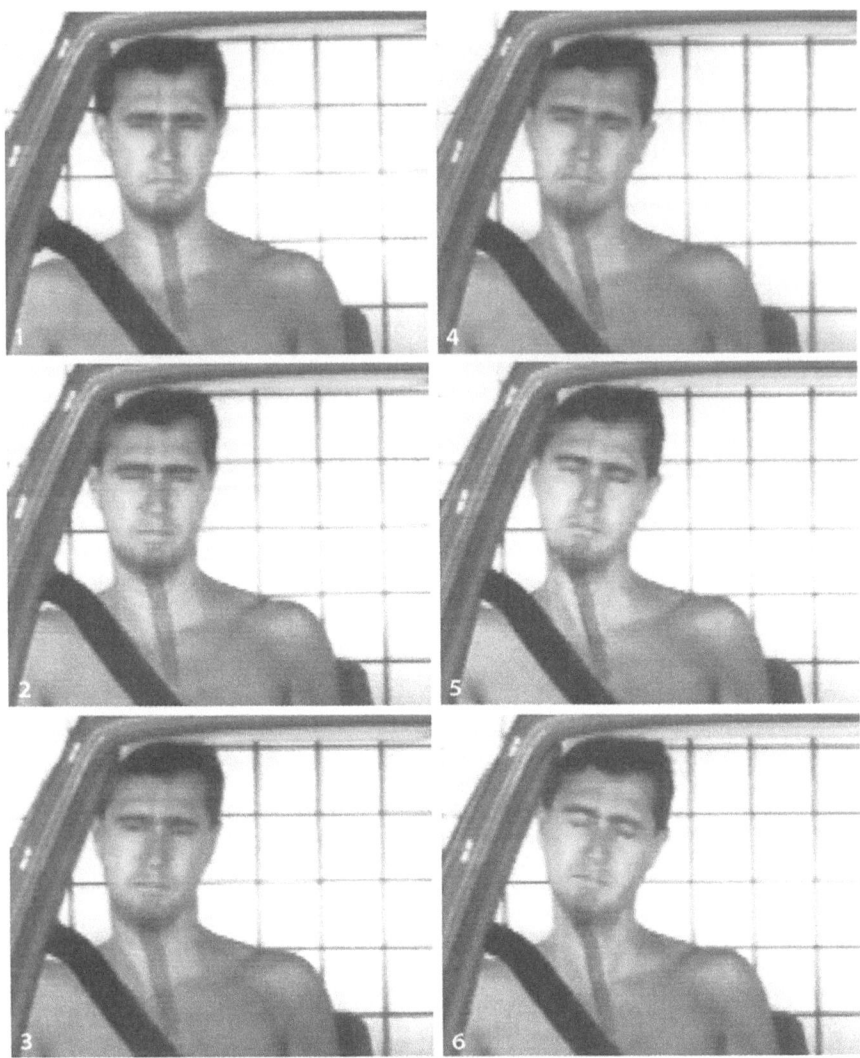

Abb. 6.3 b. Kopfanstoss bei der stosszugewandten Sitzposition bei der Seitenkollision (dv 3,2 km/h) mit resultierender Abknickbewegung der HWS

Belastbarkeit

Bei der Beurteilung der Verletzungsmöglichkeit der HWS ist es unerlässlich, die individuelle Belastbarkeit des Insassen bzw. verletzungsfördernde Faktoren zu berücksichtigen. Die Belastbarkeit kann zum einen vermindert sein aufgrund von „äußeren", d.h. situationsgebundenen Faktoren zum Kollisionszeitpunkt und zum anderen aufgrund von „inneren" Faktoren, wie z.B. Vorerkrankungen. Hierbei stehen im Wesentlichen immer wieder folgende Gesichtspunkte zur Diskussion.

Von der Norm abweichende Kopfhaltung („out of position")

Es wird häufig vorgetragen, der Insasse hätte zum Zeitpunkt der Kollision eine von der Norm abweichende Kopfhaltung, d.h. eine gedrehte oder geneigte oder vorgebeugte Kopfposition inne gehabt, was eine höhere Verletzungsanfälligkeit der HWS darstelle. Diese landläufige Meinung ist nicht wissenschaftlich gesichert. Die wenigen Untersuchungen, die sich u.a. mit dem Thema „Heckkollision und abweichende Kopfposition" überhaupt befasst haben, sprechen eigentlich nicht dafür, dass diese These unkritisch übernommen werden kann. Deutscher (1994) hat im Rahmen einer Studie zum Einfluss verschiedener Parameter auf die Insassenbelastung bei der Heckkollision 87 Schlittenversuche durchgeführt. Acht Schlittenversuche (kollisionsbedingte Geschwindigkeitsänderung von bis zu 11 km/h) erfolgten mit einer Seitdrehung des Kopfes zwischen 8 und 39°. Hierbei konnte festgestellt werden dass bei keinem der Probanden Schmerzen im Sinne einer HWS-Distorsion Grad I nach Erdmann auftraten und die Seitdrehung des Kopfes während des Bewegungsablaufes unverändert blieb. Dass keine zusätzliche Kopfdrehung auftritt, bestätigen auch erste eigene Versuche auf der Crash-Anlage des Ingenieurbüros Schimmelpfennig und Becke in Münster. Auch aus einer prospektiv kontrollierten Kohortenstudie zum Thema „Schmerzen nach Schleudertrauma", welche 1999 von der Arbeitsgruppe Obelieniene et al. publiziert wurde, geht hervor, dass eine signifikante Korrelation zwischen der Kopfhaltung und der Inzidenz von akuten Nackenbeschwerden nicht nachweisbar war. Demnach kann es derzeit nicht als wissenschaftlich bewiesen gelten, dass eine von der Norm abweichende Kopfhaltung zum Zeitpunkt einer Heckkollision zur erhöhten Verletzungsanfälligkeit der HWS führt (Mazzotti, Castro 2002). Vergleichbare Untersuchungen bei anderen Kollisionsarten wurden nach hiesigem Kenntnisstand bisher nicht publiziert.

Vorgebeugte Sitzposition

Relativ oft wird eine vorgebeugte Sitzposition (z.B. im Rahmen der Beobachtung der über der Straße befindlichen Ampelanlage) zum Kollisionszeitpunkt angegeben, die eine höhere Belastung mit sich bringen soll. Die

Hypothese, dass bei größerem horizontalen Abstand zwischen Kopfstütze und Kopf die Relativbewegung und die Anstoßintensität ansteige und demnach dies als verletzungsfördernder Faktor zu betrachten sei, wurde im Rahmen eines experimentellen Versuches widerlegt (Meyer et al. 1999). Bei diesem Versuch wurden bei Kollisionen mit einer kollisionsbedingten Geschwindigkeitsänderung zwischen 6,7 und 7,7 km/h eine normale Sitzposition, eine FIP-Ampel-Position (forward inclined position, um zur Ampel zu blicken) und eine FIP (extrem vorgebeugte Haltung, um beispielsweise einen heruntergefallenen Gegenstand im Fußraum zu greifen) eingenommen. Es zeigte sich, dass die Anprallintensität der Kopfstütze an den Kopf des freiwilligen Probanden bei den vorgebeugten Sitzhaltungen niedriger war als bei der normalen Sitzposition. Die Versuche wurden bis zu einer kollisionsbedingten Geschwindigkeitsänderung von knapp 8 km/h problemlos toleriert. Die Arbeitsgruppe weist darauf hin, dass aufgrund der festgestellten eindeutigen Tendenz im Hinblick auf die mit zunehmender Vorbeugung abnehmende Anprallintensität der Kopfstütze an den Kopf in Verbindung mit den Erfahrungen beim Autoscooterfahren auch bei Geschwindigkeitsänderungen bis 10 km/h keine Umkehrung dieser eindeutigen Ergebnisse zu erwarten ist.

Somit kann eine vorgebeugte Sitzposition bei der Heckkollision, zumindest bis zu einer kollisionsbedingten Geschwindigkeitsänderung von knapp 8 km/h, nicht als verletzungsfördernder Faktor angesehen werden, Ergebnisse in höherem Belastungsniveau sind bislang nicht bekannt.

Kopfstütze

Erklärungsbedarf besteht auch, ob das Fehlen einer Kopfstütze bzw. das Vorhandensein zwingend als verletzungsfördernd bzw. schützend einzustufen ist.

Bei der Bewegungsanalyse der interdisziplinären Studie von Castro et al. (1997) zeigte sich für die Pkw-Heckkollisionen ein Extensionswinkel der HWS im Mittel von 21° (10°-47°) in Abhängigkeit des Abstandes zwischen Kopfstütze und Hinterkopf. Dagegen kam es bei den Autoscooterheckkollisionen zu einer Hyperextension von bis zu mehr als 80°. Deshalb ist die Frage berechtigt, ob die Kopfstütze durch Vermeidung der Hyperextension überhaupt als schützender Parameter hinsichtlich der „HWS-Schleudertraumen" betrachtet werden kann, wenn man die große Zahl an Autoscooterkollisionen ohne Verletzungsfolgen trotz fehlender Kopfstütze beachtet. Aus der Studie von Obelieniene et al. (1999) resultiert, dass allein das Vorhandensein und die korrekte Einstellung der Kopfstütze die Häufigkeit von akuten Nackenbeschwerden nicht reduziert. Die Ergebnisse deuten darauf hin, dass lediglich bei Anlehnung des Kopfes an die korrekt angepasste Kopfstütze zum Zeitpunkt der Kollision ein positiver Einfluss erwartet werden kann, eine Situation, wie sie im täglichen Fahrbetrieb höchst selten angetroffen wird.

Gesundheitszustand

Neben den oben diskutierten Parametern muss bei der Beurteilung der individuellen Belastbarkeit berücksichtigt werden, in welchem „Gesundheitszustand" sich der Betroffene zum Zeitpunkt des Unfalls befand. Lagen Vorerkrankungen im Bereich der HWS oder außergewöhnliche anatomische Varianten (entweder aufgrund von angeborenen Fehlbildungen oder erworben nach Erkrankungen oder Operationen) vor, die die Belastbarkeit der HWS verringern und somit als verletzungsbegünstigend angesehen werden müssen? Leidet der Betroffene an einer Allgemeinerkrankung, die die Belastbarkeit von Knochen und Weichteilen beeinflusst? Findet bzw. fand eine regelmäßige Medikamenteneinnahme statt, die zu einer Strukturveränderung von Knochen und Weichteilen führt, wie z. B. eine länger anhaltende Cortisoneinnahme?

In diesem Kontext soll auch auf den Einfluss der degenerierten HWS, die im Hinblick auf deren Verletzungsanfälligkeit in der Literatur seit langem und unterschiedlich diskutiert wird, eingegangen werden. So gibt Hinz (1970) an, dass in erster Linie die am meisten vorgeschädigten Segmente der HWS verletzt werden. Krämer (1978) weist darauf hin, dass insbesondere die Beurteilung von leichteren Verletzungen einer vorgeschädigten HWS schwierig ist. Aufgrund einer experimentellen Untersuchung mit 8 Wirbelsäulenpräparaten wird von Wittenberg et al. (1998) über Exentionsbelastungen der HWS in vitro bei der überwiegenden Zahl der Fälle die Verletzung an den unteren Segmenten, C5/C6 und C6/C7, d. h. an den Segmenten, die auch klinisch am häufigsten von der Degeneration betroffen sind, gefunden. Gegen die höhere Verletzungsanfälligkeit der degenerierten HWS spricht zum einen u. a. eine Arbeit von Bylund und Björnstig (1998). Es wurde die Arbeitsunfähigkeit nach Verkehrsunfällen bei 16- bis 64-Jährigen untersucht und festgestellt, dass HWS-Verletzungen in der Altersgruppe unter 30 Jahren am häufigsten auftraten. Zum anderen ergibt eine Analyse von 15 000 Pkw-Pkw-Kollisionen eine signifikante Abnahme des relativen Anteils von HWS-Verletzungen ab dem 50. Lebensjahr (Münker et al. 1995). Auch zeigte eine Analyse der Quebec Task Force (1995), dass das „HWS-Schleudertrauma" vornehmlich in den Altersgruppen zwischen 25 und 50 Jahren gefunden wird.

Aufgrund der unterschiedlichen Angaben und Ergebnisse in der Literatur kann die Hypothese, dass eine degenerierte HWS verletzungsanfälliger ist, nicht als wissenschaftlich gesichert gelten und somit nicht unkritisch übernommen werden.

Erst nach Klärung des individuellen Einzelfalls, d. h. der einwirkenden Belastung (die der verkehrstechnischen Analyse entnommen werden kann), und der Belastbarkeit der betroffenen Person zum Kollisionszeitpunkt unter Berücksichtigung verletzungsfördernder Faktoren kann von dem medizinischen Sachverständigen zur Verletzungsmöglichkeit der HWS Stellung bezogen werden.

Verletzung

Wird eine Verletzung der HWS nach kritischer Prüfung der vorgenannten Gesichtspunkte für möglich erachtet, sollte unter Würdigung der vorgetragenen Beschwerden, der unfallnah erhobenen klinischen Befunde und der röntgenologischen, ggf. auch kernspintomografischen Bildgebung Stellung bezogen werden, ob und ggf. welche Verletzung eingetreten ist.

Hierbei sollte u. a. beachtet werden, dass die Distorsion der HWS mit dem bildgebenden Verfahren häufig nicht nachweisbar ist (Hering 1998). Die so genannte Steilstellung der HWS kann ein Hinweis für ein abgelaufenes Trauma sein, wobei die HWS jedoch häufiger ohne Unfallzusammenhang in der röntgenologischen Bildgebung in Streckhaltung zur Darstellung kommen kann (Helliwell et al. 1994). Allein die Art der Aufnahmetechnik mit dem Ziel, die HWS komplett, d. h. inklusive HWK 7, darzustellen, kann schon eine Steilstellung herbeiführen. Während eindeutige ligamentäre Verletzungen, d. h. Instabilitäten, schon nativradiologisch sichtbar sind, können mittels Kernspintomografie diskoligamentäre Verletzungen, begleitende Hämatome, intramedulläre Ödeme und Einblutungen abgeklärt werden.

Kritisch betrachtet werden sollte die Befunderhebung im Bereich der Lig. alaria, insbesondere im Rahmen routinemäßiger kernspintomografischer Untersuchungen, da diese Bänder nur mit dünnen Untersuchungsschichten und günstigem Signal-Rausch-Verhältnis (was nicht von allen Gerätetypen erfüllt werden kann) der Beurteilung zugänglich sind (Hering 1998.) Eine kernspintomografische Untersuchung von 50 asymptomatischen Probanden (Pfirrmann et al. 2001) zeigt, dass eine Asymmetrie der Lig. alaria (in 88%) und der Kopfgelenke (in 58%) schon bei asymptomatischen Individuen häufig ist. Die Autoren folgern hieraus, dass die klinische Relevanz solcher kernspintomografischer Befunde als Korrelat von Nackenschmerzen bei symptomatischen Patienten eingeschränkt ist. Dagegen konnten in einer interdisziplinären Studie (Wörtler et al. 2001) bei 80 asymptomatischen Probanden in allen Fällen die Flügelbänder symmetrisch dargestellt werden. Bei einer hieran anschließenden Studie wurden 40 Personen mit HWS-Beschwerden nach Verkehrsunfällen (von denen die Belastungen, welche z. T. im Hochgeschwindigkeitsbereich lagen, bekannt waren) kernspintomografisch untersucht. Es konnten 39 Untersuchungen ausgewertet werden; hierbei ergab sich bei keinem Fall eine eindeutige Bandläsion im Kopfgelenkbereich (Castro 2001).

Nach Beurteilung der Verletzungsart unter Einbeziehung von Symptomatik und Bildgebung könnten die Diagnosen dann z. B. lauten:
- HWS-Distorsion durch Beschleunigungsmechanismus bei Frontalkollision ohne sensible/motorische Defizite und ohne knöcherne (und ligamentäre) Verletzung in der röntgenologischen (und kernspintomografischen) Bildgebung, oder
- HWK 3 Vorderkantenfraktur durch Beschleunigungsmechanismus bei Heckkollision ohne neurologische Ausfälle.

Nicht selten wird im Verlauf nach einem Unfall ein Bandscheibenvorfall, der im Zuge einer kernspintomografischen Untersuchung verifiziert wurde, als unfallbedingt vorgetragen. Dies bedarf folgender Erläuterung. Zu der traumatische Genese eines isolierten (d. h. ohne Verletzung angrenzender Wirbelstrukturen) Bandscheibenvorfalls gibt es in der Literatur nur wenig wissenschaftliche Untersuchungen. Für die lumbalen Bandscheiben wird von Brinckmann (1997) die Aussage gemacht, dass lediglich bei Hyperflexion und gleichzeitig hoher axialer Belastung überhaupt das Unfallereignis als Ursache zu diskutieren ist. Für die HWS gibt es keine vergleichbaren Angaben. Von Nightingale et al. (2000) wird vorgetragen, dass bei axialer Kompression der HWS kurze Beugungen auftreten, woraus Flexionsverletzungen resultieren können.

Neben dem Unfallmechanismus (d. h. der Verletzungsmöglichkeit der zervikalen Bandscheibe) bleibt für die Genese eines Bandscheibenvorfalls nach einem Unfall aber auch zu prüfen, ob unfallnah ein entsprechendes klinisches Bild, z. B. eine radikuläre Symptomatik überhaupt vorgelegen hat. Auch sollte in die Beurteilung mit einfließen, wie sich die HWS in der Bildgebung generell darstellt, d. h. ob Zeichen von degenerativen Veränderungen schon zum Unfallzeitpunkt oder in mehreren Segmenten vorliegen. Darüber hinaus können schon bei asymptomatischen Personen Bandscheibenveränderungen der HWS vorliegen. So fanden Boden et al. (1990) bei 10 bzw. 5% von asymptomatischen Personen unter bzw. über 40 Jahren einen Bandscheibenvorfall in der Kernspintomografie.

Zu den Verletzungsfolgen

Es wurde eingangs darauf hingewiesen, dass die Fälle schwierig zu beurteilen sind, bei denen keine Verletzung sicher zu objektivieren ist, wohingegen nachweisbare knöcherne oder ligamentäre Verletzungen nach Verkehrsunfällen hinsichtlich der Kausalität meistens unstrittig sind. Demnach sind es viel häufiger die problematischen Fälle, die zur Begutachtung anstehen. Wird hierbei nach Abwägung von Belastung versus Belastbarkeit unter Würdigung von Symptomatik und Befunden z. B. die Diagnose HWS-Distorsion gestellt, so wirft sich anschließend die Frage nach dem Heilverlauf auf.

Von Schlegel (1992) wird diesbezüglich angegeben, dass beim invisiblen Schleudertrauma Grad I–II nach Erdmann höchstens bis zum Ablauf des ersten bis allenfalls zweiten Jahres nach dem Unfallereignis eine unfallabhängige Erwerbsminderung eintreten kann. Bei der schon angesprochenen prospektiven Studie von Obelieniene et al. (1999) wurden die Ergebnisse auch hinsichtlich der Beschwerdedauer analysiert. Hieraus ergab sich, dass ein Jahr nach dem Unfall kein signifikanter Unterschied mehr zwischen den 210 Unfallopfern von Heckkollisionen und der Kontrollgruppe von 210 bezüglich Geschlecht und Alter gemachten Probanden hinsichtlich der Häufigkeit und Intensität von Kopf- und Nackenschmerzen vorlagen.

Wenn man die Angaben von Schlegel und die Ergebnisse von Obelieniene und die Erfahrungen aus der orthopädisch-traumatologischen Praxis berücksichtigt, kann festgehalten werden, dass eine HWS-Distorsion in der Regel spätestens innerhalb des ersten Jahres nach dem Unfall ausheilt. Beschwerden über diesen Zeitraum hinaus sind entweder auf anlagebedingte Veränderungen, auf (ggf. unfallbedingte) psychische Reaktionen, die sich jedoch der orthopädisch-traumatologischen Beurteilung entziehen, oder auf andere Ursachen zurückzuführen.

Zusammenfassung

Bei der gutachterlichen Beurteilung des so genannten „HWS-Schleudertraumas" sollte unter Einbeziehung der einer verkehrstechnischen Analyse zu entnehmenden einwirkenden Belastung und der individuellen Belastbarkeit des Betroffenen mit Berücksichtigung verletzungsfördernder Faktoren zunächst zur Verletzungsmöglichkeit Stellung bezogen werden. Hiernach können eine Verletzung und deren Folgen diskutiert und beurteilt werden.

Literatur

Becke M, Castro WHM, Van Aswegen A et al (1999) Zur Belastung von Fahrzeuginsassen bei leichten Seitenkollisionen. Verkehrsunfall und Fahrzeugtechnik 11:293–298

Becke M, Castro WHM (2000) Zur Belastung von Fahrzeuginsassen bei leichten Fahrzeugkollisionen – Teil II. Verkehrsunfall und Fahrzeugtechnik 7/8:225–228

Becke M, Castro WHM, Hein MF, Schimmelpfennig KH (2000) „HWS-Schleudertrauma" 2000 – Standardbestimmung und Vorausblick. NZV 6:225–236

Boden SD, McCowen PR, Davis DO et al (1990) Abnormal magnetic-resonance scans of the cervical spine in asymptomatic subjects. J Bone Joint Surg 72-A:1178–1184

Brault JR, Wheeler JB, Siegmund GP et al (1998) Clinical reponse of human subjects to rear-end automobile collisions. Arch Phys Med Rehabil 79:72–80

Brinckmann P (1997) Was wissen wir über die Ursache des Vorfalles lumbaler Bandscheiben. Manuelle Therapie 1:19–22

Bylund O, Björnstig U (1998) Sick leave and disability pension among passenger car occupants injured in urban traffic. Spine 23(9):1023–1028

Castro WHM, Schilgen M, Meyer S et al (1997) Do „Whiplash injuries" occurs in low-speed rear impacts? Eur Spine J 6:366–375

Castro WHM, Meyer SJ, Becke MER, Nentwig CG, Hein MF et al (2001) No stress- no whiplash? Prevalence of „whiplash" symptoms following exposure to a placebo rear-end collision. Int J Legal Med 114:316–322

Castro WHM (2001) Vortrag zum Thema: „Ist die Kernspintomographie in der Lage die Ruptur der Flügelbänder gesichert abzubilden?" anlässlich der 13. Enzensberger Tage HWS-Schleudertrauma – Was ist gesichert, was ist spekulativ? 26./27. 10. 2001

Deutscher G(1994) Bewegungsablauf von Fahrzeuginsassen beim Heckaufprall. Eurotax (International) AG, Ch 8807 Freienbach

Helliwell BS, Stevans BF, Wright V (1994) The straight cervical spine. Does it indicate muscle spasme? J Bone Joint Surg 76-B:103-106

Hering KG (1998) Der radiologische Beitrag zur Sicherung des primären Schadens. In: Castro WHM, Kügelgen B, Ludolph et al (Hrsg) „Das „Schleudertrauma" der Halswirbelsäule. Enke Stuttgart, S 5-24

Hinz P (1978) Die Verletzung der Halswirbelsäule durch Schleuderung und durch Abknickung. Die Wirbelsäule in Forschung und Praxis. Bd. 47. Hippokrates, Stuttgart

Krämer J (1978) (Hrsg) Bandscheibenbedingte Erkrankungen. Thieme Stuttgart, S 246-250

Kullgreen A, Krafft M, Nygren A et al (1999) AIS, Neck Injuries in frontal impacts; Influence of crash pulse characteristics on Injury Risc. Vortrag während des Weltkongresses „Whiplash associated disorders", Canada, 7.-11. Februar 1999

Mazzotti J, Castro WHM (2002) „Out of position" - Ein verletzungsfördernder Faktor beim „HWS-Schleudertrauma"? Schadenspraxis 01/02:9-11

Meyer S, Hugemann RE, Weber M (1994) Zur Belastung der HWS durch Auffahrkollisionen. Verkehrsunfall und Fahrzeugtechnik. 32:15-21, 187-199

Meyer S, Becke M, Kalthoff W, Castro WHM (1999) FIP- Forward Inclined Position, Insassenbelastung infolge vorgebeugter Sitzposition bei leichten Heckkollisionen. Verkehrsunfall und Fahrzeugtechnik 7/8:213-218

Münker H, Langwieder K, Chen E et al (1995) HWS-Beschleunigungsverletzungen - eine Analyse von 15 000 PKW-PKW-Kollisionen. In: Kügelgen B (Hrsg) Neuroorthopädie 6, Springer, Berlin Heidelberg, S 115-133

Nightingale RW, Camacho DL, Armstrong AJ et al (2000) Inertial properties and loading rates affert buckling modes and injury mechanism in the cervical spine. Journal of Biomechanics 33:191-197

Obelieniene W, Schrader H, Bovim G et al (1999) Pain after wisplash. A prospective controlled inception cohort study. J Neurol Neurosurg Psychiatry 66:279-283

Pfirrmann Ch, Binkert Ch, Zanetti M et al (2001) MR Morphology of Alar Ligaments and Occipito-atlantoaxial Joints: Study in 50 Asymptomatic Subjects. Radiology 1:133-137

Schlegel KF (1992) „Heckaufprall und Halswirbelsäule" - Neue Erkenntnisse und gutachterliche Relevanz. Med Orth Tech 112:220-230

Schuller E, Eisenmenger W (1993) Die verletzungsmechanische Begutachtung des HWS-Schleudertraumas. Unfall- und Sicherheitsforschung Straßenverkehr 89:193-196

Spitzer WO, Skovron ML, Salmi LR et al (1995) Scientific monograph of Quebec task Force on Whiplash-Associated Disorders: redefining „whiplash" and its management. Spine 20(Suppl):2-73

Winninghoff M, Walter B, Becke M (2000) Gurtschlitten - Untersuchung der biomechanischen Belastung. Verkehrsunfall und Fahrzeugtechnik 2:45-48

Wittenberg RH, Shea M, Edwards C et al (1998) In-vitro-Hyperextensionsverletzungen der HWS. Vortrag während der 46. Jahrestagung der Vereinigung Süddeutscher Orthopäden e.V. Baden-Baden

Wörtler K, Urner-Schal E, Castro WHM, Heindel W (2001) MR-Imaging of the alar ligaments: morpholgic findings in 80 healthy subjects. Eur Radiol 11(5):211

Diskussion

M. BECKE

? Was versteht man unter Delta v und Relativgeschwindigkeit?

Um die biomechanische Belastung eines Insassen zu beschreiben, hat sich in der internationalen Literatur eingebürgert, einen so genannten Delta-v-Wert zu bestimmen. Da diese Größe maßgeblich ist, soll sie kurz erläutert werden. Betrachtet man zwei aufeinander fahrende Fahrzeuge zum Zeitpunkt direkt vor der Kollision, so weist jedes der beteiligten Fahrzeuge eine bestimmte Kollisionsgeschwindigkeit auf. Das Fahrzeug 1 wird mit der Kollisionsgeschwindigkeit v_1 und das Fahrzeug 2 mit der Kollisionsgeschwindigkeit v_2 beschrieben. Sind beide Fahrzeuge gleich schnell, also $v_1 = v_2$, so kommt es nicht zur Kollision. Beide Fahrzeuge fahren hintereinander her. Ist das Fahrzeug 1, das hinter Fahrzeug 2 herfährt, schneller, so herrscht zum Zeitpunkt der Kollision eine Relativgeschwindigkeit vor, die auch Differenzgeschwindigkeit genannt wird: $v_{rel} = v_1 - v_2$. Diese Relativgeschwindigkeit ist in Verbindung mit den Fahrzeugmassen im Wesentlichen verantwortlich für die Geschwindigkeitsänderung, die sowohl das Fahrzeug 1, das auffahrende Fahrzeug, bei der Kollision erfährt, als auch für die Geschwindigkeitsänderung des von hinten gestoßenen Fahrzeugs 2.

Während das auffahrende Fahrzeug durch die Kollision langsamer wird – die kollisionsbedingte Geschwindigkeitsänderung entspricht einer Verringerung der Geschwindigkeit – wird das von hinten angestoßene Fahrzeug plötzlich schneller. Die kollisionsbedingte Geschwindigkeitsänderung entspricht einem Geschwindigkeitszuwachs. Dieses ist genau der Wert, um den es hier geht. Stand das vorn befindliche Fahrzeug zum Zeitpunkt der Kollision, wird es aus dem Stand in Bewegung gesetzt und fährt nach der Kollision mit der kollisionsbedingten Geschwindigkeitsänderung weiter.

Interessant dabei ist, dass bei Vollstößen, also nicht bei Streifkollisionen, die kollisionsbedingte Geschwindigkeitsänderung nur von der Relativgeschwindigkeit abhängt, aber nicht vom Geschwindigkeitsniveau. Nimmt man als Beispiel für ein auffahrendes Fahrzeug, welches auf ein stillstehendes Fahrzeug auffährt, eine Geschwindigkeit von 20 km/h an, so liegt eine Relativgeschwindigkeit von ebenfalls 20 km/h vor. Dies führt für etwa gleich schwere Autos zu einer kollisionsbedingten Geschwindigkeitsänderung Delta v_2 des angestoßenen Fahrzeugs in der Regel von etwas mehr als der Hälfte der Relativgeschwindigkeit, also in diesem Beispiel etwa 12 km/h (Abb. 6.4).

Gleich große kollisionsbedingte Geschwindigkeitsänderungen Delta v_2 und v_1 (Geschwindigkeitsänderung des stoßenden Fahrzeugs) würden sich auch dann ergeben, wenn ein Fahrzeug mit 120 km/h auf ein davor befindliches Fahrzeug auffährt, das eine Geschwindigkeit von 100 km/h innehat, da die Relativgeschwindigkeit hier ebenfalls 20 km/h

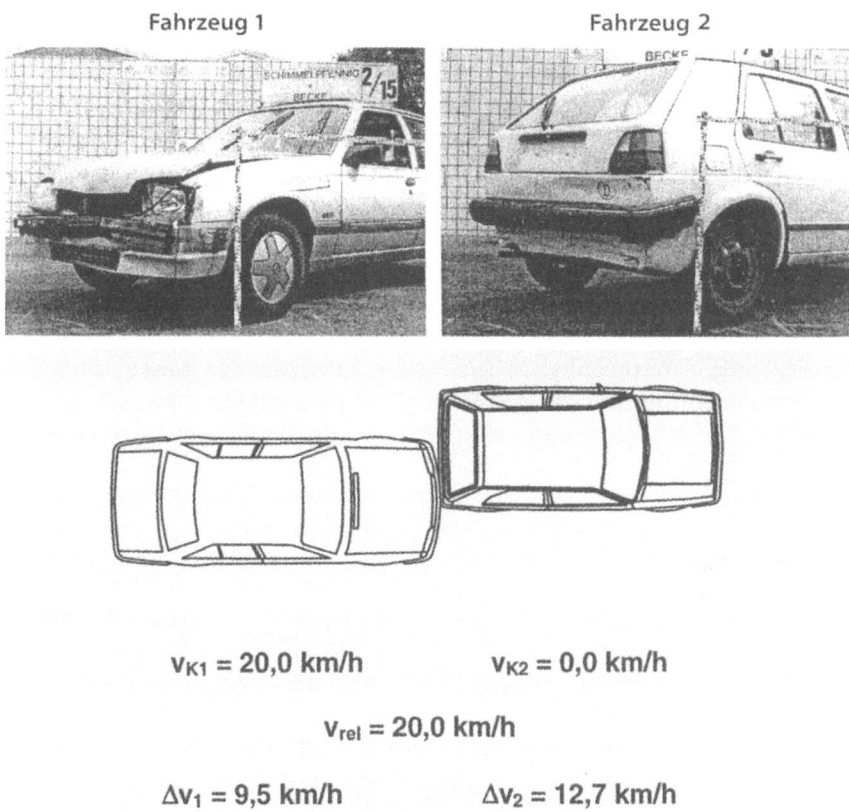

Abb. 6.4. Beispiel zu kollisionsbedingter Geschwindigkeitsänderung

beträgt. Das vorher mit 100 km/h fahrende Fahrzeug 2 würde eine kollisionsbedingte Geschwindigkeitsänderung ebenfalls von etwa 12 km/h erfahren, also aus der Kollision mit ca. 112 km/h herausgehen.

Dies bedeutet, dass die Angabe der tatsächlichen Fahrgeschwindigkeiten bei schneller Fahrt überhaupt keine Aussage über die Belastung ermöglicht. Eine Ausnahme ist nur dann gegeben, wenn eines der Fahrzeuge steht und die Geschwindigkeit des anderen Fahrzeuges benannt wird.

Die Relativgeschwindigkeit lässt sich aus dem Grad der Verformungen ableiten. Der Grad der Verformung wird durch die aufgenommene Verformungsenergie beschrieben, im Allgemeinen durch Angabe eines so genannten EES-Wertes (EES = Energy Equivalent Speed). Man stellt sich dabei vor, dass das Fahrzeug gerade mit etwa dieser Geschwindigkeit gegen ein feststehendes, unverformbares Hindernis prallt und somit die gesamte kinetische Energie in Verformung umgewandelt wird. Kennt man diese, so ist die Angabe einer Relativgeschwindigkeit bzw. die Angabe eines Delta-v-Wertes mit geringem Aufwand möglich. Das Problem besteht jedoch darin, festzustellen, welche Energien die einzelnen Fahrzeuge aufgenommen haben. Dies ist aufgrund der geringen Verformungen und der geringen Erkenntnismöglichkeiten der einzelnen Sachverständigen äußerst schwierig. Es führt dann auch dazu, dass Sachverständige, die über wenig Vergleichsmaterial durch Crash-Tests verfügen, die EES-Werte häufig nur fehlerhaft bestimmen können, wodurch naturgemäß auch ein fehlerhaftes Ergebnis resultiert. Daher sollte darauf geachtet werden, dass bei technischen Gutachten die EES-Werte durch Vergleichs-Crash-Tests untermauert werden. Belegt der Sachverständige die zugrunde gelegten EES-Werte lediglich durch seine Erfahrung, so ist dem daraus gewonnenen Ergebnis ein gesundes Misstrauen entgegen zu bringen.

J. Mazzotti

? Wie kommt es, dass gerade, wenn schwerste Verletzungen z. B. im Bereich der unteren Extremitäten vorhanden sind, diese Personen nicht über HWS-Beschwerden klagen?

Unter der Annahme, dass schwerste Verletzungen oder gar ein Polytrauma eine entsprechend hohe Gewalteinwirkung voraussetzen und ein geeigneter Unfallmechanismus für die HWS überhaupt vorgelegen hat, sind nicht explizit vorgetragene HWS-Beschwerden nicht automatisch mit einer unverletzten HWS gleichzusetzen, sondern m. E. als von untergeordneter Bedeutung für den Patienten zu interpretieren.

? Ab wann werden Psychologen und Psychiater eingeschaltet?

In der primären Behandlungsphase eines „klassischen HWS-Schleudertraumas" (d. h. Nacken-, Kopfschmerz ohne objektivierbares morphologisches Korrelat) ist die psychologische bzw. psychiatrische Mitbehandlung in der Regel nicht erforderlich, wenn sich der Therapeut an bestimmte Regeln hält. Er muss sich nach entsprechender Diagnostik selbst über die Diagnose im Klaren sein und diese dem Patienten begreiflich machen, und zwar weder bagatellisierend noch dramatisierend.
Die Prognose (dass es in der Regel zur Heilung kommen wird) sollte erläutert, eine der Verletzungsschwere Rechnung tragende Therapie (d. h. in der Regel ohne äußere Stabilisierung) eingeleitet werden. Es sollten regelmäßige ernstzunehmende Befund- und Behandlungskontrollen erfolgen. Sollte sich trotzdem ein chronischer Verlauf ankündigen, ist die psychologische Vorstellung angezeigt.
Im Rahmen der Begutachtung ist eine psychologische bzw. psychiatrische Zusatzbegutachtung nur dann sinnvoll, wenn diese von einem erfahrenen Gutachter (d. h. einem Gutachter, der sich mit den psychischen Folgen nach Verkehrsunfällen auskennt) durchgeführt wird.

Die Untersuchung von Castro et al. (2001) hat gezeigt, dass psychische Komponenten zu berücksichtigen sind. Die Indikation zu einer solchen Begutachtung obliegt jedoch nicht der Beurteilung eines Orthopäden und/oder Traumatologen. Auch die Einschätzung des Betroffenen selbst ist zu berücksichtigen.

? Wie sind die neurootologischen Gutachten zu bewerten?

Als Orthopäde ist diese Frage von mir natürlich nicht fachkompetent zu beantworten, deshalb möchte ich Herrn Prof. Dr. Poeck, emeritierter Direktor der Neurologischen Klinik der Technischen Hochschule Aachen, der sich eingehend mit dem Thema HWS-Distorsion und neurootologische Untersuchungen beschäftigt hat, zitieren. Diesbezüglich wird zunächst auf seine Publikation im Deutschen Ärzteblatt (1999) „Kognitive Störungen nach traumatischer Distorsion der Halswirbelsäule?" verwiesen.
Aus seinem Aufsatz mit dem Titel „Können sogenannte neurootologische Untersuchungen eine Hirnschädigung nach HWS-Distorsionen beweisen?", der meines Wissens bislang nicht veröffentlicht ist, kommt er zu folgender Schlussfolgerung: „Es wird der Anspruch erhoben, dass durch so genannte neurootologische Untersuchungen sich die Beschwerden von Patienten im Spätstadium, d.h. länger als 6 Monate nach einer HWS-Distorsion, objektivieren ließen. Dabei beschränkt sich die Behauptung nicht auf das vielseitige Symptom Schwindel, sondern bezieht auch die Befindlichkeitsstörungen mit ein, die von manchen Medizinern und Juristen als „charakteristisches Syndrom nach Schleudertraumen" aufgefasst werden. Tatsächlich ist der Beschwerdekomplex, wie von manchen Autoren dargelegt, uncharakteristisch und erlaubt keine diagnostischen Rückschlüsse. Der Anspruch ist, wie ausgeführt, unter keinem Aspekt gerechtfertigt. Die postulierten Schädigungsmechanismen widersprechen den Ergebnissen neuerer unfallmechanischer Untersuchungen ebenso wie bekannten Tatsachen der Physiologie und Neurologie. Die theoretischen Konzepte sind falsch. Die Summation einer großen Zahl von Untersuchungen erhöht nicht die Spezifität des Vorgehens. Zudem sind nicht wenige der angewandten Verfahren in der Ausführung nicht standardisiert und nicht auf ihre Validität geprüft. Die Qualität der Daten ist schlecht. Es fehlen Vergleichsgruppen, und die Ergebnisse sind nicht statistisch berechnet. Diese gravierenden Mängel müssen auch geltend gemacht werden, wenn eine sehr große Zahl von Patienten genannt wird, von denen nicht ersichtlich ist, wie sie in die Auswertung eingehen."

? Wie wird im konkreten Fall bei einem bestimmten Delta v bei der Beurteilung vorgegangen?

Das sog. Delta v, d.h. die kollisionsbedingte Geschwindigkeitsänderung als Maß für die biomechanische Insassenbelastung (Meyer et al. 1994) stellt nur einen von vielen Beurteilungsparametern dar. Eine „Harmlosigkeitsgrenze" gibt es meines Erachtens aus medizinischer Sicht nicht, da keinesfalls nur die Belastung, die auf eine Person eingewirkt hat, berücksichtigt werden muss, sondern insbesondere auch die invidivuelle Belastbarkeit dieser Person. Das bedeutet, dass dem ermittelten Delta v die individuelle Belastbarkeit gegenüber gestellt werden muss, und zwar zum Zeitpunkt der Kollision. Unter Berücksichtigung von verletzungsfördernden Faktoren kann dann beurteilt werden, ob eine Verletzung der HWS durch den Unfall überhaupt als möglich erachtet wird und sie aus den klinischen und radiologischen Befunden zu objektivieren oder nachzuvollziehen ist.

Bei unspezifischen Befunden, geringer Belastung und fehlenden verletzungsfördernden Faktoren ist eine Verletzung der HWS aus orthopädisch-traumatologischer Sicht als unwahrscheinlich anzusehen. Bei hoher Belastung ist eine Verletzung auch nur dann anzunehmen, wenn entsprechende Befunde vorliegen; ein hohes Delta v ruft noch nicht automatisch auch eine Verletzung hervor!

Hinsichtlich der Einschätzung der Belastungen bei den unterschiedlichen Kollisionsarten wird auf die Ausführungen in diesem Kapitel verwiesen.

? Wie erklärt man sich das beschwerdefreie Intervall?

Die Äußerungen zum sog. beschwerdefreien Intervall sind ein Musterbeispiel dafür, was bei der Thematik „HWS-Schleudertrauma" häufig zu beobachten ist: Vieles, was behauptet wird, ist jedoch noch lange nicht bewiesen! Es existieren verschiedene Erklärungsmodelle, ein aus orthopädischer Sicht einigermaßen nachvollziehbares ist mir jedoch nicht bekannt. Mir stellt sich jedoch die Frage: Warum sollte ausgerechnet die Halswirbelsäule auf eine akute Verletzung nicht direkt reagieren? Eine Sprunggelenkdistorsion, die sich nicht in der ersten Stunde (oder sogar in den ersten Tagen) bemerkbar gemacht hat, findet sich in der Regel in der orthopädisch-traumatologischen Praxis nicht. Eine Analyse in der Literatur bezüglich des beschwerdefreien Intervalls zeigt, dass eine enorme Streubreite bei der Angabe der Dauer dieses Intervalls besteht, variierend von Stunden bis Tage bis sogar Monate(!) Aus meiner Sicht reduziert sich die Unfallkausalität der Beschwerden jedoch eindeutig mit zunehmender Dauer (in Stunden, nicht in Tagen) dieses Intervalls.

F. SCHRÖTER

? Wie kommt es, dass gerade, wenn schwerste Verletzungen z. B. im Bereich der unteren Extremitäten vorhanden sind, diese Personen nicht über HWS-Beschwerden klagen?

Die Frage ist mit gesicherten Erkenntnissen nicht zu beantworten, aber nach eigenen Beobachtungen bei polytraumatisierten Patienten gerechtfertigt. Aus diesen Beobachtungen kann man generell die Feststellung ableiten, dass sich das Bewusstsein unfallbeteiligter Personen auf den Körperbereich zentriert, an dem die für die Gestaltung des Lebensalltags nachteiligsten Unfallfolgen verblieben sind. So werden von polytraumatisierten Personen selbst relevante Unfallfolgen im HWS-Bereich (z. B. Folgen einer Densfraktur mit Verschraubung derselben etc.) in der Regel bagatellisiert, sofern sie überhaupt noch Beschwerden aufweisen.

? Ab wann werden Psychologen und Psychiater eingeschaltet?

Man braucht sie im Regelfall – es mag davon Ausnahmen geben – überhaupt nicht, wenn sich der betreuende Arzt (die Ärzte) eines nüchternen und entdramatisierenden Umgangs mit diesen Patienten befleißigen würden. Dazu gehört eine solide Diagnostik, die sich nicht nur in einer globalen Überprüfung der Kopfbeweglichkeit und der Muskelkonsistenz erschöpft. Dazu gehört, dass solche Befunde auch wirklich erhoben und nicht nur angenommene Befunde zu Papier gebracht werden. Dazu gehört auch, dass der fehlende Befund richtig gedeutet und in aller Nüchternheit dem Patienten als Ausdruck einer Nichtverletzung vermittelt wird. Der Patient sollte bei einer nicht strukturellen Verletzung über den Bagatellcharakter und die damit verknüpfte selbst limitierende Symptomatik informiert und es sollte auf unnötige Behandlungsmaßnahmen verzichtet werden. Der betroffene Personenkreis sollte motiviert werden, an allen täglichen Gewohnheiten – sowohl in der Freizeit wie im Beruf – unverändert festzuhalten. Die Schanz-Krawatte gehört verboten.
Wird nach diesem von Borchgrevink et al. (1998) empfohlenen Algorithmen vorgegangen, so bedürfen nur noch ganz besonders sensible und von Ängsten geleitete Patienten nach einem solchen Unfall einer psychologischen bzw. psychiatrischen Betreuung, dies dann allerdings möglichst frühzeitig nach dem Unfall.

? Wie sind die neurootologischen Gutachen zu bewerten oder einzuschätzen?

Hierzu sei zitiert aus einer Zeitschrift eines namhaften HNO-ärztlichen Chefarztes einer BG-Unfallklinik:
„Die von Claussen vertretenen Thesen werden ... üblicherweise in der HNO-Fachgesellschaft nicht anerkannt, da Claussen eine will-

kürliche Auslegung einzelner Untersuchungsbefunde mit nicht standardisierter Auslegung der MdE-Richtlinien im HNO-Fachgebiet anwendet ... befindet sich z. Zt. die neue Richtlinie der Arbeitsgemeinschaft Deutscher Audiologen und Neurootologen in Herausgabe ... auch in diesen Beiträgen findet Herr Claussen mit seinen Thesen weder Eingang noch Berücksichtigung ..."

Die ausschließlich in der sog. Neurootologie von Claussen u. a. vertretenen Thesen zur Hirnstammschädigung und deren Folgeerscheinungen, z. B. der „Hirnstammtaumeligkeit" finden sich in keinem einzigen Lehrbuch der Nervenheilkunde. Von Hülse, einem der prominenten Vertreter der wissenschaftlich betriebenen Neurootologie, wurde dazu ausgeführt, dass das Konzept der „Hirnstammtaumeligkeit" von Claussen nicht trägt, zumal eine „Taumeligkeit" bei einer Hirnstammstörung eine Rarität darstellt (Hülse et al. 2000). Zusammenfassend ist somit festzustellen, dass sog. neurootologische Gutachten – regelhaft basierend auf den Untersuchungsmethoden von Claussen – zur Problemlösung nicht beitragen können, eigentlich nur die meist seelisch gestörten Patienten in ihrem Begehren bestätigen und somit ein gewichtiges Ursachenmoment für unsinnige Streitverfahren darstellen.

? Wie wird im konkreten Fall, z. B. bei Delta v bei der Beurteilung vorgegangen?

Ganz gleich, welcher Delta-v-Wert auch immer durch den technischen Sachverständigen ermittelt wurde, ersetzt dieser niemals die Diagnostik des Arztes! Bei einem sehr nierigen Delta-v-Wert (unterhalb 11 km/h) ist sicherlich die Möglichkeit eines Verletzungseintritts sehr unwahrscheinlich, sodass im Umkehrschluss bei einem dennoch behaupteten Verletzungseintritt hohe Beweisanforderungen gestellt werden müssen. Stehen dann nur unspezifische Angaben über Beschwerden – Muskelverspannungen, Schmerzempfindungen bei Bewegung etc. – zur Verfügung, muss darauf verwiesen werden, dass solche Symptombilder schon nach einem stressbelasteten Arbeitsalltag auftreten können. Sie sind also weder verletzungsbeweisend, noch verletzungsspezifisch oder auch nur verletzungstypisch. Ist jedoch bei einem niedrigen Delta v eine Verletzung, z. B. eine der so überaus seltenen Intimaverletzungen an der A. vertebralis nachgewiesen worden, kann allenfalls noch hinterfragt werden, ob dem alternativ eine Gefäßerkrankung zugrunde lag. Handelt es sich um ein typisches Verletzungsbild und ist kein konkurrierender Unfall in der Diskussion, dann ist diese auch bei niedrigem Delta-v-Wert mit einer Anerkennung als Unfallfolge zu beenden.

In umgekehrter Weise bedeutet aber auch eine hohe stoßbedingte Geschwindigkeitsänderung (Delta v) z. B. von mehr als 20 km/h keineswegs automatisch, dass auch eine Verletzung eingetreten ist. Dieser Parameter sagt dann lediglich, dass die Verletzungsmöglichkeit mit einer höheren Wahrscheinlichkeit zu berücksichtigen ist. Auch dann muss das Verletzungsbild ärztlicherseits konkretisiert werden. Subjektive Angaben des Patienten gewinnen in einer solchen Fallgestaltung mehr an Bedeutung, zumindest dann, wenn sich im Anschluss eine zeitgerechte Rückentwicklung dieser Symptomenbilder einstellt, bei der nicht strukturellen Verletzung bis hin zur Beschwerdefreiheit. Die Trias hoher Delta-v-Werte, typische und rasch einsetzende subjektive Beschwerden und ein nachfolgender „Decrescendoverlauf" kann dann den ansonsten erforderlichen Vollbeweis eines Verletzungseintritts ersetzen. Insofern hat dieser Einzelaspekt (Delta v) einen gewissen Stellenwert auch in der (medizinischen) Begutachtung gewonnen.

? Wie erklärt man sich das beschwerdefreie Intervall?

Das würde ich auch gern wissen? Jeder Laie weiß, dass einfache Prellungen und Zerrungen stets sofort zu einem Maximum an subjektiv erlebten Schmerzempfindungen zu führen pflegen. Wieso soll dies ausgerechnet in einem Bereich, in dem besonders viele Nozizeptoren liegen sollen, nicht der Fall sein? Dabei gilt es zu bedenken, dass erst dann die Halswirbelsäule selbst mit ihrem ligamentären Strukturen an der Distorsion beteiligt sein kann, wenn zuvor die schützende, beim wachen Menschen immer auch tonisierte Muskulatur durch eine Dehnungsbelastung überwunden wurde. Wie schmerzhaft eine Muskelzerrung ist, weiß aber jeder Laie! Von Ludolph wurde 2000 vorgetragen, dass eine subtile Überprüfung von ca. 20 000 Einzelfällen mit beschwerdefreiem Intervall ergab, dass man bei keinem dieser Fälle Indizien für einen tatsächlichen Verletzungseintritt finden konnte.
Es bleibt nur ein theoretisches Modell für das beschwerdefreie Intervall übrig: das aus dem Nacherleben des Unfallgeschehens eine Stressbelastung resultiert, die ihrerseits den Muskeltonus besonders auch im Nackenbereich erhöht („da sträuben sich die Nackenhaare") und dies über die Mehrtonisierung zu myofaszialen Beschwerden führt. Eine – eher unbefriedigende – Erklärgung läge auch darin, dass aufregungsbedingt in der Frühphase das Schmerzerleben überdeckt wird. Das könnte allerdings nur relativ kurzfristig funktionieren.
Behauptungen über ein mögliches beschwerdefreies Intervall von mehr als einer Stunde, gar von Tagen, Wochen und Monaten – in der Literatur sind sogar drei Jahre zu finden! – entbehren jeglicher Plausibilität, soweit man sich auf gesicherte pathophysiologische Erkenntnisse zu stützen gedenkt.

7 Wirbelsäulendeformitäten – Prognose und Begutachtung

H. Halm

Unter Wirbelsäulendeformitäten versteht man Formanomalien der Wirbelsäule. Hierbei handelt es sich um krankhafte Abweichungen des Achsenorgans in der Frontal- und Sagittalebene. Mögliche Formen sind kyphotische Fehlstellungen (krankhafte Rundrückenbildung), lordotische Fehlstellungen (krankhafte Hohlschwingungen der Wirbelsäule) und Skoliosen. Diese drei Formen können für sich allein entstehen oder kombiniert auftreten. Die wichtigsten Erkrankungen sind nachfolgend aufgelistet:

Skoliosen
- idiopathische Skoliosen
- neuromuskuläre Skoliosen
- kongenitale Skoliosen
- Skoliosen bei Syndromerkrankungen

Pathologische Kyphosen
- Morbus Scheuermann (Adoleszentenkyphose, juvenile Kyphose)
- Morbus Bechterew mit fixierter Kyphose
- kongenitale Kyphose (Missbildungskyphose)
- Kyphose durch Destruktionen der Wirbel
  (nach Spondylitis bzw. Spondylodistitis, bei Tumoren und Frakturen)

Pathologische Lordosen
- bei Myelodysplasie durch dorsale Synostosierung (sehr selten)

Spondylolisthesis
- hier nur isthmische und dysplastische Form

Idiopathische Skoliose

Definition und Klassifikation

Die mit Abstand häufigste Erkrankungsform der nicht sekundär bedingten Wirbelsäulendeformitäten ist die idiopathische Skoliose, deren Entstehungsursache unbekannt ist und bei der somit definitionsgemäß andere mögliche Ursachen der Entstehung (z. B. Missbildungen, neurologische Erkrankungen, Syndrome) ausgeschlossen worden sein müssen. Weitere Kennzeichen sind eine strukturelle Seitverbiegung der Wirbelsäule mit Fehlrotationskomponente der Wirbel, die zum Scheitelpunkt hin zunimmt und für die Ausbildung von Rippenbuckel und/oder Lendenwulst verantwortlich ist, sowie die Torsion (Verwringung) der einzelnen Wirbel in sich. Häufig liegt zusätzlich eine Deformierung in der Sagittalebene mit krankhafter Begleitlordose oder Begleitkyphose vor, wobei dann von einer Lordoskoliose bzw. Kyphoskoliose gesprochen wird.

Je nach Zeitpunkt des Entstehens werden eine sehr seltene maligne infantile Skoliose, die von den benignen Schräglagerungsskoliosen abzugrenzen ist (Erkrankungsbeginn bis zum 3. Lebensjahr), eine juvenile Skoliose (Erkrankungsbeginn vom 4.–10. Lebensjahr) und eine adoleszente Skoliose (Erkrankungsbeginn nach dem 10. Lebensjahr bis zum Wachstumsabschluss).

Ponsetti und Friedman klassifizierten die idiopathische Skoliose erstmals in vier Typen, Moe modifizierte diese Einteilung geringgradig. Die vier Skoliosetypen unterscheiden sich hinsichtlich des Krümmungsscheitels. Bei der bevorzugt linkskonvexen Lumbalskoliose liegt der Scheitelpunkt unterhalb des ersten Lendenwirbels, bei der hauptsächlich rechtskonvexen Thorakolumbalskoliose in Höhe von Th12 oder L1. Idiopathische Thorakalskoliosen sind praktisch ausschließlich rechtskonvex mit einem Scheitelpunkt meist zwischen Th7 und Th11. Bei diesen drei Skoliosen handelt es sich um so genannte einbogige Skoliosen, die jedoch flexible bis teilfixierte Nebenkrümmungen (so genannte Ausgleichskrümmungen) aufweisen

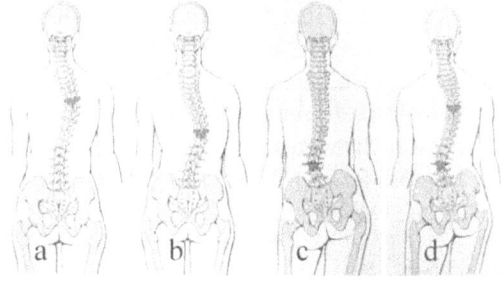

Häufige Idiopathische Skoliosetypen

a: rechtskonvexe thorakale Skoliose
b: rechtskonvexe thorakolumbale Skoliose
c: linkskonvexe lumbale Skoliose
d: doppelbogige Skoliose

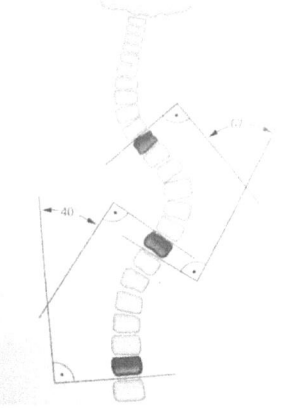

Skoliosewinkel nach ° Cobb

Fällen der Lote von den Endplatten der Endwirbel eines jeden Skoliosebogen (frontale Projektion)

Abb. 7.1. a

können. Diese Nebenkrümmungen dienen der Rekompensation des Achsenorgans mit lotrechter bzw. weitestgehend lotrechter Rezentrierung des Kopfes über dem Becken. Bei der doppelbogigen Skoliose liegen zwei Hauptkrümmungen vor, wobei die thorakale rechtskonvex und die lumbale linkskonvex ausgerichtet ist. Diese letzte Form ist kosmetisch am wenigsten auffällig und wird meist spät erkannt, da sich beide Krümmungen meist ausbalancieren (Abb. 7.1 a).

Eine detailliertere Klassifikation der idiopathischen rechtskonvexen Thorakalskoliosen wurde von King und Moe begründet, die diese Deformitäten je nach Vorhandensein und Lage einer weiteren Haupt- oder Nebenkrümmung in fünf Typen (King I–V) einteilten (Tabelle 7.1) Eine weitere aktuelle, komplexe und zum Teil noch in Ausarbeitung befindliche Einteilung nach Lenke soll hier nur erwähnt, aber nicht weiter ausgeführt werden.

Diagnostik

Auffällig wird die Skoliose klinisch durch die zunehmende Deformierung des Rumpfes mit oder ohne Lotabweichung und mit je nach Lage der Deformität Ausbildung eines Rippenbuckels und/oder Lendenwulstes, Asymmetrie der Taillendreiecke, ggf. Schulterschiefstand (Abb. 7.1 b). Bei idiopathischen Thorakalskoliosen liegt begleitend oft noch eine Abflachung der Brustkyphose (Hypokyphose) bis hin zur Krümmungsumkehr zur so genannten Lordoskoliose vor, der im Übrigen hinsichtlich des Entstehungsmechanismus der Thorakalskoliose von einigen Autoren entscheidende Bedeutung beigemessen wird. Bei Thorakolumbal- und Lumbalskoliosen liegt nicht selten begleitend eine krankhafte Kyphosierung im Übergangsbereich zwischen Brust- und Lendenwirbelsäule bzw. eine Abflachung der lumbalen Lordose vor. Alle diese krankhaften Veränderungen lassen sich klinisch vom wirbelsäulenorthopädisch geschulten Arzt diagnostizieren und großteils mit Messinstrumenten quantifizieren. Radiologisch können die Haupt- und Nebenkrümmungen mit dem Winkelmesser nach der COBB-Methode auf der a.-p. Ganzwirbelsäulenaufnahme ausgemessen und kann der Schweregrad der Skoliose bestimmt werden, in dem die Lote auf die Endplatten der Endwirbel eines Skoliosebogens gefällt werden, um deren Winkelgrad zueinander bestimmen zu können (Abb. 7.2). Die Fehlrotation der Wirbel kann klinisch hinreichend genau durch die Methode von Nash und Moe bestimmt werden. Für wissenschaftlich genauere Auswertungen stehen die Messmethode nach Perdriolle oder nach Drerup zur Verfügung. Allgemein kann festgehalten werden, dass Fehlrotation und Länge des Krümmungsbogens mit dem Schweregrad der Skoliose nach der Cobb-Methode korrelieren. Da das biologische Alter zum Zeitpunkt des Entstehens einer progredienten Skoliose prognostisch bedeutsam ist, sollte in der Wachstumsphase das Skelettalter anhand des Verknöcherungsstadiums der Beckenkammapophyse nach Risser bestimmt werden, was häufig auf der Ganzwirbelsäulenaufnahme im a.-p. Strahlengang möglich

Idiopathische Skoliose 95

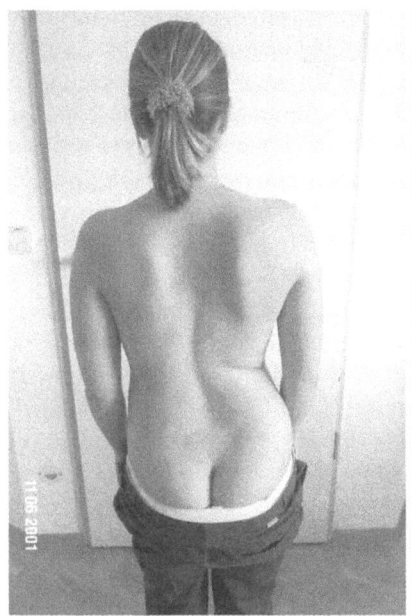 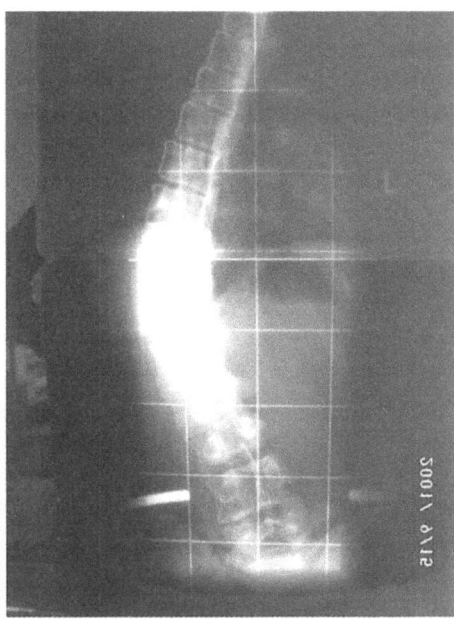

Klinisch Radiologisch

Abb. 7.1. b 14-jähriges Mädchen mit thorakolumbaler Skoliose von 50°

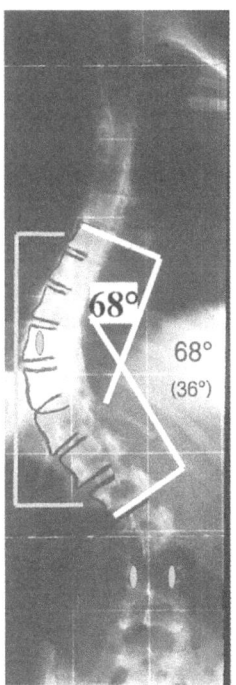 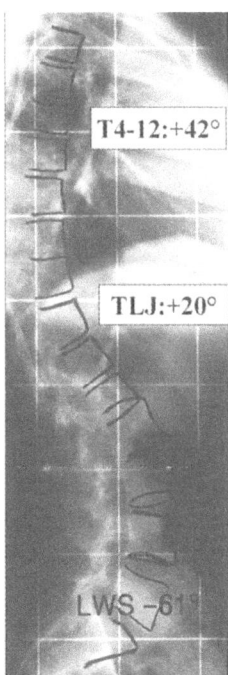

a.p. Rö- Bild

Seitverbiegung

Fehlrotation

Torsion

T4-12:+42°

TLJ:+20°

LWS −61°

Seitliches
Röntgenbild

Hyperkyphose

(vermehrter
Rundrücken)

Abb. 7.2. 16-jähriges Mädchen, idiopathische Thorakalskoliose von 68° nach Cobb

ist. Zusätzlich kann das Skelettalter durch eine a.-p. Röntgenaufnahme der linken Hand in Anlehnung an Greulich und Pyle bestimmt werden. Auf der seitlichen Ganzwirbelsäulenaufnahme werden die sagittalen Schwingungen ausgemessen, wobei die Normalwerte für die thorakale Kyphose (Th4–12) je nach Literatur etwa zwischen +25 und +40° mit einem Mittelwert von etwa 27° schwanken und für die lumbale Lordose Winkel zwischen −35 und −55° angegeben werden. Der thorakale Übergangsbereich ist annähernd gerade eingestellt, zwischen Th10 und L2 gelten Winkel zwischen −10° und +10° als akzeptabel.

Auf so genannten röntgenologischen Bending- (Umkrümmungsaufnahmen) und Traktionsaufnahmen kann die Flexibilität von Haupt- und Nebenkrümmung bestimmt werden, um so gewisse prognostische Hinweise für den Erfolg einer konservativen Korsettbehandlung oder das mögliche Ausmaß einer operativen Korrektur sowie die Fusionsstrecke und auch die zu empfehlende Operationstechnik zu bekommen.

Für die Begutachtung relevant ist bei Skoliosen im Wesentlichen die Analyse des Schweregrads der Deformität in der frontalen Ebene mit der Methode nach Cobb.

Therapie

Konservative Therapie

National als auch international gilt es als anerkannt, nicht progrediente idiopathische Skoliosen mit Krümmungswinkeln unterhalb von 20–25° Cobb physiotherapeutisch (Krankengymnastik) zu behandeln und bis zum Wachstumsabschluss zu beobachten. Wissenschaftliche Grundlage dieser Empfehlung ist die Kenntnis der Tatsache, dass Skoliosen unterhalb von 20–25° im weiteren Wachstum in ca. 80% der Fälle entweder nicht progredient sind oder aber spontane Besserungstendenz aufweisen. Bei Progredienznachweis mit Krümmungswinkeln zwischen 25 und 40° bei thorakolumbalen und lumbalen Skoliosen bzw. bis 50° bei Thorakalskoliosen ist die Therapie der Wahl eine zusätzliche redressierende konservative Therapie mit einem Korsett (Orthese), um die Progredienz bis zum Wachstumsabschluss zu verhindern und damit eine operative Therapie zu umgehen. Wissenschaftliche Grundlage dieser Therapieempfehlung ist, dass Skoliosen mit Krümmungswinkeln unterhalb von 40° im Lumbal- und Thorakolumbalbereich nach Wachstumsabschluss im weiteren Leben nicht oder nur unwesentlich zunehmen und Rückenbeschwerden im späteren Leben nicht signifikant häufiger oder intensiver auftreten als bei einem nicht an Skoliose erkrankten Vergleichskollektiv. Gleiches gilt für Thorakalskoliosen unterhalb von 50° nach Cobb. Nicht unerwähnt bleiben sollte jedoch, dass insbesondere international die Korsettbehandlung wegen einer nicht unerheblichen Rate an Versagern (Progredienz trotz Korsettbehandlung mit Entstehung einer Operationsindikation) zum Teil wieder umstritten ist und in ei-

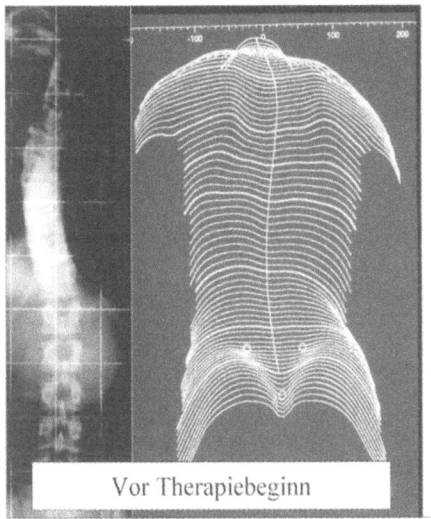 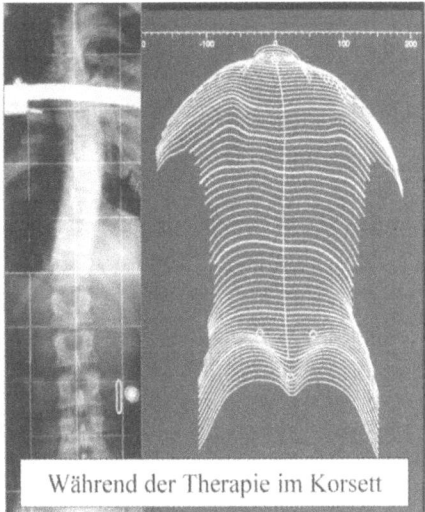

Abb. 7.3. Konservative Therapie der Skoliose im Wachstum mit Korsett und Verlaufskontrolle mit 3-D-Rasterstereographie

nigen Zentren nicht mehr durchgeführt wird. Zwar ist die Orthesenbehandlung extrem komplikationsarm, stellt jedoch für die behandlungsbedürftigen juvenilen oder adoleszenten Patienten eine psychische Belastung mit Einschränkung der Lebensqualität dar, da die Orthese zum Zweck des Therapieerfolgs tags und nachts für ca. 23 Stunden pro Tag getragen werden muss und nur zur Körperpflege und sportlichen Betätigung abgelegt werden darf (Abb. 7.3).

Operative Therapie

Skoliosen mit Krümmungswinkeln von mehr als 40° lumbal und thorakolumbal sowie mehr als 50° thorakal werden sowohl national als auch international gegenwärtig einer operativen Therapie zugeführt (relative OP-Indikation), da jenseits dieser Krümmungswinkel auch nach Wachstumsabschluss in aller Regel eine Progredienz auftritt. Hierzu gibt es wissenschaftliche Ausarbeitungen von Ponsetti und Weinstein, die nachweisen konnten, dass Patienten mit thorakalen Skoliosen und Winkelgraden zwischen 50 und 70° zum Zeitpunkt des Wachstumsabschlusses über die nächsten 40 Lebensjahre eine Progredienz der Skoliose von durchschnittlich knapp 30° erfuhren. Bei Lumbal- und Thorakolumbalskoliosen von mehr als 40° zum Zeitpunkt des Wachstumsabschlusses lag die Progredienz bei etwa 15°. Diese Progredienz verursacht in der Mehrzahl der Fälle im Vergleich zu einem nicht an Skoliose erkrankten Vergleichskollektiv Beschwerden, wobei es sich bei Thorakolumbal- und Lumbalskoliosepatienten meist um signifikant häufigere Kreuzschmerzzustände handelt. Bei Patienten mit einer Thorakalskoliose treten signifikante Einschränkungen der

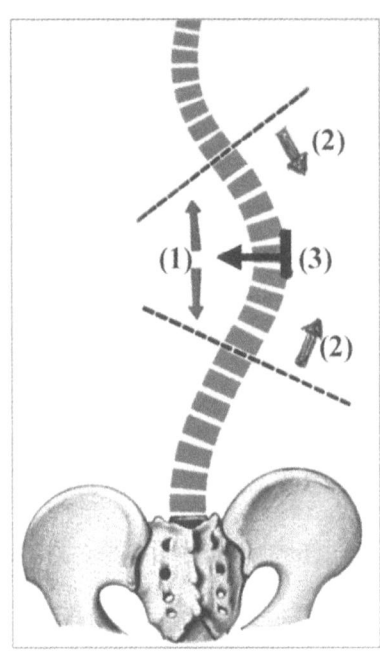
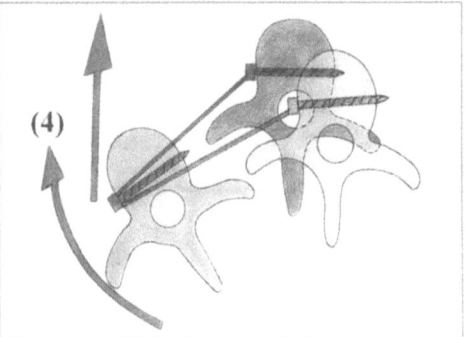

Korrekturprinzipien

1. Distraktion (konkav)
2. Kompression (konvex)
3. Translation (am Scheitel)
4. Derotation !!! (Vordere Operation)

Abb. 7.4.

Lungenfunktion mit restriktiver Ventilationsstörung und konsekutiver Rechtsherzbelastung auf, die bei Skoliosen jenseits der 100° Cobb im Langzeitverlauf zu der Ausbildung eines irreversiblen Cor pulmonale bis hin zum Rechtsherzversagen mit letalem Ausgang führen können (Abb. 7.4).

Dorsale Skolioseoperationen

Mit den heutigen primärstabilen Implantaten können Skoliosen operativ effektiv aufgerichtet und stabilisiert werden. Mit den dorsalen, multisegmental angreifenden Doppelstabsystemen ist in aller Regel eine zweidimensionale Korrektur von frontaler und sagittaler Ebene möglich, wobei der Einfluss auf die Derotation limitiert ist und im Wesentlichen mit der Flexibilität der Skoliose auf den Funktionsaufnahmen (Bending/Traktion) korreliert. In den meisten Zentren werden so genannte primärstabile Implantate verwendet, so dass eine Nachbehandlung im Korsett nicht notwendig ist und die stationären Aufenthalts- und poststationären Rehabilitationszeiten kurz sind. Die Korrektur der frontalen Ebene beträgt je nach Studie, verwendeten Implantaten und Flexibilität der Skoliosen zwischen 40 und 70%, nennenswerte Korrekturverluste treten im Implantationsbereich speziell bei Verwendung von Pedikelschrauben nicht mehr auf. Durch die Korrektur der Skoliose werden nicht fusionierte Nebenkrümmungsbereiche zum einen entlastet, da die Lasteinleitung auf die Wirbel wieder orthograd bzw. annähernd orthograd

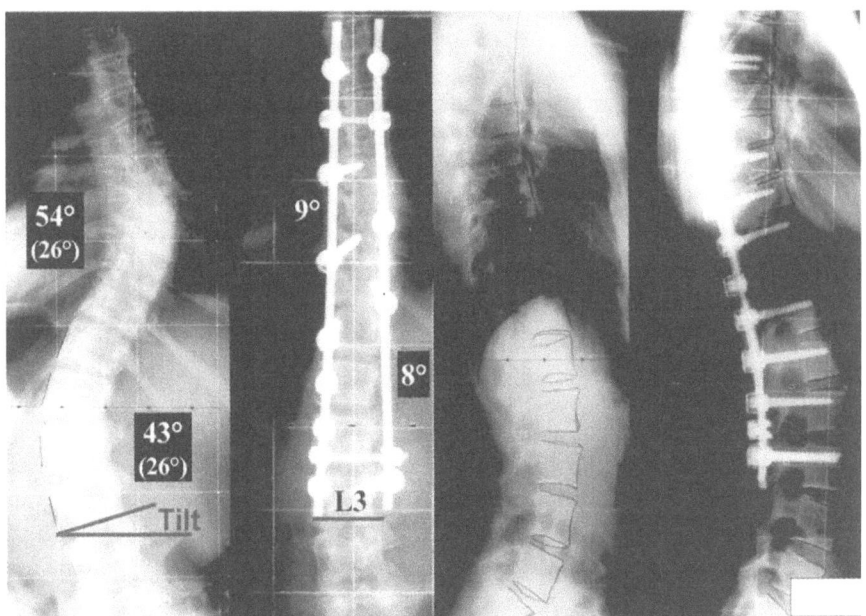

GdB 3- 6 Monate postop. 100, danach bis 1 Jahr postop 50, danach 10 (=Restkrümmung)

Abb. 7.5. 14-jähriges Mädchen, doppelbogige Skoliose: dorsale Instrumentation (MPDS)

stattfindet. Dadurch werden Bandscheiben und Wirbelgelenke speziell distal der Fusionsstrecke im Lumbal- bzw. Lumbosakralbereich entlastet. Andererseits führt die Versteifung des instrumentierten Skoliosebogens zur Entstehung eines Hebelarms, den die mobilen Anschlusssegmente kompensieren müssen. Gerade bei langstreckigen Instrumentationsspondylodesen, die bis L4 oder gar L5 reichen, erhöht sich die Inzidenz von Kreuzschmerzen, was im Rahmen von einigen Studien nachgewiesen werden konnte (Cochran et al. 1983, Ginsburg et al. 1995) (Abb. 7.5).

Ginsburg et al. (1995) konnten im Rahmen einer von der Scoliosis Research Society (SRS) prämierten longitudinalen Studie von in situ fusionierten oder mit dem alten Harrington-Instrumentarium (HI) fusionierten Patienten eine hochsignifikante positive Korrelation zwischen einer langen Fusionsstrecke bis L4 oder L5 und Kreuzschmerzen nach durchschnittlich 12 Jahren (Phase 1) und 18 Jahren (Phase II) ermitteln. Nach durchschnittlich 28 Jahren (Phase III) lag noch ein starker Trend vor. Ginsburg et al. (1995) untersuchten dabei das Krankengut Goldsteins aus Rochester, New York nach. Vergleichbare Erfahrungen machten Aaro und Öhlén (1983). Ein Vergleich der nicht instrumentierten Spondylodesen mit den HI-Spondylodesen ergab Angaben Ginsburgs et al. (1995) zufolge jedoch keine signifikanten Unterschiede. Interessanterweise konnte in dieser Studie im Gegensatz zur Studie von Cochran et al. (1983) keine Korrelation zwischen Abflachung der lumbalen Lordose und Kreuzschmerzinzidenz ermittelt werden. Es korrelierten lediglich Länge der Fusionsstrecke und Kreuzschmerzintensität positiv miteinander.

Prognose und Komplikationen nach dorsaler Skolioseoperation im Langzeitverlauf. Langzeitergebnisse liegen nur für Implantatsysteme vor, die in der Gegenwart angesichts geringerer Korrektur- und Stabilitätswerte praktisch keine Verwendung mehr finden.

Das neurologische Risiko der HI liegt bei unter 1%. Wegen geringer interner Stabilität ist eine konsequente Immobilisierung im Rumpfgips und Korsett für ca. 1 Jahr notwendig, wodurch Implantatversagen und Pseudarthrosen in aller Regel vermieden werden können. Insgesamt sind die Langzeitergebnisse nach HI-Spondylodesen bei Patienten mit idiopathischer Skoliose gut. Selbst Cochran et al. (1983), die bei den Patienten mit distaler Fusionsausdehnung bis L4 oder L5 eine erhöhte Kreuzschmerzinzidenz fanden, ermittelten keine Unterschiede zur gesunden Kontrollgruppe in Bezug auf Arbeitsausfallzeiten. Lovallo et al. (1986) fanden bei allen ihren Patienten zum Nachbeobachtungszeitpunkt, der maximal 6 Jahre betrug, ein im Vergleich zum präoperativen Status normales Aktivitätsniveau ohne Einschränkungen.

Dickson et al. (1990) untersuchten das Patientengut Harringtons aus den Jahren 1961 bis 1963 mit einem Follow-up von 21 Jahren nach (n = 206) und verglichen es mit einer Kontrollgruppe. Signifikante funktionelle Unterschiede zuungunsten der Skoliotiker fanden sie in Bezug auf Kurzatmigkeit, Sitzen, Tragen, Rumpfbeugung, Liegen auf dem Rücken und auf der Seite, Sport, Autofahren und Stehen. Keine Unterschiede gab es in Bezug auf Gehen, Rennen, Treppensteigen, Aufstehen vom Stuhl, Toiletten- oder Badewannenbenutzung. Auch bei ihnen korrelierten Kreuzschmerzen mit einer kaudaleren lumbalen Fusionsausdehnung. Kreuzschmerzen schränkten die Fähigkeiten zu Tragen, Heben, Laufen und Stehen im Vergleich zur Kontrollgruppe ein. 88% der Patienten gaben jedoch an, dass sie die HI einem anderen Skoliosepatienten empfehlen würden, 11% mit Einschränkungen, 1% nicht. Zusammenfassend resümierten Dickson et al. (1990), dass Patienten 21 Jahre nach HI-Spondylodese im Vergleich zur Kontrollgruppe im Allgemeinen sehr gute funktionelle Werte hätten („were functioning very well"). Vergleichbar gute Ergebnisse fanden auch Kitahara et al. (1989) in Bezug auf Korrektur, Kosmetik sowie körperliche und soziale Aktivitäten.

Vergleichbare Ergebnisse liegen für das primärstabile Cotrel-Dubousset-Instrumentarium (CDI) vor, dem Prototypen der modernen dorsalen Doppelstabsysteme, welches jedoch in seiner Originalform auch keine Verwendung mehr findet. Lenke et al. (1998), die neben der radiometrischen Analyse ihres Patientengutes auch einen Fragebogen als multidimensionales Messinstrument an die Patienten weiterreichten, bekamen im Langzeitverlauf von durchschnittlich 6 Jahren in 92% der Fälle eine positive Antwort in Bezug auf Funktion, Kosmetik und allgemeine Zufriedenheit mit dem OP-Ergebnis. 76% hätten sich sofort nochmals, 22% wahrscheinlich wieder operieren lassen. Angesichts der Tatsache, dass mit den heutigen, noch besser korrigierenden Systemen und unter Verwendung von Pedikelschrauben kürzerer Fusionsstrecke im Langzeitverlauf zumindest ebenbürtige, wahrscheinlich bessere Ergebnisse zu erwarten sind, ist die Prognose nach Skolioseoperation gut. Speziell stationärer Aufenthalt mit ca. 3 Wochen und poststationäre Rehabilitationszeit ohne externe Ruhigstellung haben sich um viele Monate verkürzt.

Ventrale Skolioseoperationen

Mit den ventralen Skolioseoperationen kann neben der frontalen und sagittalen Ebene auch die Fehlrotation entscheidend korrigiert werden, was zur signifikanten Abflachung von Rippenbuckel und/oder Lendenwulst führt und damit kosmetisch vorteilhaft ist. Ebenso sind die Korrekturwerte in der Frontalebene (je nach Studie zwischen 50 und 85%) besser als die dorsaler Implantate, was auf die bessere intraoperative Mobilisierung durch Bandscheibenausräumung im Instrumentationsbereich zurückzuführen ist. Dem Prototypen dieser Korrekturverfahren, der ventralen Derotationsspondylodese von Zielke, fehlte wegen des verwendeten bruchgefährdeten Gewindekompressionsstabs ebenso die Fähigkeit zur primärstabilen Instrumentation wie den alten dorsalen Verfahren. Mit den modernen ventralen Doppelstabsystemen (Kaneda, Cotrel-Dubousset-Hopf, Halm-Zielke) ist

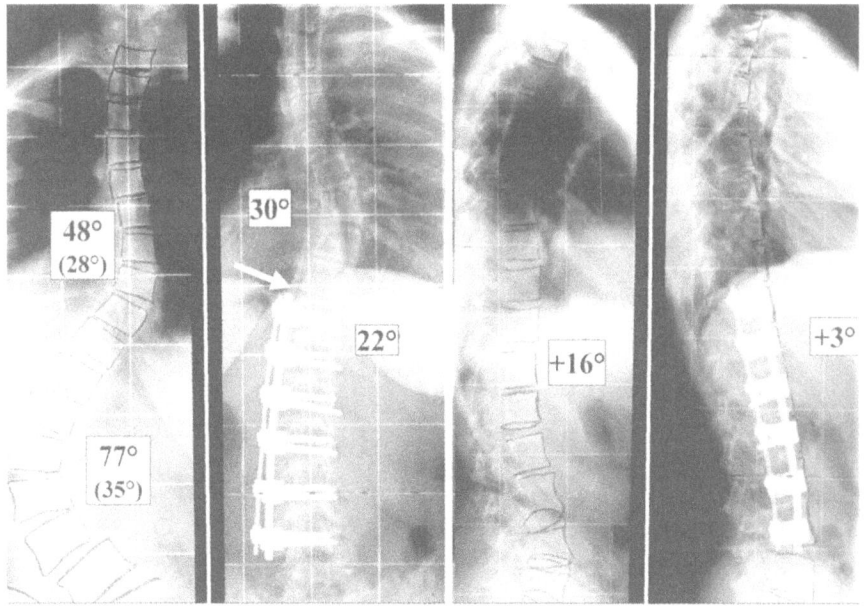

GdB 3-6 Monate postop. 100, danach bis 1 Jahr postop. 50, danach 30

Abb. 7.6. 17-jähriges Mädchen, idiopathische Lumbalskoliose: Ventrale Instrumentation (HZI)

3-D-Korrektur mit gleichzeitiger Primärstabilität gegeben, was – den dorsalen modernen Verfahren vergleichbar – die peri- und postoperative Phase erheblich abkürzt. Stationärer Aufenthalt und Rehabilitationszeiten sind den dorsalen Verfahren ebenbürtig. Die in den letzten 10 Jahren erreichten Fortschritte in der ventralen Skoliosechirurgie haben deshalb wegen der im Vergleich zu dorsalen Verfahren besseren Korrektur zu einer großen Renaissance dieses Zugangsweges geführt (Halm et al. 2000; Halm 2000) (Abb. 7.6).

Prognose und Komplikationen nach ventraler Skolioseoperation im Langzeitverlauf. Langzeitergebnisse über die Beurteilung des Operationserfolges aus der Sicht der Patienten mit validierten Messinstrumenten liegen erstaunlicherweise für die VDS nicht vor, obwohl das Verfahren als Weiterentwicklung der Dwyer-Instrumentation bereits 1974 entwickelt und ab Ende der 70er Jahre in vielen Ländern auf allen Kontinenten implantiert wurde. Eine gute mittelfristige Analyse an 34 VDS-operierten Patienten mit einem Follow-up von im Minimum 2 Jahren (2–6,5 Jahre, im Mittel 4,1 Jahre) erhoben Moskowitz und Tromanhauser (1993). Die Ergebnisse waren außerordentlich befriedigend. Alle heiratswilligen Patienten waren verheiratet und hatten Kinder sowie ein erfülltes Eheleben. 10 Patienten klagten präoperativ über eine Verminderung des Selbstwertgefühls, welches postoperativ ausnahmslos nicht mehr zu verzeichnen war. Bis auf einen Patienten waren alle mit dem kosmetischen Ergebnis zufrieden. Bei den adulten Pa-

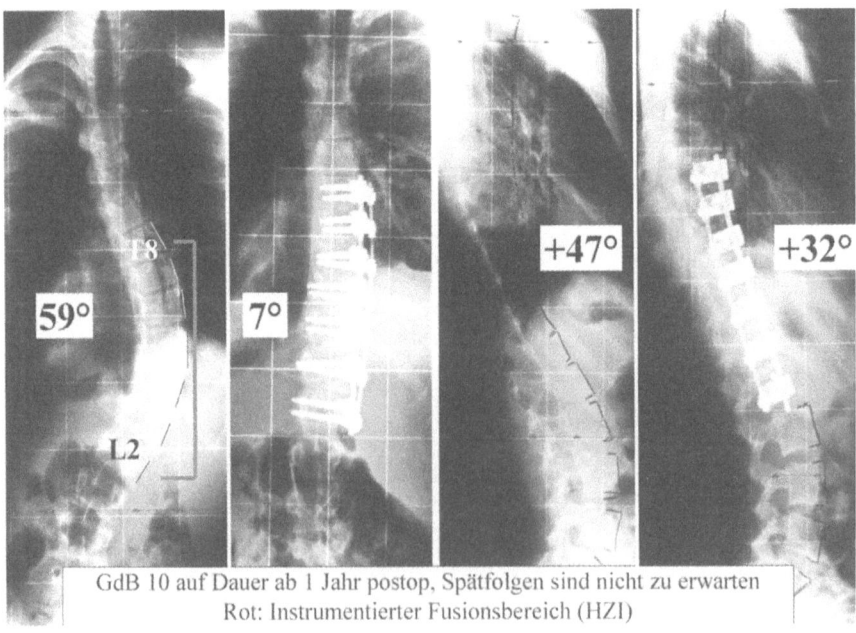

Abb. 7.7. 17-jähriger Junge, idiopathische Thorakalskoliose: Ventrale Instrumentation (HZI)

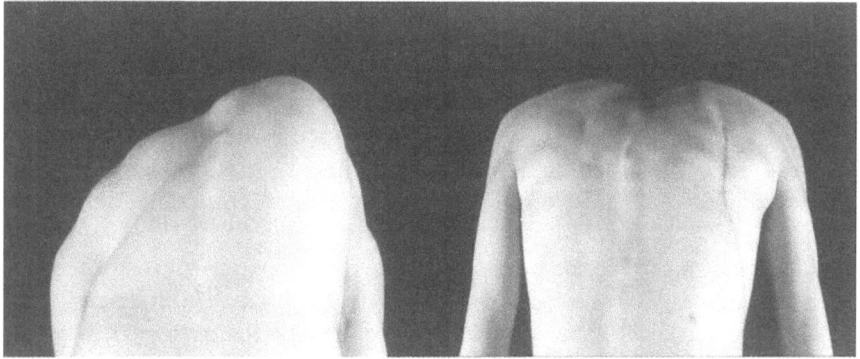

Präoperativ　　　　　　　　Postoperativ

Abb. 7.8. Klinische Bilder des Patienten, dessen Wirbelsäule radiologisch in Abb. 7.7 dargestellt wurde: im Vorneigetest vor (links) und nach (rechts) der Operation (primärstabile Halm-Zielke-Instrumentation (HZI)

tienten, bei denen Rückenschmerzen die Entscheidung zur Operation mit beeinflusst hatten, kam es zu einer signifikanten Schmerzabnahme. Dennoch klagten weiterhin 21 von 26 Patienten über ein Müdigkeitsgefühl im unteren Rückenbereich. 19 Patienten hatten wieder mit sportlicher Betätigung begonnen, darunter Schwimmen, Fußball und Basketball spielen, Skifahren, Aerobics etc. Giehl et al. (1989) fanden im Krankengut Zielkés eine gute Korrelation zwischen dem hervorragenden kosmetischen Ergebnis nach VDS-Operation sowie subjektiver Zufriedenheit und schrieben wörtlich: „Patients like VDS".

Da mit den modernen, oben genannten primärstabilen Verfahren vergleichbare Korrekturergebnisse bei geringerer Komplikationsrate und kürzerer Rehabilitationsphase erzielt werden, sollte die Langzeitprognose im Vergleich zur VDS noch besser sein (Abb. 7.7 und 7.8).

Begutachtung der idiopathischen Skoliose

Die Begutachtung bei idiopathischer Skoliose hängt ab vom Schweregrad der Deformität, von Beschwerden und funktionellen Einschränkungen des Patienten sowie einer ggf. notwendigen konservativen oder operativen Behandlung.

Adoleszente Skoliosen von weniger als 20–25° sind in etwa 80% der Fälle nicht progredient oder neigen sogar zur spontanen Besserung. Sie führen zu keinerlei Einschränkung, sollten krankengymnastisch behandelt und bis zum Wachstumsabschluss in etwa 6-monatigen Abständen kontrolliert werden. Volle Sportfähigkeit ist gegeben, ein messbarer GdB liegt somit nicht vor.

Skoliosen mit Winkelgraden zwischen 25 und 40° lumbal und thorakolumbal sowie 25 und 50° thorakal sollten in einer redressierenden Orthese (TLSO-Derotationsorthese) behandelt werden. Stauchende Sportarten sollten möglichst vermieden werden. Sport (auch Schulsport) kann generell auf die Korsetttragezeit angerechnet werden. Es liegt angesichts der Orthesenbehandlung ein GdB von 30 vor. Das Milwaukee-Korsett (CTLSO) wird meines Wissens in Deutschland wegen der erheblichen Einschränkungen und entsprechender Reduktion der Compliance bei im Vergleich zur o. g. Orthese nicht besseren Ergebnissen nicht mehr rezeptiert. Patienten mit einer solchen Orthese wurden früher mit einer GdB von 50 bewertet (Abb. 7.9 a, b).

Patienten mit juveniler oder adoleszenter Skoliose sowie natürlich auch adulte Skoliosen höherer Winkelgrade (>40° bei lumbalen und thorakolumbalen Skoliosen, >50° bei thorakalen Skoliosen) sollten einer korrigieren-

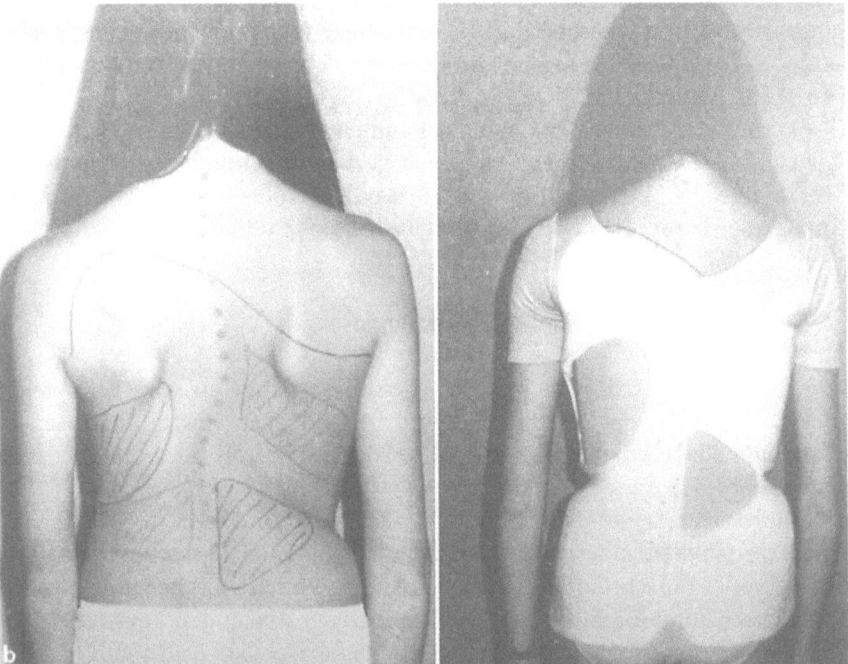

Cobb-Winkel <25°: 80% nicht progredient!!
Keine Behinderung

Cobb-Winkel 25-40° Cheneau-Korsett
GdB: 30

Cobb-Winkel 25-50° Cheneau-Korsett
GdB: 30

a Sport kann und soll auf die Korsetttragezeit angerechnet werden (Arbeitskreis Skoliose)

Abb. 7.9. a Skoliose im Adoleszentenalter. **b** Konservative Behandlung der idiopathischen Skoliose im Cheneau-Korsett (13-jähriges Mädchen)

den Instrumentationsspondylodese zugeführt werden. Liegt postoperativ Primärstabilität vor, kann für die ersten 3 postoperativen Monate eine GdB von 100, danach für weitere 3 Monate eine GdB von ca. 70 angenommen werden. Heben und Tragen von >5–7 kg ist zum Schutz des Implantats und damit des Ergebnisses in unserer Klinik untersagt. Nach Wundheilung darf jedoch bereits zu physiotherapeutischen Zwecken geschwommen werden. 6 bis 12 Monate postoperativ kann ein GdB von 30–50 angenommen werden. Nach 12 Monaten kann von einer praktisch vollständigen knöchernen Konsolidierung der Fusionsstrecken ausgegangen werden. Der GdB orientiert sich dann im Wesentlichen an der Restkrümmung, so dass also bei einer Restkrümmung von 20° ein GdB von 20, bei 40° ein GdB von 40 angenommen werden kann. In aller Regel ist auch wieder Schulsportfähigkeit gegeben, ggf. unter Meidung stauchender und torquierender Sportarten (z. B. Weitsprung, Hochsprung, Turnen). Bei nicht primärstabilen Instrumentationen ist für die Dauer der Rumpfgips- und/oder Korsetttragezeit eine GdB von 100 anzunehmen (Abb. 7.10).

Bei Versteifungen kaudal von L4 ist jedoch unabhängig von den obigen Ausführungen mindestens ein GdB von 40 anzunehmen, da deutliche funktionelle Einschränkungen vorliegen (geringe lumbosakrale Restbeweglichkeit, langer Versteifungsbezirk), die auch die Belastbarkeit limitieren.

Auftretende neurologische Ausfälle oder schmerzhafte degenerative Veränderungen, die auf die Skoliose zurückzuführen sind, müssen gesondert bewertet werden. Diese Korrelation ist jedoch nur anzunehmen, wenn lange Fusionen bis in die untere LWS vorliegen. Degenerative lumbale und lumbosakrale Veränderungen bei Patienten, die nur bis in die untere BWS oder obere LWS versteift wurden, sind in aller Regel nicht auf die Skoliose zurückzuführen, sondern physiologischen Alterungsprozessen zuzuordnen. Ausnahmen mögen lumbale Nebenkrümmungen sein, die mit zunehmendem Alter progredient sind und strukturellen Charakter (zunehmende Einsteifung, konkav betonte degenerative Veränderungen) bekommen.

Ebenfalls gesondert (sowohl bei operierten als auch nicht operierten Patienten) zu betrachten sind relevante pulmonale Einschränkungen, da Skoliosen zu restriktiven Lungenfunktionsstörungen mit konsekutiver Rechtsherzbelastung führen. Bei einer Vitalkapazität (VK) von <70% des Sollwertes ist bereits ein GdB von 30 anzunehmen, der auch der MdE entspricht.

Cobb-Winkel > 40 bzw. 50°: Operation
-falls keine Korsettnachbehandlung notwendig (Primärstabilität):
GdB: 100 (3-6 Monate),
-danach 50-70 (bis 1 Jahr postoperativ)
-ab 1 Jahr postoperativ:
bei Fusion bis L4: GdB = Restkrümmung (>10)
Bei Fusion kaudal L4: GdB: 40
Vitalkapazität < 50% vom Soll: GdB: 80

Abb. 7.10. Idiopathische Skoliose

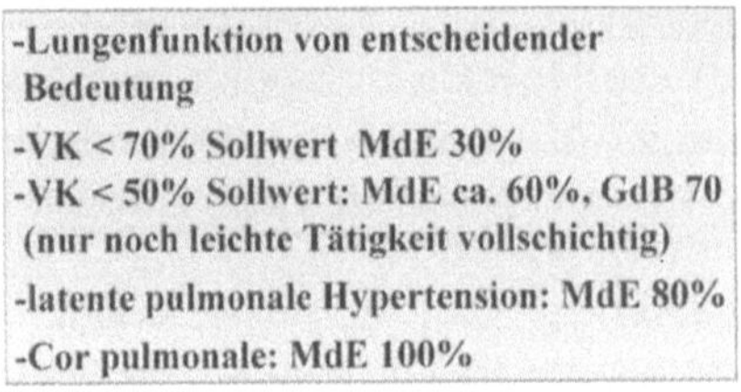

-Lungenfunktion von entscheidender
Bedeutung
-VK < 70% Sollwert MdE 30%
-VK < 50% Sollwert: MdE ca. 60%, GdB 70
(nur noch leichte Tätigkeit vollschichtig)
-latente pulmonale Hypertension: MdE 80%
-Cor pulmonale: MdE 100%

Abb. 7.11. Skoliose im Erwachsenenalter (schwergradig)

Bei einer VK <50% vom Soll sinkt die MdE auf 60–70% und es können nur noch leichte Tätigkeiten vollschichtig abverlangt werden. Bei latenter pulmonaler Hypertension sinkt die MdE noch weiter auf 80% ab, beim manifesten Cor pulmonale ist eine MdE von 100% angezeigt.

Auch Dekompensationen der Wirbelsäulenstatik bei Skolioseerkrankungen, worunter Lotabweichungen sowohl der Frontal- als auch Sagittalebene zu verstehen sind, müssen wegen der funktionellen Einschränkungen und Einschränkungen der Belastbarkeit gesondert bewertet werden, wobei hier GdB-Werte zwischen 50 und 80 genannt werden.

Separat ist die De-novo-Skoliose des Erwachsenen (degenerative Lumbalskoliose bzw. diskogene Skoliose) zu betrachten. Sie entsteht als Folge eines asymmetrischen Bandscheibenverschleißes und führt meist zu dreidimensionalen Deformierungen mit Drehgleiten bei L2/3 oder L3/4, nicht selten auch neurologischen Irritationen bzw. Ausfällen. Die Begutachtung sollte sich an den Leitlinien der Begutachtung degenerativer LWS-Schäden unter Berücksichtigung der WS-Deformierung orientieren. Alle beschwerdeauslösenden morphologischen Veränderungen müssen berücksichtigt werden, insbesondere auch WS-Dekompensationen (Abb. 7.11).

Skoliosen anderer Ätiologien

Andere Skolioseformen sind wesentlich seltener und die Prognose sowie Fragen der Begutachtung hängen meist nicht vom Krümmungswinkel bzw. bei operierten Fällen von der Fusionsstrecke ab, sondern gerade bei neuromuskulären Skoliosepatienten und Skoliosepatienten bei Syndromerkrankungen von den Einschränkungen durch die Grunderkrankung, so dass eine hinreichend einheitliche Aussage nicht getroffen werden kann. Auf weitere Ausführungen wird daher in diesem Beitrag verzichtet.

Juvenile Kyphose bzw. Adoleszentenkyphose (Morbus Scheuermann)

Die Scheuermann-Erkrankung wurde erstmals von Scheuermann (1921) beschrieben, dessen Eigennamen sie bis heute trägt. Auch im angloamerikanischen Sprachraum wird diese Bezeichnung (Scheuermann's Disease) zum Teil verwendet (Robin 1997). Weiterhin werden jedoch lebhafte Diskussionen über die wissenschaftliche Bezeichnung dieser Wirbelsäulenerkrankung geführt. Schmorl und Junghans (1951) wählten die Bezeichnung „Adoleszentenkyphose". Matthiaß (1980) schlug als wissenschaftliche Bezeichnung den Begriff „Osteochondrosis spinalis adolescentium" vor. Er sprach sich gegen den Begriff „Adoleszentenkyphose" aus, da eine Wirbelsäulenveränderung auch ohne klinische Ausprägung einer pathologischen Kyphose vorliegen könne. Als weitere Begriffe wurden „Knorpelknötchenkrankheit", „Epiphysitis vertebralis", „Osteochondrosis vertebralis" und „juvenile osteochondrotische Kyphose" genannt (Brocher 1980).

Definition und Klassifikation

Die idiopathische juvenile Kyphose bzw. Adoleszentenkyphose wird zur Gruppe der aseptischen Osteochondrosen gezählt, deren bekanntester Vertreter im orthopädischen Fachgebiet der Morbus Perthes ist. Charakteristisch für die Scheuermann-Erkrankung sind die Veränderungen an den Wirbelkörpern und Intervertebralräumen, vornehmlich in der mittleren und unteren Brustwirbelsäule, gelegentlich auch im thorakolumbalen Übergangsbereich und der Lendenwirbelsäule. Matthiaß (1980) definiert als Scheuermann Erkrankung ein Syndrom, das durch folgende 3 Röntgenzeichen charakterisiert ist, die für die Diagnosestellung aber nicht immer vollständig anzutreffen sein müssen:
- unregelmäßige Gestaltung der Grund- und Deckplatten
- Verschmälerung der Intervertebralräume
- mehr oder weniger stark ausgeprägte Deformierung der Wirbelkörper um mehr als 5° im Sinne einer Keilwirbelbildung.

Somit ist die von manchen Autoren zur Diagnosestellung geforderte Keilwirbelbildung von mindestens 3 Wirbelkörpern im Scheitelbereich der Kyphose zusätzlich zu den anderen o.g. Kriterien eine überzogene Forderung.

Für Schmorl (1933) sind die von ihm beschriebenen Knorpelknötchen (Schmorlsche Knötchen) ein wesentliches Merkmal dieser Wirbelsäulenerkrankung.

Bezüglich der Klassifikation unterscheidet Morscher (1968) eine thorakale, thorakolumbale und lumbale Form. Kriterien für das Stellen der Diagnose sind nach seiner Auffassung das Vorhandensein von Schmorlschen Knötchen, die Verschmälerung der Bandscheibenräume und das Vorhandensein von Keilwirbeln.

Die Schwierigkeiten einer exakten Definition der Scheuermann-Erkrankung werden dadurch hervorgerufen, dass eine klare Abgrenzung zwischen normalen und pathologischen Befunden nur schwer zu ziehen ist (Scholder-Hegi 1965). Bradford (1994) schlussfolgerte nach Durchsicht der Literatur und seiner eigenen Erfahrung, dass die normale Bandbreite einer thorakalen Kyphose zwischen 20 und 45° für ein wachsendes Kind liegen solle und dass jede Kyphose von mehr als 45° als exzessiv zu betrachten sei.

Ätiologie und natürlicher Verlauf

Die Ursache der Scheuermann-Erkrankung ist weiterhin unklar. Scheuermann (1921) schuldigte eine avaskuläre Nekrose des Knorpels der Ringapophysen der Wirbelkörper an. Jedoch konnte diese Theorie nie bewiesen werden. Schmorl (1933) nahm an, dass durch die Herniation von Bandscheibengewebe in die Wirbelkörperabschlussplatten hinein die pathologische Kyphose entstehen würde. Müller (1932) hatte bereits auf eine quantitative Beziehung zwischen der Erkrankung und den Schmorlschen Knorpelknötchen hingewiesen. Schmorl (1933) führt weiter aus, dass es sich bei den Schmorlschen Knötchen um Ossifikationslücken in den Wirbelkörpern mit besonders geringer Widerstandskraft handeln würde. Durch verstärkte Belastung während des Wachstums käme es zu Einrissen und Austritt von Zwischenwirbelscheibengewebe in die angrenzende Wirbelkörperspongiosa.

Letztendlich bleibt die Ätiologie der Scheuermann Erkrankung weiterhin unklar (Bradford 1994).

Auch bezüglich des natürlichen Verlaufs gibt es widersprüchliche Angaben. Travaglini (1982) fand bei Patienten mit einem Nachbeobachtungszeitraum von 25 Jahren eine signifikante Zunahme der Kyphose. Bei den thorakalen Verlaufsformen, deren Kyphose zu Beginn mehr als 40–45° betragen hatte, wurde eine Verschlechterung in 80% der Fälle gefunden. Auch Fon et al. (1980) machten ähnliche Beobachtungen. Sorensen (1964) fand eine positive Korrelation der Beschwerden mit dem Alter. Neuere Untersuchungen von Harreby et al. (1995) und Wood et al. (1995) kommen jedoch zu dem Schluss, dass unbehandelte Fälle kein höheres Risiko von späteren Rückenschmerzen hätten als radiologisch unauffällige Altersgenossen.

Klinische Diagnostik

Die Prävalenz der Scheuermann-Erkrankung variiert zwischen 0,4 und 8,3% der Bevölkerung, abhängig, ob radiologische oder klinische Kriterien für die Diagnosestellung herangezogen wurden (Sorenson 1964). Bei der klinischen Symptomatologie der thorakalen Verlaufsform der Scheuermann-Kyphose unterteilt Brocher (1970) in drei Stadien. Im ersten Stadium entwickelt sich eine vermehrte thorakale Kyphose bei noch intakter Wirbelsäulenbeweglichkeit. Im zweiten Stadium versteift der befallene Wirbelsäulenabschnitt, Schmerzen sind selten und meist uncharakteristisch. Das dritte Stadium betrifft Patienten, die älter als 18 Jahre sind und bei denen das floride Stadium beendet ist. Jetzt kommt es vermehrt zum Auftreten von zunächst belastungsabhängigen Schmerzen.

Dieses deckt sich mit Beobachtungen anderer Autoren. Klinisch werden die juvenilen oder adoleszenten Patienten in aller Regel ausschließlich wegen des krankhaft verstärkten Rundrückens auffällig. Schmerzen treten in diesen Frühstadien nur selten auf (Sorenson 1964). Mit zunehmendem Alter nimmt die Rückenschmerzsymptomatik dann jedoch zu. Die Rückenschmerzinzidenz soll bei den Patienten mit Scheuermann-Erkrankung des thorakolumbalen Übergangsbereichs bzw. der oberen Lendenwirbelsäule höher sein als bei Patienten mit thorakaler Erkrankungsform. Die pathologische Kyphose ist mehr oder weniger stark fixiert, d. h. aktiv und oft auch passiv nicht vollständig aufrichtbar. Der Scheitelpunkt dieses mehr oder weniger fixierten Rundrückens liegt zumeist in der mittleren bis unteren Brustwirbelsäule (Apex Th7 bis Th10) oder im thorakolumbalen Übergangsbereich Apex Th12 bis L1 (Rathke 1980). Selten liegt eine lumbale Form der Erkrankung vor, die dann als lumbaler Flachrücken imponiert.

Bei der thorakalen Verlaufsform kommt es kompensatorisch häufig zu einer Zunahme der Lendenlordose im Sinne einer Hyperlordose, oftmals dann mit Ausbildung sog. Tonnenwirbel (Niethard u. Pfeil 1989). Folge sind häufig schmerzhafte, spondylarthrotische Veränderungen der kleinen Wirbelgelenke sowie der Morbus Baastrup (Niethard u. Gärtner 1980). Häufig findet man auch eine zervikale Hyperlordose (Lowe 1990). In einem Drittel bis drei Viertel der Fälle treten Begleitskoliosen auf, die häufig kurzbogig sind (Lowe 1990, Dickson 1992, Niethard u. Pfeil 1989) (Abb. 7.12).

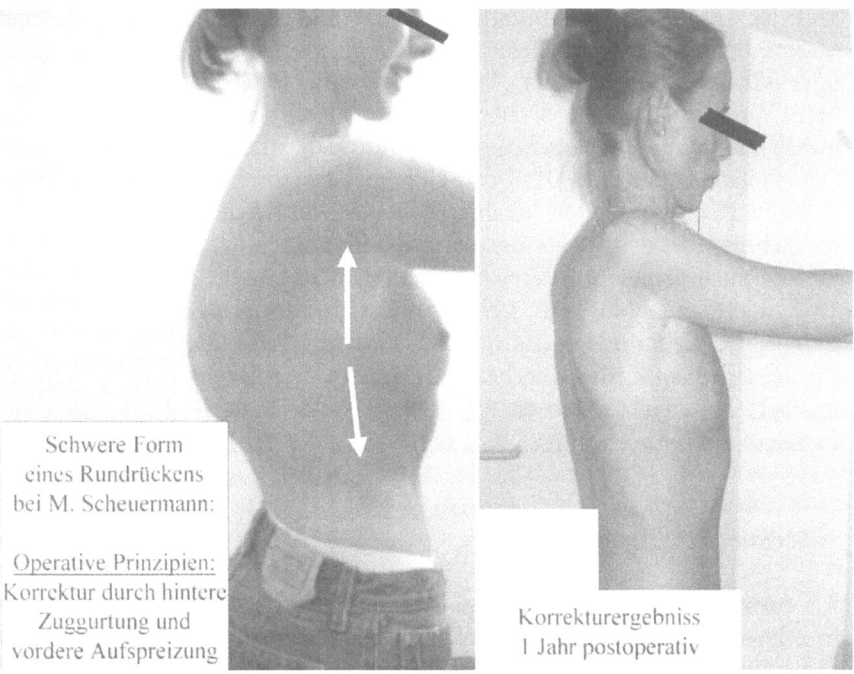

Abb. 7.12.

Klinisch kann die pathologische Kyphose durch ein Kyphometer quantifiziert werden (z. B. Kyphometer nach Debrunner, Messgerät von Neugebauer, Kyphoseindex nach Matthiaß). Ebenso lässt sich die Scheuermann-Kyphose relativ genau durch dreidimensionale Oberflächenvermessung mittels Rasterstereografie quantifizieren (Liljenqvist et al. 1998).

Bei der Funktionsprüfung fällt im Falle eines thorakalen Befalls ein pathologischer Messwert nach Ott auf und repräsentiert die mangelnde Aufrichtbarkeit bzw. partielle strukturelle Fixierung. Diese mehr oder weniger ausgeprägte Fixierung ist auch in der so genannten Rutschhaltung gut erkennbar, denn beim Vorrutschen der Arme müsste sich beim Gesunden die Brustwirbelsäule abflachen, was bei eingesteifter pathologischer Kyphose nicht der Fall ist. Beim lumbalen Befall liegt hingegen eine eingeschränkte Lordosierbarkeit mit pathologischem Schober-Zeichen vor (Matthiaß 1980). Die thorakolumbale und lumbale Form der Kyphose fällt weniger ins Auge. Man kann sie bei genauem Hinschauen jedoch an der Prominenz der Dornfortsätze im thorakolumbalen und lumbalen Bereich erkennen (Bradford 1994). Viele der so genannten flachen Rücken sind gemäß Brocher (1970) ursächlich auf eine Scheuermann-Krankheit mit thorakolumbaler Lokalisation zu beziehen. Sie sei zwar seltener als die klassische thorakale Form, würde jedoch häufiger Symptome auslösen.

Wie bereits oben angeführt, ist der häufigste Anlass, der die Heranwachsenden mit ihren Eltern zum Orthopäden führt, der krankhaft vermehrte Rundrücken. Der zweithäufigste Anlass ist der Schmerz, der mit zunehmendem Alter häufiger auftritt und dann in mehr als 50% der Fälle präsent ist (Bradford 1994, Matthiaß 1980, Sorenson 1964). Der Schmerz nimmt bewegungs- und belastungsabhängig zu, oft beim Sitzen, Stehen oder schwerer körperlicher Arbeit (Stagnara 1965). Der Schmerz kann beim Wachstumsabschluss verschwinden, jedoch auch erst dann bei vorher unbehandeltem Morbus Scheuermann auftreten, insbesondere bei schweren Deformitäten (Lowe 1990). Der Schmerz ist typischerweise knapp unterhalb des Kyphosescheitels lokalisiert. Bei der thorakalen Verlaufsform kann der Schmerz jedoch wegen der dann häufig ausgeprägten lumbalen Hyperlordose auch primär im Bereich der Lendenwirbelsäule auftreten (Bradford 1987, Edelmann 1980, Lowe 1990). Als Ursache der Schmerzlokalisation unterhalb des Kyphosescheitels nennt Edelmann (1980) die Veränderung der Wirbelsäulenstatik, die Überbeanspruchung der Rückenmuskulatur im deformierten Bereich sowie die Überdehnung der Kapseln der kleinen Wirbelgelenke mit gleichzeitiger Druckerhöhung der Wirbelgelenkflächen.

Radiologische Diagnostik

Als Ausgangsuntersuchung sollten Ganzwirbelsäulenaufnahmen im Stehen in 2 Ebenen angefertigt werden. Die Aufnahme im a.-p. Strahlengang dient dazu, etwaige Begleitskoliosen nachzuweisen oder sicher auszuschließen. Sollten Seitabweichungen in der frontalen Ebene nicht vorliegen und im weiteren Verlauf nicht auftreten, reichen zur Verlaufsbeobachtung seitliche Ganzwirbelsäulenaufnahmen im Stehen. Ganzwirbelsäulenaufnahmen sind deshalb notwendig, weil man über die Beurteilung des strukturell veränderten Wirbelsäulenabschnitts hinaus nur so die Achsenverhältnisse bzw. -veränderungen mit etwaigen Lotabweichungen sicher beurteilen kann.

Zur Beurteilung der Flexibilität der Scheuermann-Kyphose wird eine seitliche Hyperextensionsaufnahme im Liegen als so genannte Hypomochlion-Aufnahme angefertigt. Hierbei wird ein Schaumstoffkeil im Scheitel der pathologischen Kyphose platziert, wobei der Patient die Rückenlage einnimmt.

Auf den vorliegenden Röntgenaufnahmen kann zusätzlich das Skelettalter durch die Beurteilung der Beckenkammapophysen und Ringapophysen der Wirbelkörper beurteilt werden. Bei der Beurteilung der Beckenkammapophysen wird die Stadieneinteilung nach Risser herangezogen.

Das Ausmaß der Kyphose sowie der gegenläufigen lordotischen Schwingungen wird sowohl in der seitlichen Wirbelsäulenstandaufnahme als auch in der Hypomochlion-Aufnahme in der Technik nach Cobb ausgemessen. Darüber hinaus messen wir in unserer Klinik zusätzlich routinemäßig noch die lumbale Lordose zwischen der Deckplatte L1 und der Deckplatte S1 aus, den thorakolumbalen Übergangsbereich zwischen der Deckplatte Th10 und der Grundplatte L2 sowie die thorakale Kyphose zwischen der Deckplatte Th4 und der Grundplatte Th12. In der gleichen Technik kann auch das Ausmaß der Keilwirbelbildung der betroffenen Wirbel quantifiziert werden.

Ebenso wie klinisch unterteilt Brocher (1970) auch radiologisch drei Stadien, wobei seiner Meinung nach interessanterweise im ersten Stadium bestenfalls eine leicht vermehrte Kyphose gesehen werden kann, oftmals gar kein pathologischer Befund. Erst im zweiten Stadium würden sich die klassischen „Röntgensymptome" richtig ausbilden: die pathologische Kyphose, die unregelmäßigen Deckplatten und die Schmorlschen Knorpelknötchen. Auch er bestätigt, dass alle diese Zeichen nicht gleichzeitig vorliegen müssen. Knutsson (1961) weist insbesondere auf die Zunahme des Tiefendurchmessers der befallenen Wirbelkörper hin, was auch von anderen Autoren oft beobachtet wurde, dessen Ursache aber kontrovers diskutiert wird. Genannt werden kompensatorische Anpassungsvorgänge sowie Zeichen einer enchondralen Dysostose. Besonders bei lumbalen und thorakolumbalen Verlaufsformen findet sich vis à vis eines Knorpelknötchens im benachbarten Wirbelkörper ein sich bandscheibenwärts vorwölbender knöcherner Wulst, das sog. Edgrénsche Zeichen (Brocher 1970).

Differenzialdiagnostisch ist der Morbus Scheuermann abzugrenzen von multiplen Kompressionsfrakturen, die nach Ausheilung oft nur schwer oder aber gar nicht von einer Scheuermann-Erkrankung abzugrenzen sind. Darüber hinaus müssen Postlaminektomiekyphosen, kongenitale Deformitäten und Osteochondrodystrophien wie der Morbus Morquio und der Morbus Hurler abgegrenzt werden.

Konservative Therapie

Die konservative Therapie der Scheuermann-Kyphose ist umstritten. Bradford (1994) und Edelmann (1996) halten eine konservative Behandlung für wertvoll, Böhm (1996) empfindet die Langzeitergebnisse als enttäuschend.

Das wesentliche Standbein der konservativen Behandlung ist die Korsettbehandlung. Im angloamerikanischen Sprachraum wird dabei oftmals weiter dem Milwaukee-Korsett der Vorzug gegeben. In Europa werden hauptsächlich thorakolumbosakrale Reklinationsorthesen, die nach Gipsabdruck oder in Modultechnik gefertigt werden, eingesetzt.

Die Gegner einer konservativen Behandlung mit dem Korsett berufen sich u. a. auf Studien von Harreby et al. (1995) sowie Wood et al. (1995), nach deren Ergebnissen unbehandelte Patienten mit Scheuermann-Kyphose statistisch keine höhere Prävalenz zu späteren Kreuzschmerzen hatten als radiologisch unauffällige Altersgenossen. Darüber hinaus führen sie an, dass nach Korsettbehandlung trotz hoher Patientencompliance 5 Jahre nach der Abschulung in einem hohen Prozentsatz keine wesentliche Besserung der Ausgangsbefunde erzielt wurden. Ebenso sei die Akzeptanz von Orthesen und Hilfsmitteln in der heutigen Zeit geringer als früher und die Herstellung von Orthesen kostenintensiv mit entsprechend schlechter Kosten-Nutzen-Relation (Böhm 1996). Die Befürworter der Korsettbehandlung führen aus, dass Patienten mit Scheuermann-Kyphose im Langzeit-Follow-up eine signifikante Zunahme der Deformität erführen, in der Studie von Travaglini (1982) in

Korrekturwerte mit der MKO (Münsteraner Kyphose Orthese)

Vor Behandlung:	52,4°	
Primärkorrektur:	37,4°	**Korsettbehandlung Afchani (1996)**
Bei Abschulung:	32,8°	
Follow-up:	39,8° (1-3 Jahre später)	

Im Gegensatz zur Skoliosebehandlung bleibt eine Teilkorrektur erhalten !!

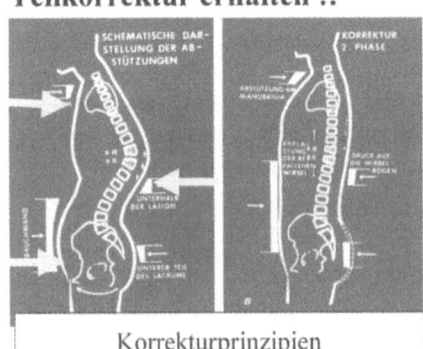
Korrekturprinzipien

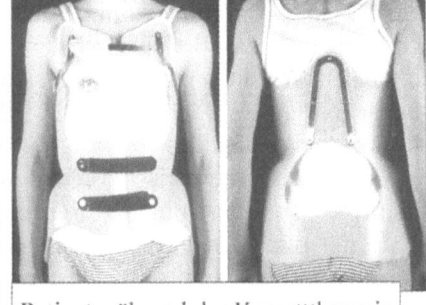
Patient während der Korsetttherapie

Abb. 7.13. Konservative Therapie mit Korsett

80% der Fälle. Sachs et al. (1987) konnten nachweisen, dass trotz gewissen Korrekturverlustes nach Korsettabschulung in 69% der Fälle ein Korrekturgewinn erhalten blieb. Auch Edelmann (1996) konnte durch eine Korsettbehandlung bei Scheuermann-Kyphosen eine signifikante Aufrichtung von 59° auf 37° (thorakale Form) erzielen, bei den thorakolumbalen Formen eine Reduzierung der Kyphose von 23° auf 12°. In unserem Patientengut gelang bei thorakalen Formen mit der Münster-Kyphoseorthese (MKO) eine Entkyphosierung von 51,6° auf zunächst 37,4° im Korsett (Primärkorrektur). Während der Therapiezeit von durchschnittlich 2½ Jahren fiel der Wert weiter auf 32,8° Cobb. Ein Jahr nach Abschulung betrug der Korrekturverlust 7° Cobb, weitere 2 Jahre später 9,2°, so dass ein bleibender Korrekturgewinn von knapp 10° resultierte (Afchani 1996) Abb. 7.13).

Nach unserer Auffassung belegen somit die Literaturdaten zusammen mit den eigenen Ergebnissen den Wert einer konservativen Behandlung in einer modernen reklinierenden Orthese. Begleitend sollte jedoch auf jeden Fall eine krankengymnastische Übungsbehandlung mit Haltungsschulung, Aufrichtübungen und Kräftigung der Rückenstreckermuskulatur sowie Bauchmuskulatur durchgeführt werden.

Operative Therapie

Eine relative Operationsindikation besteht bei Patienten mit Scheuermann-Kyphose, die mit einer schwergradigen, symptomatischen, d.h. schmerzhaften Deformität vorstellig werden und bei denen wegen einer Fixierung der Deformität keine nennenswerte Aufrichtung durch die Korsettbehandlung erzielt werden kann. Ebenso besteht die Indikation zur Operation bei Erwachsenen mit pathologischer Kyphose und Rückenschmerzen, bei welchen die konservative Therapie fehlschlägt. Umstritten ist jedoch, ab welchem Winkelgrad eine operative Aufrichtung empfohlen werden sollte. Nach unserer Erfahrung sind Scheuermann-Kyphosen unter 60° Cobb in aller Regel asymptomatisch oder lassen sich durch konservative Behandlung befriedigend therapieren. Wir stellen die Indikation zum operativen Vorgehen bei symptomatischen Deformitäten ab 65 bis 70°, die konservativ therapieresistent sind.

Liegt noch ein ausreichendes Restwachstum vor und ist die sagittale Deformität noch teilflexibel, so kann durch eine alleinige dorsale Kompressionsspondylodese eine gute Aufrichtung der Kyphose erzielt werden. Da hierdurch die Wirbelkörperabschlussplatten mit den noch offenen Ringapophysen entlastet werden, kann es ventral zu einem Nachwachsen kommen mit Abnahme der Keilwirbelbildung. Dieses konnte bereits Roaf (1960) nachweisen. Im Krankengut von Bradford et al. (1975) ließ sich zwar eine gute Aufrichtung der Deformität durch alleinige dorsale Fusion erzielen. Sie war jedoch zum Nachbeobachtungszeitpunkt mit einem deutlichen Korrekturverlust von im Mittel 15° vergesellschaftet. Sie empfahlen deshalb bei Kyphosen von mehr als 65° ein kombiniertes ventrales und dorsales Vorgehen.

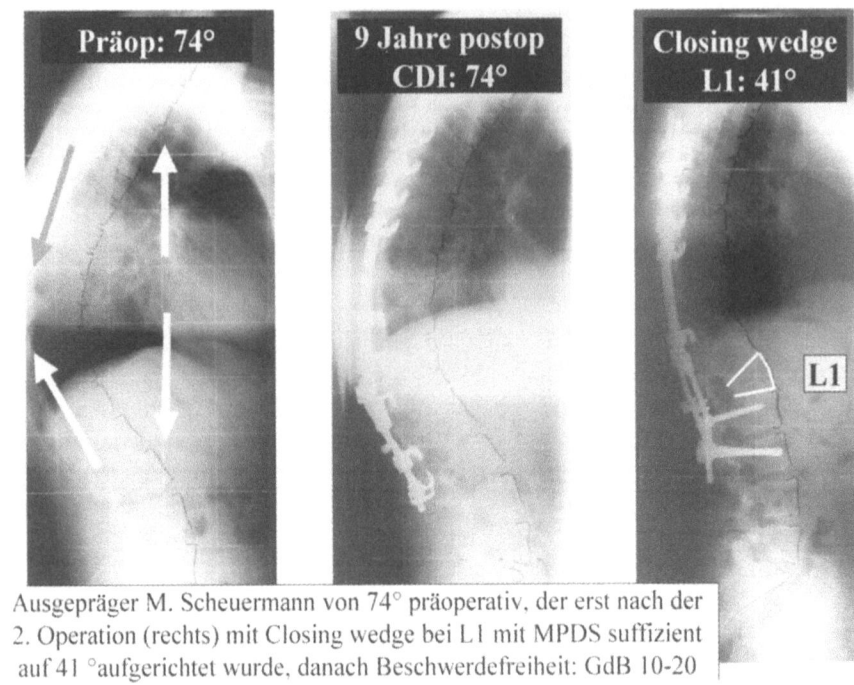

Ausgepräger M. Scheuermann von 74° präoperativ, der erst nach der 2. Operation (rechts) mit Closing wedge bei L1 mit MPDS suffizient auf 41 °aufgerichtet wurde, danach Beschwerdefreiheit: GdB 10-20

Abb. 7.14. Scheuermann-Kyphose (mit insuffizienter Korrektur)

Wir führen an unserer Klinik ein kombiniertes ventrales und dorsales Vorgehen dann durch, wenn es sich um eine schwergradige Kyphose handelt, die fixiert ist. Hier kann durch eine ventrale Release-Operation, die wir seit einem Jahr thorakoskopisch durchführen, eine gute Mobilität erzielt werden. Somit kann im Anschluss durch die dorsale Kompressionsspondylodese ein gutes Korrekturergebnis erzielt werden. Da nach der ventralen Release-Operation autologe, kleingehächselte Rippenspänchen interkorporell eingebracht werden, resultiert im Langzeitverlauf eine ventrale und dorsale Fusion (360° Fusion). Darüber hinaus muss bei adulten Patienten immer dann eine ventrale interkorporelle Fusion durchgeführt werden, wenn durch eine vorgeschaltete Kompressionsspondylodese ventrale Substanzdefekte durch Bandscheibenraumklaffen resultieren.

In unserem Patientengut, welches zum Teil ausschließlich von dorsal, zum Teil dorsoventral und ventrodorsal operiert wurde und darüber hinaus mit unterschiedlichen Implantatsystemen (USIS, Harrington-Kompressorium, Cotrel-Dubousset-Instrumentation), gelang eine Aufrichtung der Kyphose von durchschnittlich 67,8° auf 46,7° mit einem Korrekturverlust von 7,7° im Nachbeobachtungszeitraum. Durch die Aufrichtung der thorakalen Kyphose gelang eine kompensatorische Verminderung der lumbalen Lordose von 51,2° auf 38°. Somit handelte es sich um einen akzeptablen Korrekturgewinn (Kanngießer 1996) (Abb. 7.14).

Zusammenfassend lässt sich also durch die operative Behandlung der Scheuermann-Kyphosen eine dauerhafte Aufrichtung der Deformität erzielen. Durch die modernen dorsalen Doppelstabsysteme, die entweder mit Bogenhaken oder besser mit Pedikelschrauben an den Wirbeln fixiert werden, lassen sich die implantatbezogenen Komplikationen, die früher nicht selten waren, fast vollständig vermeiden. Vergleichbar der Skoliosechirurgie kann dadurch auch der stationäre Aufenthalt sowie die Rehabilitationsphase auf der Skoliosechirurgie vergleichbare Werte abgekürzt werden.

Begutachtung des Morbus Scheuermann

Geringfügige Scheuermann-typische Veränderungen mit Schmorl-Knötchen und oder Keilwirbelbildungen, jedoch ohne Hyperkyphose bedingen weder im Wachstumsalter noch beim Erwachsenen eine messbare Minderung der Erwerbsfähigkeit, da auch die Wirbelsäulenbelastbarkeit nicht reduziert ist.

Bedingt eine Scheuermann-Hyperkyphose (in aller Regel thorakale Kyphose >40°) im Wachstum die Behandlung in einem Korsett (TLSO), so ist der gleiche GdB von 30 anzunehmen wie bei der Korsettbehandlung von Patienten mit idiopathischer Skoliose. Auch beim Morbus Scheuermann werden reklinierende Orthesen mit Halseinschluss im Sinne des Milwaukee-Korsetts (CTLSO) in aller Regel nicht mehr verwendet. Diese würden einen GdB von 50 bedingen.

Der GdB nach korrigierenden, instrumentierten Fusionsoperationen orientiert sich ebenso in Bezug auf Implantatstabilität und Fusionsstrecke an dem Vorgehen bei idiopathischer Skoliose. Da die Instrumentation in aller Regel meist nur bis L2 oder L3, selten L4 reicht, ist ein GdB von mehr als 20 sicher die Ausnahme. Verbleibt ein ausgeprägter Rundrücken mit starker kompensatorischer lumbaler Hyperlordose, kann im Ausnahmefall ggf. auch ein GdB von 30 ausgesprochen werden. Das gilt auch für Erwachsene, die in der Adoleszenz konservativ im Korsett behandelt wurden.

Spondylitis ankylosans/Morbus Bechterew

Die Spondylitis ankylosans wurde erstmals von Bechterew, der um die letzte Jahrhundertwende Lehrstuhlinhaber für das Fach Neurologie und Psychiatrie in St. Petersburg war, beschrieben. Die erste Publikation erschien 1892 in einer russischen Zeitschrift (Wratsch), weitere Publikationen folgten 1893 im neurologischen Centralblatt und 1897 in der Zeitschrift für Nervenheilkunde (Bechterew 1899). Die Erkrankung trägt deshalb im deutschen und zum Teil auch anderen Sprachraum Bechterews Namen. Erst seine Beobachtungen über diese Erkrankung, so Bechterew in einer Nachfolgearbeit des Jahres 1898, „veranlassten Strümpell (1897) sowie Marie und Astie (1898), über ihre diesbezüglichen Erfahrungen zu berichten" (Bechterew 1899) Abb. 7.15).

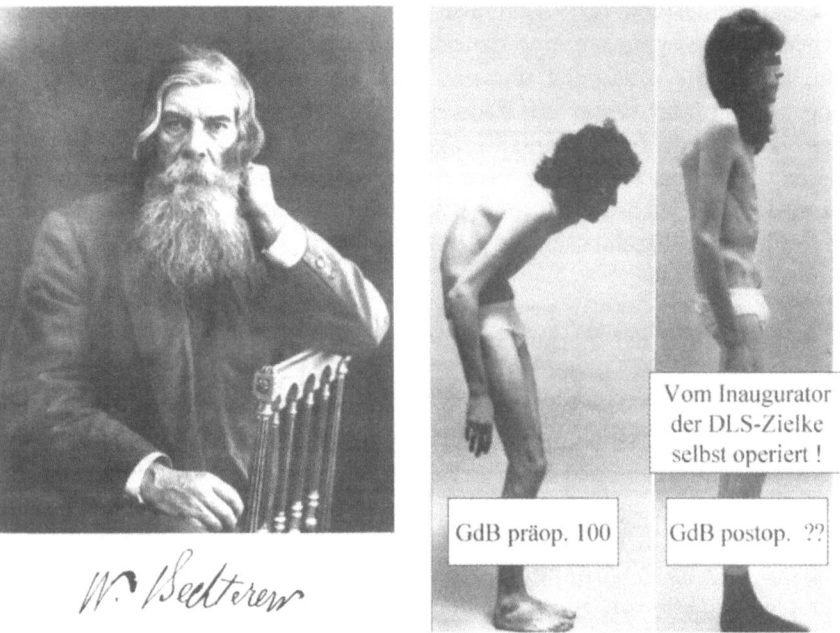

Abb. 7.15. Erstbeschreiber: von Bechterew (Wratsch, 1892). Die GdB richtet sich neben dem Ausmaß der Ankylosierung auch nach der Schwere anderer Organmanifestationen (Auge, Herz, Darm, andere Gelenke, Enthesopathien)

Definition und Klassifikation

Gemäß Definition der Kommission für Qualitätssicherung der Deutschen Gesellschaft für Rheumatologie ist die Spondylitis ankylosans eine chronische entzündlich-rheumatische Systemerkrankung, die sich vorzugsweise mit ankylosierenden und destruierenden Veränderungen am Achsenskelett, aber auch häufig mit peripheren Arthritiden, Enthesiopathien und seltener viszeralen Organbeteiligungen manifestiert.

Weitere Spondylarthropathien schließen die Psoriasisarthritis, die reaktive Arthropathie beim Reiter-Syndrom und die Arthropathie bei entzündlichen Darmerkrankungen ein, vornehmlich dem Morbus Crohn, seltener der Colitis ulcerosa.

Kriterien

Weltweit anerkannt als Klassifikationskriterien der Spondylitis ankylosans sind die New-York-Kriterien aus dem Jahr 1966, die für epidemiologische Studien entwickelt wurden:
- Deutlich eingeschränkte Beweglichkeit der Lendenwirbelsäule (LWS) in allen Ebenen

- Frühere oder aktuelle Schmerzen im Bereich des dorsolumbalen Übergangs oder der LWS
- Eingeschränkte Atembreite (≤2,5 cm) in Höhe des 4. Interkostalraums.

Die Spondylitis ankylosans gilt als gesichert, wenn
- eine beidseitige Sakroiliitis Grad 3 oder 4 und ein klinisches Kriterium oder
- eine beidseitige Sakroiliitis Grad 2 oder eine eindeutige Sakroiliitis Grad 3 oder 4 und
  - Kriterium 1 oder
  - beide Kriterien 2 und 3 vorliegen.

Die Spondylitis ankylosans gilt als wahrscheinlich, wenn
- eine beidseitige Sakroiliitis Grad 3 oder 4 vorliegt.

Voraussetzung für die Diagnose einer sicheren Spondylitis ankylosans ist eine Sakroiliitis mindestens Grad 2, entsprechend der Graduierung röntgenologischer Veränderungen der Sakroiliakalgelenke (Tabelle 7.1). Somit sind, da bis zum röntgenologischen Nachweis einer Sakroiliitis durchschnittlich 2,5–11 Jahre vergehen, die New-York-Kriterien nicht für die Frühdiagnose der Spondylitis ankylosans geeignet. Hier können bei sog. Frühformen der Spondylitis ankylosans, bei denen noch keine röntgenologisch nachweisbaren Sakroiliitiden vorliegen, die Kriterien des Kreuzschmerzes vom entzündlichen Typ (Tabelle 7.2) und die Frühdiagnosekrite-

Tabelle 7.1. Gradeinteilung der Sakroiliitis

Grad	Befund
0	Normal
1	Verwaschener Gelenkspalt, Pseudoerweiterung, mäßige Sklerosierung
2	unregelmäßige Gelenkspalterweiterung, ausgeprägte Sklerosierung, Erosionen, „Perlschnurbild"
3	Gelenkspaltverschmälerung oder -verengung, Erosionen, Sklerosierung
4	totale Ankylose

Tabelle 7.2. Kriterien des Kreuzschmerzes vom entzündlichen Typ (Calin et al. 1977)

- Krankheitsbeginn vor dem 40. Lebensjahr
- schleichender Beginn der Beschwerden
- Dauer seit mindestens 3 Monaten
- Morgensteifigkeit
- Besserung bei Bewegung

mindestens 4 Kriterien müssen erfüllt sein

Tabelle 7.3. Frühdiagnosekriterien für die Spondylitis ankylosans (Mau et al. 1990)

Kriterien	Punkte
Genetisch	
HLA-B27-positiv	1,5
Klinisch	
Wirbelsäulenschmerz (Entzündungstyp)	1
ischialgiformer Spontanschmerz und/oder positives Mennell-Zeichen	1
Spontan- oder Kompressionsschmerz im knöchernen Thorax und/oder eingeschränkte Atembreite (≤2,5 cm)	1
periphere Arthritis und/oder Fersenschmerz	1
Iritis/Iridozyklitis	1
eingeschränkte Beweglichkeit der HWS und/oder LWS in allen Ebenen	1
Laborchemisch	
Erhöhte BSG: Alter unter 50 J.: Männer 15 mm/h; Frauen 20 mm/h Alter über 50 J.: Männer 20 mm/h, Frauen 30 mm/h	
Röntgenologisch	
Wirbelsäulenzeichen; Syndesmophyten, Kasten-, Tonnenwirbel, Romanus-, Andersson-Läsion, Arthritis der Kostotransversal- und/oder der Intervertebralgelenke	1
Ab mindestens 3,5 Punkte ist die Frühdiagnose der Spondylitis ankylosans zu stellen	
Ausschlusskriterien: Traumatische, degenerative oder andere nicht entzündliche Wirbelsäulenerkrankungen, Arthritis psoriatica oder reaktive Arthritis, maligne, infektiöse, metabolische oder endokrinologische Erkrankung, andere Gründe für eine erhöhte BSG oder ein positiver Rheumafaktor	

rien der Spondylitis ankylosans (Tabelle 7.3) hilfreich sein für die Formulierung einer Verdachts- bzw. Arbeitsdiagnose.

Ein positiver HLA-B27-Test für sich allein ohne entsprechende klinische Zeichen erlaubt nicht die Diagnose einer Spondylitis ankylosans, da er auch in etwa 7% der Normalbevölkerung positiv ausfällt. Typischerweise sind bei der Spondylitis ankylosans die Rheumafaktoren negativ, weshalb sie auch als seronegative Spondylarthropathie bezeichnet wird.

Epidemiologie und natürlicher Verlauf

Die Prävalenz der Spondylitis ankylosans wird auf 0,5–1‰ in der männlichen Bevölkerung geschätzt. Männer erkranken deutlich häufiger als Frauen, jedoch ist der Anteil der erkrankten Frauen deutlich größer als früher angenommen (Bessette 1997). Andere Studien haben eine Prävalenz von 1–2% ergeben (Calin u. Fries 1975). Je nach Studie wird die Relation zwischen erkrankten Männern und erkrankten Frauen mit 1:1 bis 4:1 angegeben. Es wird dabei darauf hingewiesen, dass die Prävalenz bei Frauen möglicherweise insbesondere deshalb unterschätzt wird, weil seltener Beckenübersichtsaufnahmen angefertigt würden und die Krankheit einen weniger schweren Verlauf einnehmen würde. Der Erkrankungsbeginn liegt typischerweise zwischen der Pubertät und dem 45. Lebensjahr mit dem Punctum maximum zwischen dem 25. und 34. Lebensjahr (Carbone et al. 1992).

Die Spondylitis ankylosans ist eine chronische Erkrankung mit außerordentlich variablem Verlauf, oftmals charakterisiert durch Spontanremissionen und Exazerbationen (Goodacre et al. 1991). Somit ist die Prognose im Einzelfall nahezu unmöglich. Lehtinen (1981) konnte in einer Studie von 76 Patienten nachweisen, dass 30% nach einem Krankheitsverlauf von 25 Jahren arbeitsunfähig waren und 17% wegen der Erkrankung einen Berufswechsel durchführen mussten. Prognostisch ungünstige Faktoren waren demnach Berufe in kalter Umgebung sowie Berufe, in denen vornehmlich das Stehen abverlangt wird. Andere Risikofaktoren für das Auftreten einer Arbeitsunfähigkeit waren insbesondere periphere Arthritiden (Carette et al. 1983).

Die Erkrankung scheint jedoch die Lebenserwartung nicht zu beeinflussen (Carbone et al. 1992, Carter et al. 1979). Lediglich in schweren Verläufen wurde angeblich eine erhöhte Mortalitätsrate beobachtet (Khan et al. 1981, Radford et al. 1977).

Das charakteristische pathologische Bild der Spondylitis ankylosans ist die Entzündung mit Proliferation der Gelenkinnenhaut, Pannusformationen, gefolgt von der Destruktion des Knorpels und knöcherner Erosion. In der dann folgenden reparativen Phase kommt es zur Ankylose, die typischerweise das Stammskelett befällt und von den Kreuzdarmbeingelenken über die Lendenwirbelsäule, Brustwirbelsäule bis in die Halswirbelsäule aufsteigt. Das entzündliche Infiltrat ist typischerweise lymphozytär, Zielorgane sind, wie oben genannt, die Gelenke, jedoch auch Sehnen- und Bänderansätze bzw. -ursprünge.

Je nach Schweregrad der Erkrankung und auch Erkrankungsdauer können unterschiedliche Ossifikationstypen vorliegen, die von Hehne und Zielke (1990) nach chirurgisch relevanten Gesichtspunkten typisiert wurden.

Ein nicht unbeträchtlicher Anteil der Patienten, die an einer Spondylitis ankylosans erkrankt sind, steift mit einer kyphotischen Deformität der Rumpf- und/oder Halswirbelsäule ein. Diese fixierte kyphotische Deformität wurde auch bereits von Bechterew (1892), dem Erstbeschreiber, als Wesensmerkmal der Erkrankung hervorgehoben. Auch Nachfolgeautoren, wie Marie und Astie (1898), haben dieses Symptom beschrieben. Häufigkeitsanalysen sind jedoch selten. Schilling (1974) beobachtete unter 600 Patienten 39% kyphotisch Versteifte, davon 42% Männer und 17% Frauen. Hehne und Zielke (1990) haben aus diesen Ausführungen Schillings geschlossen, dass 2 von 3 Patienten eine fixierte kyphotische Deformität entwickeln, da diese Patienten zu 32% dem versteifenden und zu 30% den Spät- und Endstadien angehörten.

Im Spätstadium liegt neben der Ankylose der kleinen Wirbelgelenke auch eine Ossifikation des Anulus fibrosus und des ventralen und dorsalen Längsbandes vor im Sinne sog. überbrückender Syndesmophytosen, sodass die Wirbelsäule dann auch als klassische Bambusstabwirbelsäule bezeichnet wird.

Warum es bei einem nicht unbeträchtlichen Anteil der Patienten zu einer fixierten Kyphose der Wirbelsäule kommt, ist unklar. Drexel (1982) glaubte den Grund in der Ankylosierung der Kostotransversalgelenke zu sehen. Neben falscher Lagerung (Ott u. Wurm 1957) werden in der Literatur insbesondere unzureichende physiotherapeutische Behandlungsmaßnahmen genannt. Als wesentlich zur Verhinderung der Kyphosierung und generell der Immobilisierung gelten die Flachlagerung und die intensive Übungsbehandlung (Drexel 1982, Hart 1980).

Klinische Diagnostik

Patienten mit Spondylitis ankylosans werden gewöhnlich wegen zunehmender, tief sitzender Kreuzschmerzen und Steifigkeitsgefühl vorstellig. Der Schmerz kann jedoch auch primär im Bereich der Brustwirbelsäule oder in der Gesäßregion lokalisiert sein. Eine Schmerzausstrahlung in die Beine im Sinne pseudoradikulärer Schmerzen ist häufig und muss differenzialdiagnostisch von einer ischialgiformen Beschwerdesymptomatik abgegrenzt werden. Der Schmerz bei Patienten mit Spondylitis ankylosans strahlt jedoch selten bis unterhalb der Kniegelenke aus, so dass der pseudoradikuläre Charakter meist problemlos herausgearbeitet werden kann. An dieser Stelle soll nochmals an die in Tab. 7.2 zusammengefassten Kriterien des entzündlichen Kreuzschmerzes und an die Frühdiagnosekriterien der Spondylitis ankylosans in Tab. 7.3 verwiesen werden. Der Krankheitsverlauf ist in aller Regel schubweise mit zum Teil schmerzfreien Intervallen. Bei Beteiligung der Kostotransversalgelenke kommt es auch zu gürtelförmigen, oft atemabhängigen Thoraxschmerzen. Die Ankylose dieser Kostotransversalgelenke kann im Spätstadium zu einer erheblichen Limitierung der Atembreite führen. Nicht selten geht die Erkrankung mit einer peripheren Mon- oder Oligoarthritis, vorzugsweise der großen Gelenke an der unteren Extremität einher. Sie wird bei 20-75% der Patienten mit Spondylitis ankylosans im Krankheitsverlauf beobachtet. In 30% tritt sie als Erstsymptom vor den Rückenschmerzen auf.

Enthesiopathien, also hyperostotische und resorptive Veränderungen an den Sehnenansätzen, manifestieren sich vor allem im Bereich des Fersenbeins plantar und am Achillessehnenansatz, aber auch im Bereich der Sitzbeinhöcker, der Beckenkämme, der Trochanteren sowie im Bereich der Übergänge von Rippen, Rippenknorpel und Sternum.

Auch viszerale Beteiligungen treten häufig auf. Zu nennen sind hier eine einseitige, im Verlauf oft wechselnde Iritis bzw. Iridozyklitis in 4-40% der Fälle, kardiovaskuläre Manifestationen in 2-10% im Sinne einer Aorteninsuffizienz infolge einer Aortitis oder nachweisbare Kardiomyopathien sowie Reizleitungsstörungen. Peri- und Myokarditiden sind selten. Eine Nierenbeteiligung findet sich in Form einer sekundären Amyloidose in bis zu 8%

der Fälle, andere renale Veränderungen wie interstitielle Nephritis und IgA-Nephropathie in bis zu 10% der Fälle.

Differenzialdiagnostisch ist die Spondylitis ankylosans vor allem gegen andere entzündliche und degenerative Wirbelsäulen- und Iliosakralgelenkserkrankungen abzugrenzen, darüber hinaus aber auch gegenüber internistischen, neurologischen und gynäkologischen Ursachen für Wirbelsäulenschmerzen. Bei Beginn der Erkrankung im Bereich der peripheren Gelenke kommt das breite Spektrum der Differenzialdiagnose der Mon- und Oligoarthritis hinzu.

Nicht selten geht die Spondylitis ankylosans mit der Entwicklung einer Diszitis oder Spondylodiszitis einher, einer sog. Andersson-Läsion. Diese ist differenzialdiagnostisch gegenüber bakteriellen unspezifischen oder spezifischen, mykotischen und parasitären Spondylodiszitiden abzugrenzen. In der Folge einer solchen Andersson-Läsion kommt es jedoch Untersuchungen von Hehne et al. (1990) zufolge nicht zur Ausbildung von schwergradigeren kyphotischen Deformitäten als bei den anderen Patienten mit kyphotischer Deformität ohne Andersson-Läsion. Die Rate einer solchen Spondylodiszitis lag in ihrem Gesamtkollektiv von 144 Patienten bei 23%. Alle Läsionen lagen im oder knapp unterhalb des Kyphosescheitels und verursachten starke Schmerzen.

Klinisch fällt bei Patienten mit fixierter kyphotischer Deformität ein erheblicher Steh- und Sitzgrößenverlust auf. Die Kyphose wird kompensatorisch durch Hüft- und Kniebeugung sowie, wenn noch möglich, durch Seitwärtsdrehen des Kopfes auszugleichen versucht. Ziel ist die Horizontalisierung der Blickachse, was jedoch in mittelschweren bis schweren Fällen nur noch unzureichend oder gar nicht mehr gelingt. Folge dieser Ausgleichsbewegungen sind in schweren Fällen regelhaft Hüftbeugekontrakturen, seltener Kniebeugekontrakturen.

Die Dekompensation der Wirbelsäule nach vorn kann bei maximal gestreckten Hüft- und Kniegelenken durch das Ausmessen des Hinterhaupt-Wand-Abstands (Fleche occipitale) oder des Vertebra-prominens-(C7-)Wand-Abstands (Fleche cervicale) quantifiziert werden.

Die Vitalkapazität ist bei Patienten im fortgeschrittenen Krankheitsstadium in aller Regel erheblich eingeschränkt, lässt sich jedoch bei Patienten mit fixierter Kyphose wegen des zum Teil erheblichen Größenverlustes nomografisch nicht exakt quantifizieren. Im Krankengut von Hehne und Zielke (1990) erreichten die Männer auf der Basis der aktuellen Stehgröße noch 78% des Sollwertes der Vitalkapazität, auf der Basis der ursprünglichen Körpergröße nur noch 60–65%.

Brocher (1970) unterscheidet klinisch und radiologisch 3 Stadien: das Frühstadium, das floride Stadium und das Spätstadium. Das Frühstadium entspricht im Wesentlichen den Symptomen, die in Tabelle 7.3 als sog. Frühdiagnosekriterien zusammengefasst sind. Führendes Symptom des floriden Stadiums sind der schwere, entzündliche Wirbelsäulenschmerz mit massiver nächtlicher Steigerung, thorakale Schmerzen mit zunehmender Thoraxstarre. Vor einer Einschränkung der Inklinations-Reklinations-Beweglichkeit kommt es typischerweise zu einer Einschränkung der Seitneigung der Rumpfwirbelsäule. Das Spätstadium ist das der weit fortgeschrittenen Versteifungen, wobei die Krankheit zunehmend den entzündlichen Charakter verliert. Dieses Stadium erreichen jedoch nicht alle Patienten. Manche verbleiben 2-3 Dekaden im 2. Stadium mit ständigem Wechsel von Rezidiven und Remissionen. Jedoch führt Brocher (1970) auch aus, dass es klinisch besondere, d.h. atypische Verläufe gibt, z.B. solche, die das 1. Stadium überspringen oder primär chronisch verlaufen bzw. die, bei denen es primär zum Befall eines großen Gelenkes oder zu Enthesiopathien kommt.

Radiologische Diagnostik

Bei der radiologischen Diagnostik orientieren wir uns in Bezug auf das Ausmaß pathologischer Ossifikationen an der Wirbelsäule bei Patienten mit Spondylitis ankylosans an der Typisierung von Hehne und Zielke (1990), die auf chirurgisch relevanten Gesichtspunkten basiert und oben tabellarisch aufgeführt ist. Das Ausmaß der Ossifikation wird sowohl auf der frontalen als auch lateralen Ganzwirbelsäulenaufnahme beurteilt. Differenzialdiagnostisch sind Spondylophyten (degenerativ), Hyperostosen (DISH: Morbus Forestier), Syndesmophyten (Morbus Bechterew) und sog. Parasyndesmophyten zu unterscheiden.

Die kyphotische Deformität wird auf einer seitlichen Ganzwirbelsäulen-Standaufnahme mit Rasterkassette mittels der Methode nach Cobb ausgemessen. Hierbei kann sowohl die maximale Kyphose vom oberen Endwirbel zum unteren Endwirbel ausgemessen werden, als auch selektiv die lumbale Lordose, thorakale Kyphose und der thorakolumbale Übergangsbereich.

Die skoliotische Begleitdeformität wird auf der Ganzwirbelsäulen-Standaufnahme im frontalen Strahlengang ebenfalls mittels der Methode nach Cobb ausgemessen, jeweils von End- zu Endwirbel. Wegen des Fehlens der Möglichkeit zur Kompensation dieser fixierten Seitabweichung liegt häufig eine erhebliche Lotabweichung von C7 über S1 nach rechts oder links vor, die in Zentimetern ausgemessen wird.

Röntgenologisch ebenfalls sichtbar ist in aller Regel die bei Spondylitis ankylosans regelhaft vorhandene Begleitosteoporose. Eine Höhenabnahme von Wirbelkörpern aufgrund einer osteoporotischen Sinterungsfraktur ist jedoch außerordentlich selten. Hehne und Zielke (1990) fanden sie selbst bei Patienten mit Osteoporose nicht, bei denen noch keine abstützende ventrale Syndesmophytose aufgetreten war.

Röntgenologisch ebenfalls gut erkennbar ist die bereits o.g. nicht selten vorkommende aseptische Spondylodiszitis (Andersson-Läsion), die sich als erosive und sklerotische Läsion zweier benachbarter Wirbelkörper mit assoziierter Wirbelkörperhöhenabnahme darstellt.

Nach Brocher (1970) fehlt im Frühstadium jedes für die Krankheit typische Röntgenzeichen an der Wirbelsäule. Er betont, dass die adäquate Untersuchung in diesem Stadium die der Iliosakralgelenke ist, da hier praktisch regelhaft frühere Veränderungen erkennbar sind (Tab. 7.1). Der Syndesmophyt ist seinen Ausführungen zufolge das klassische radiologische Zeichen des floriden Stadiums und des Spätstadiums. Auf deren Differenzialdiagnose wurde oben eingegangen.

Konservative Therapie

Bekanntlich gibt es keine kausale, lediglich eine symptomatische Therapie der Spondylitis ankylosans bzw. derer Symptome. Die therapeutischen Ziele sind Schmerzfreiheit, Entzündungshemmung, Erhalt der Mobilität, Verhinderung der Ossifikationen und insbesondere Verhinderung der Deformierungen, vor allem an der Wirbelsäule, dem Hauptzielorgan. Eine konservative Therapie der fixierten kyphotischen Deformität mit dem Ziel der Entkyphosierung ist angesichts der dann bereits eingetretenen Ankylose nicht möglich. Wichtig ist also primär die Prophylaxe. Als konservative Behandlungsmaßnahmen sind die medikamentöse und physikalische Therapie sowie die krankengymnastische Behandlung zu nennen. Auch die Strahlentherapie, bei der in ca. 50% der Fälle eine für etwa 1 Jahr anhaltende Schmerzfreiheit oder zumindest deutliche Besserung erzielt werden kann, wird noch gelegentlich propagiert. An interventionellen Behandlungsmethoden wird gerade in den letzten Jahren bei entsprechenden Symptomen die Infiltration der ISG-Fugen mit Cortisonzusatz empfohlen.

Operative Therapie

Rumpfwirbelsäule

Die erste, als klassisch bezeichnete Publikation zu Osteotomien an der Wirbelsäule zur Korrektur von fixierten Flexionsdeformitäten bei rheumatischer Arthritis im angloamerikanischen Sprachraum stammt von Smith-Peterson et al. (1945) aus dem Massachusetts General Hospital. Er gilt als „Erfinder" der monosegmentalen lumbalen Extensionsosteotomie. Er empfahl, die Osteotomie oder die Osteotomien im Lumbalbereich in den Segmenten durchzuführen, wo die geringste oder noch gar keine ventralen Ossifikationen vorliegen, da hier erwartungsgemäß die besten Korrekturmöglichkeiten bestehen.

Seit Smith-Petersons Publikation erschien eine Vielzahl weiterer Berichte über die monosegmentale Extensionsosteotomie, zum Teil modifiziert (Briggs et al. 1947, Camargo et al. 1986, Herberg 1948, 1959, McMaster 1962, Simmons 1977 u.v.m.). Die monosegmentale lumbale Extensionsosteotomie gilt auch im angloamerikanischen Sprachraum weiterhin als allgemein akzeptierte Operationsmethode (Jaffray et al. 1992). Die größte Serie publizierte Law (1969) mit 100 Fällen. Sie führt zu einer kurzbogigen, angulären Lordose mit Verlängerung und damit Klaffen der ventralen Säule um bis zu 3–5 cm (open wedge). Dieser Korrektur müssen die Nervenwurzeln und die großen Gefäße folgen, was nicht immer der Fall ist. So wurden in der Literatur Komplikationsraten von bis zu 50% berichtet, davon bis zu 30% neurologische Defizite und Mortalitätsraten von 10–12% (Hehne u. Zielke 1990, Jaffray 1992). Letale Aortenrupturen wurden in zumindest 4 Fällen berichtet, die Dunkelziffer ist möglicherweise deutlich höher (Lichtblau u. Wilson 1956, Klems u. Friedebold 1971, Weatherley et al. 1988). Weitere Komplikationen sind Magendilationen, Darmatonien, Mesenterialarterienverschlüsse, Gastritiden und Ulkusrezidive, Lungenödeme, Bronchopneumonien, Anurien und Durchgangssyndrome.

Die monosegmentale dorsale, lumbale Extensionsosteotomie ist deshalb in Deutschland weitgehend verlassen worden. Ab 1978 entwickelte Zielke die polysegmentale dorsale Lordosierungsspondylodese, bei der 4–6 V-förmige lumbale und thorakolumbale Osteotomien in der Technik von Smith-Peterson angelegt werden. Die Korrektur erfolgte zunächst mit dem Harrington-Kompressorium, ab 1982 dann mit dem USIS-Pedikelschrauben-Stabsystem unter sukzessiver Aufrichtung des OP-Tisches. Über diese OP-Technik wird an anderer Stelle vom Inaugurator explizit berichtet. Wir verwenden diese Operationstechnik bei Ossifikationen des Typs 1 und 2a bis gelegentlich 2b nach Hehne und Zielke (1990) und erreichen damit Korrekturen von bis zu 60°, regelhaft jedoch zwischen 40 und 50°. In allen Fällen konnte eine Horizontalisierung der Blickachse, ein Hauptziel der Operation, erreicht werden. Im Mittel reichen Korrekturen von etwa 45°, die bei dieser Indikationsstellung problemlos erreicht werden können (Hehne u. Zielke 1990, Hehne et al. 1990, Böhm et al. 1989). Weil mit dieser harmonisch langbogig relordosierenden Operationsmethode die potenziellen Risiken der o.g. kurzbogigen Extensionsosteotomie vermieden werden, konnten die Komplikationen erheblich gesenkt werden. Hehne et al. (1990) ermittelten in einer retrospektiven Analyse von 177 Patienten eine Mortalitätsrate (nicht operationsspezifisch) und neurologische Komplikationsrate von etwas mehr als 2% (je 4 Patienten). Die meisten Komplikationen entfielen dabei auf die Frühphase (Lernkurve). Weitere Komplikationen waren tiefe Wundinfekte in 6 Fällen und Implantatbrüche in 4 Fällen, dabei dreimal mit Korrekturverlust. Die Reoperationsrate lag bei 7% (Abb. 7.16 und 7.17).

Bei fortgeschrittenen Ossifikationsstadien des Typs 3a und 3b, vielleicht auch schon 2b, sollte dieses Verfahren der polysegmentalen dorsalen Lordosierungsspondylodese (DLS) jedoch nicht mehr eingesetzt werden, da trotz dorsaler Osteotomien die ventral überbrückenden Syndesmophytosen den Korrekturkräften nicht mehr oder nur noch unvollständig, d.h. in wenigen Segmenten nachgeben. Folge sind dann die o.g. riskanten kurzbogigen Korrekturen sowie Schraubenlockerungen und -wanderungen mit Wurzelkompressionen (Halm 1997). Ohnehin können wegen der Begleitosteoporose nur begrenzt Kräfte senkrecht zur Pedikelschraubenlängsachse eingeleitet werden. Erhebliche Probleme mit der Korrektur von fixierten Kypho-

Spondylitis ankylosans/Morbus Bechterew 125

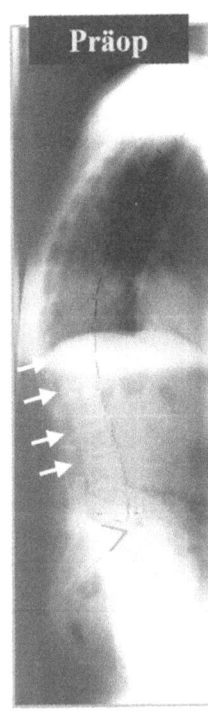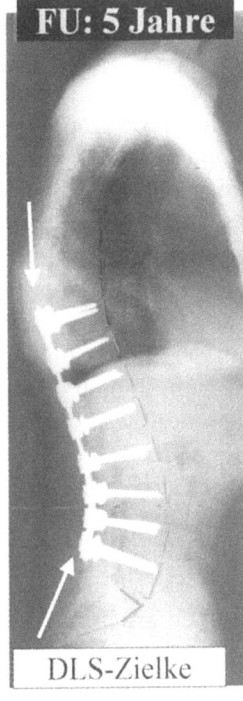

Spondylitis ankylosans:
männlich, 42 Jahre
Typ I (dorsale Ossifikation)

4 V- förmige Osteotomien
T11-L3 und DLS:
(Dorsale Lordosierungs-
Spondylodese)

Korrektur: 38° Cobb
Rekompensation von
Beckenkippung und
sagittaler Statik (Profil)

DLS-Zielke

Abb. 7.16.

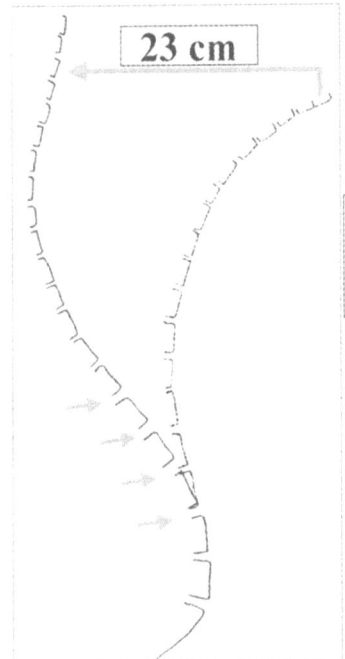

23 cm

4-6 V-förmige dorsale Osteotomien
und nachfolgend dorsale Kompressions-
Spondylodese zur Relordosierung

Rückverlagerung des Körperschwer-
Punktes um 23 cm
Gleicher Patient wie Abb. 16 !)

Typ 1, 2a

Abb. 7.17. Dorsale Lordosierungs-Spondylodese (DLS-Zielke)

sen im fortgeschrittenen Krankheitsstadium berichteten kürzlich noch Van Royen et al. (1998). Zum Teil konnten sie mit der DLS gar nicht oder nur geringfügig korrigieren.

In diesen fortgeschrittenen Ossifikationsstadien sollte deshalb eine dorsale Wirbelkörperkeilosteotomie mit nachfolgender Osteoklasie bis zum Verschluss des intravertebralen Osteotomiespalts durchgeführt werden. Der Erstbeschreiber dieser Methode ist vermutlich Ziwjan (1971 und 1982), der die Osteotomie jedoch in Höhe eines Bandscheibenraumfaches von dorsal durchführte und auch das vordere Längsband durchtrennte.

Die meisten Nachfolgeautoren (Leong et al. 1985, Hehne u. Zielke 1990, Jaffray et al. 1992, Metz-Stavenhagen 1994, Thiranon u. Netrawichien 1993, Thomasen 1984, Van Royen et al. 1995) führen die dorsale Wirbelkörperkeilosteotomie jedoch transpedikulär und ohne Durchtrennung des vorderen Längsbandes durch. Derjenige, der diese transpedikuläre Technik als erster durchführte, ist wahrscheinlich der Däne Thomasen, der zwischen 1955 und 1981 11 Patienten in Höhe L2 operierte und die OP-Technik, damals noch ohne instrumentelle Korrektur und Stabilisierung, sowie seine Ergebnisse mit einem Follow-up von 1 bis 23 Jahre 1985 publizierte (Thomasen 1985). Seine Korrekturen lagen zwischen 12 und 50° mit einem Mittelwert von 27,2°. Fatale Komplikationen traten nicht auf, eine Querschnittsymptomatik wegen Subluxation war nach operativer Revision regredient. In der heutigen Zeit wird diese Operation instrumentell mit winkelstabilen dorsalen Pedikelschrauben-Stabsystemen durchgeführt, weil dadurch die initiale Stabilität ganz erheblich erhöht wird. Mit dem Begriff der Primärstabilität sollte man jedoch bei Patienten mit Spondylitis ankylosans wegen der z.T. ausgeprägten Begleitosteoporose sehr vorsichtig umgehen. Der Risikofaktor ist nicht der stabile Fixateur, sondern wegen der Osteoporose die Knochen-Schrauben-Grenzschicht („bone-metal-interface"). Es sollte also trotzdem zusätzlich mit einem Korsett (TLSO) für etwa 6 Monate extern ruhiggestellt werden. Unsere durchschnittlichen Korrekturwinkel bei 7 Patienten liegen bei 34° (30–39°). In keinem Fall beobachteten wir neurologische oder implantatbezogene Komplikationen. Ein Spätinfekt 9 Monate postoperativ konnte bei fester Durchbauung durch Metallexplantation und Débridement problemlos beherrscht werden. Alle Patienten waren mit dem OP-Ergebnis sehr zufrieden (Abb. 7.18 und 7.19).

Den außerordentlich positiven Einfluss von Korrekturosteotomien bei Patienten mit fixierter Kyphose der Rumpfwirbelsäule auf dem Boden einer Spondylarthropathie auf alle Dimensionen der Befindlichkeit gemäß Definition des Begriffs Gesundheit konnten Halm et al. (1995) bei 175 Patienten nachweisen. Zur Analyse herangezogen wurden dabei die von Jäckel (1987) modifizierten Arthritis Impact Measurement Scales von Meenan et al. (1980 und 1982). Für alle Skalen (Mobilität, verschiedene Aktivitätsbereiche, Schmerzen, Ängstlichkeit, Depression) konnten durch die Operation hochsignifikante ($p<0,001$) oder signifikante ($p<0,01$) Zustandsverbesserungen erzielt werden. 88,4% der Patienten waren mit dem OP-Ergebnis sehr zufrieden.

Spondylitis ankylosans/Morbus Bechterew

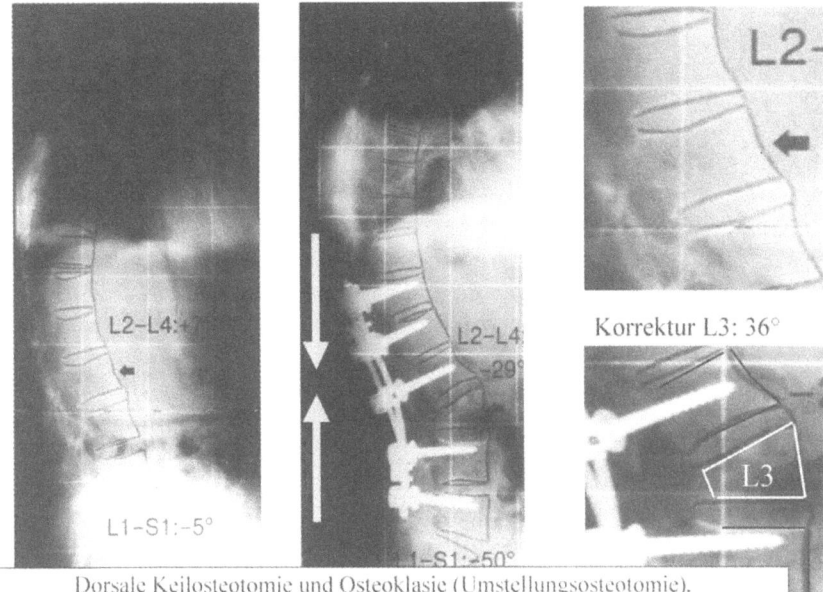

Dorsale Keilosteotomie und Osteoklasie (Umstellungsosteotomie). Dadurch lotrechte Rückverlagerung des Oberkörpers und Kopfes um bis zu 30 cm und Horizontalisierung der Blickachse: signifikante Verbesserung der Lebensqualität!

Abb. 7.18. 60-jährige Patientin mit vollständiger Einsteifung der Wirbelsäule und Rumpfüberhang nach vorne um 23 cm mit Neigung der Blickachse um 45° nach unten

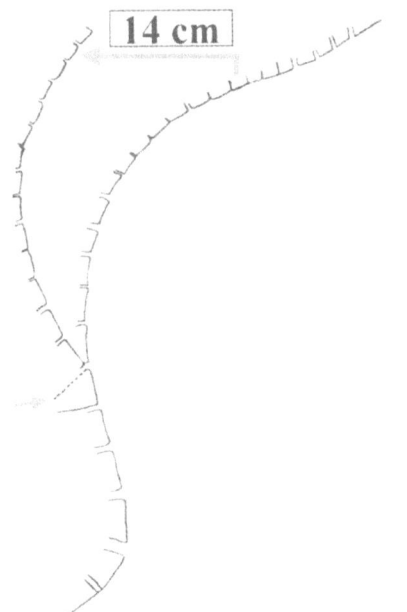

Transpedikuläre Subtraktions Osteotomie und instrumentierte „Closing wedge"

Modifizierte Thomasen-Technik (Clin. Orthop. 1985)

Gleicher Patient wie Abb. 18 Korrektur des Körperlotes um 14 cm nach hinten mit Aufrichtung der Blickachse

Typ 2b, 3a, 3b

Abb. 7.19.

Halswirbelsäule

Der erste kasuistische Artikel zur operativen Aufrichtung fixierter zervikaler Kyphosen stammt von Mason et al. (1953). Er führte bei einem 30-jährigen Patienten in Seitenlage und mit Lachgasnarkose sowie Lokalanästhesie mit Procain nach Laminektomie Th1 und Th2 eine komplette Osteotomie von Th1 durch. Dem schloss sich eine Crutchfield-Extensionsbehandlung an. Die Zugkraft musste wegen sich einstellender Heiserkeit auf dem Boden einer Rekurrenzparese nach 2 Wochen wieder reduziert werden. Die Symptomatik war sofort regredient, das Korrekturergebnis gut. Bereits Mason führte aus, dass wegen der Vertebralarterien eine Osteotomie sub C7 gewählt werden sollte.

Urist (1958) empfahl das Segment C7–Th1 wegen der relativen Weite des Spinalkanals und der guten Mobilität des Duralschlauches und der C8- Nervenwurzeln an dieser Stelle. Er beschrieb seine Technik als eine Adaptation der Technik nach Smith-Peterson et al. (1945) und führte im Sitzen nur eine dorsale Osteotomie durch. Danach wurde der Kopf vom Assistenten vorsichtig manuell durch Druck am Kinn bis zur Horizontalisierung der Blickachse angehoben. Es kam zu einem schmerzhaften Knacken, das sich gemäß Schilderung Urists wie eine Grünholzfraktur anhörte. Die größten Serien von zervikothorakalen Extensionsosteotomien mit dieser Technik stammen von Simmons (1972 und 1977) sowie Hehne u. Zielke (1990). Im letztgenannten Krankengut von 22 Patienten betrug der Korrekturgewinn (Frühergebnisse) im Mittel 35,4°, verbunden mit einem Stehgrößengewinn von 6,5 cm und einer Reduktion des Fleche cervicale von 11,1 cm. Bei 3 Patienten kam es zu neurologischen, nach Revision reversiblen Komplikationen – in einem Fall eine partielle Plexusparese und je einmal eine motorische bzw. sensible C8-Läsion. Ein Patient der Hochrisikogruppe mit Z. n. Magenresektion und Niereninsuffizienz verstarb am 5. postoperativen Tag aufgrund einer gastrointestinalen Blutung. Die Korrektur und Stabilisierung erfolgte im Halorumpfgips bis zur knöchernen Konsolidierung der Spondylodesestrecke. Als Spondylodesematerial werden die bei der Laminektomie und Osteotomie gewonnenen Knochenspäne benutzt. Auch wir verwenden diese OP-Technik, führen die Operation jedoch am intubierten Patienten in Vollnarkose durch. Da mittlerweile ultrakurzwirksame Infusionsanästhetika und -analgetika zur Verfügung stehen, kann zu jedem Zeitpunkt der Operation die neurologische Situation an den oberen und unteren Extremitäten des sitzenden Patienten überprüft werden. Auch für den Patienten ist diese Form der Anästhesie wesentlich angenehmer, da mit der Lokalanästhesie wegen der Nichterreichbarkeit des Periosts laminainnenseitig keine vollständige Schmerzfreiheit erzielt werden kann (Abb. 7.17).

Auch an diesem Patientengut mit fixierter zervikaler Kyphose haben wir retrospektiv eine multidimensionale Analyse des Gesundheitszustands zur Beurteilung des Operationserfolges durchgeführt und kamen zu vergleichbar guten Ergebnissen mit hochsignifikanten Zustandsverbesserungen (Halm et al. 1995).

Begutachtung der Spondylitis ankylosans

Bei der gutachtlichen Beurteilung der Spondylitis ankylosans ist das Stadium der Erkrankung, in dem sich der Patient befindet, zu berücksichtigen. Selbstverständlich ist ein Patient mit vollständig eingesteifter Wirbelsäule und ggf. begleitender Affektion stammnaher Gelenke anders und damit in Bezug auf GdB und MdE höher zu bewerten als ein Patient im Frühstadium der Erkrankung, in dem möglicherweise lediglich ein Befall der Kreuzdarmbeingelenke und der unteren LWS vorliegt. Entsprechend geben Rompe und Erlenkämper in ihrer Bewertung von Leistungseinschränkungen in den verschiedenen Sachgebieten eine Streubreite der GdB von 30 bis 100 an. Im Frühstadium der Erkrankung, in dem also lediglich die Frühsymptome des Morbus Bechterew zu verzeichnen sind, sollte somit lediglich mit einem GdB von 100, welcher auch der abstrakten MdE entspräche, bewertet werden. Bei zunehmender Einsteifung der Rumpfwirbelsäule und damit funktioneller Einschränkung nehmen dann auch GdB und MdE zu. Hierbei sind auch Bechterew-typische Begleiterkrankungen stammnaher Gelenke oder des Weichteilgewebes bzw. auf anderen Fachgebieten gesondert zu betrachten, wie z. B. Enthesiopathien, Kox- und Gonarthrosen mit Kontrakturen, Iridozyklitiden oder eine Perikarditis/Myokarditis, ein Morbus Crohn oder die Colitis ulcerosa. Eine schwere Herzbeteiligung mit Herzinsuffizienz würde sicherlich für sich allein bereits eine MdE von 100% ausmachen, selbst wenn die Beteiligung des Achsenskeletts diesen für sich allein noch nicht bedingen würde. Entsprechend sind bei Organbeteiligungen Zusatzgutachten der betroffenen Fachdisziplinen einzuholen.

Bei schwerer fixierter Kyphose, die durch Nachbarsegmente oder benachbarte stammnahe Gelenke nicht mehr kompensierbar ist und damit zu einer gravierenden Senkung der Blickachse im Stehen und Sitzen führt, ist von einer MdE von 100% auszugehen, da dieser Zustand praktisch jede berufliche Tätigkeit unmöglich macht.

Nach Korrekturosteotomien ist für die Zeitdauer der Korsetttragezeit postoperativ ein GdB von 100 bzw. eine MdE 100% anzunehmen, die nach Abschulung und guter Korrektur der Blickachse eine Senkung der MdE auf etwa 70% zuließe, jedoch nur bei Ausschluss gravierender Organbeteiligungen.

Diese Ausführungen machen deutlich, dass es bei der gutachtlichen Beurteilung der Spondylitis ankylosans, ob mit oder ohne Wirbelsäulendeformität, kein Patentrezept gibt.

Spondylolisthesis vera

Auf die Spondylolisthesis vera soll abschließend nur kurz eingegangen werden, da lumbosakrale Veränderungen und Folgezustände nach lumbosakralen Fusionen bereits in den Kapiteln über degenerative Veränderungen der LWS abgehandelt wurden und sich großteils Vergleichbarkeiten ergeben.

Die von Kilian im Jahr 1854 geprägte Begriffsbezeichnung der Spondylolisthesis stammt aus dem Griechischen (spondyl = Wirbel, olisthesis = gleiten) und beschreibt das ventrale Abrutschen des meist präsakralen Lendenwirbelkörpers gegenüber dem Sakrum. Bei den degenerativen Olisthesen, die hier nicht Gegenstand der Betrachtung sind und an anderer Stelle Berücksichtigung finden (degenerative LWS), ist in aller Regel das Segment L4/5 betroffen.

Bei den ausschließlich lytischen Formen der Spondylolisthesis vera kommt es in aller Regel nicht zu einem nennenswerten Gleiten und ebenso nicht zu einer gravierenden Deformität, die meist weniger durch den Gleitgrad als vielmehr durch die Kyphosierung des Segments (lumbosakrale Kyphose/sagittale Rotation) bedingt ist. Das höher- bis hochgradige Gleiten mit assoziierender lumbosakraler Kyphose tritt in aller Regel während des Wachstums in der ersten oder zweiten Lebensdekade bei den dysplastischen Verlaufsformen auf.

Die Ursache der Entstehung der Olisthesis ist noch immer nicht geklärt. Rein kongenitale Ursachen können jedoch ausgeschlossen werden, da eine Spondylolyse (Unterbrechung der Interartikularportion als häufigste Voraussetzung des Gleitens) bei Neugeborenen bisher nicht gesehen wurde. Die Analyse der Literatur legt zusammengefasst nach heutigem Kenntnisstand nahe, dass es sich beim Entwicklungsprozess der Spondylolyse bzw. seitlichen Wirbelbogenelongation pathologisch-anatomisch um einen Ermüdungsschaden des wachsenden Skeletts durch ein Zusammenwirken genetischer und exogener mechanischer Faktoren handelt. Genetisch findet sich eine zunehmende Häufung der Lyse in Nordeuropa (Eskimos bis 50% der Fälle). Als exogene Faktoren kommen repetitive Mikrotraumen durch bestimmte Sportarten in Frage, die bevorzugt durch Hyperextension, Stauchung und Torsion der LWS auftreten (Kunstturnen, Speerwerfen).

Klinische Diagnostik

Der prozentual größte Anteil der Menschen mit Spondylolyse oder niedriggradiger Olisthesis bleibt asymptomatisch. Leitsymptom bei Beschwerden ist der tiefsitzende Kreuzschmerz. Bei zunehmendem Gleitgrad können sich Ischiasschmerzen, Lendenstrecksteife und neurologische Ausfallssymptome hinzugesellen, die praktisch ausnahmslos die L5-Wurzel betreffen. Ursache hierfür ist die Kompression dieser Wurzel durch Reparationsgewebe im Lysespalt allein oder in Kombination mit einem Bandscheibenschaden.

Eine Spondylolyse oder ein leichtgradiges Gleiten sind klinisch nicht diagnostizierbar. Bei höhergradigem Gleiten kommt es durch den ventralen Abrutsch zu einer Stufenbildung in der Dornfortsatzreihe (Sprungschanzenphänomen). Die lumbosakrale Kyphosierung bedingt eine kompensatorische Hyperlordose der mittleren und oberen LWS, die als verstärktes Hohlkreuz imponiert. Bei einer Wurzelreizsymptomatik lassen sich ggf. Schmerzen sowie sensomotorische Ausfälle im Verlauf der betroffenen Nervenwurzel diagnostizieren, in aller Regel im Dermatom L5.

Radiologische Diagnostik

Eine Spondylolyse ist am einfachsten auf Schrägaufnahmen der LWS zu diagnostizieren und imponiert als Unterbrechung der Interartikularportion (Zeichen des Hundehalsbandes). Ist die Lyse entsprechend breit und evtl. bereits sklerosiert, so lässt sich die Diagnose bzw. Verdachtsdiagnose jedoch schon auf der frontalen und seitlichen Rö-Aufnahme der LWS erkennen. Auf der seitlichen Aufnahme lässt sich der Gleitgrad nach der Einteilung von Meyerding (1932) ausmessen. Hierbei wird die Grundplatte vom Sakrum in vier Viertel unterteilt. Liegt die Hinterkante von L5 noch im hinteren Viertel, liegt ein Gleitgrad 1 vor, im zweithintersten Viertel ein Gleitgrad 2 usw. Von einem vollständigen Abrutsch (Spondyloptose) wird gesprochen, wenn die Hinterkante des abrutschenden Wirbels vor die Vorderkante des darunter befindlichen Wirbels rutscht. Das Ausmaß der lumbosakralen Kyphose wird ebenfalls auf der seitlichen Rö-Aufnahme der LWS als so genannte lumbosakrale Kyphose in Grad oder als Gleitwinkel bzw. sagittale Rotation ebenfalls in Grad ausgemessen.

Auf seitlichen Funktionsaufnahmen der LWS lässt sich ein funktionelles Gleiten ausmessen, in dem der Abrutsch in Millimetern und die Kyphose in Grad selektiv bei Extension und Flexion ausgemessen wird. Anerkannte Regeln, wann von einer funktionellen Instabilität gesprochen werden kann, gibt es jedoch nicht. Der kleinste gemeinsame Nenner scheint ein Gleiten von mehr als 3 mm und/oder eine Winkeländerung von mehr als 15° zu sein.

Konservative Therapie

Bei der konservativen Therapie dieser lumbosakralen Instabilität kommt der stabilisierenden Krankengymnastik mit isometrischer Kräftigung der Rumpfmuskulatur die Hauptbedeutung zu. Bei akuten lumbalen Schmerzattacken mit oder ohne Ischialgie (Lumbago/Lumboischialgie) kann ein lumbales Mieder zusätzlich lindernd wirken, hierbei kommen adjuvant physikalische Therapie und eine Schmerzmedikation mit nichtsteroidalen Antiphlogistika/Analgetika oder Cox-2-Hemmer in Betracht.

Operative Therapie

Bei konservativ therapieresistenten stärkeren Beschwerden, progredienten neurologischen Ausfallerscheinungen und im Wachstum progredientem Gleitgrad besteht die Indikation zur Fusionsoperation (Versteifung), wobei von einigen wenigen Autoren auch bei höherem Gleitgrad noch die nichtinstrumentierte In-situ-Fusion durch posterolaterale Spondylodese propagiert wird (Frennered et al. 1991). Hauptgrund hierfür sind gute klinische Ergebnisse und der Verweis auf potentielle Schädigungen der L5-Wurzel durch instrumentelle Reduktion des Gleitgrades, die früher häufiger vorkamen (Schöllner 1973, Hu et al. (1995).

Zunehmend wird jedoch von führenden Zentren die instrumentierte Reduktionsspondylodese mit gutem Erfolg durchgeführt. Hierdurch können Gleitgrad und Gleitwinkel effektiv korrigiert werden, was zur Verbesserung der Wirbelsäulenstatik mit Abnahme der kompensatorischen lumbalen Hyperlordose führt. Sagittale Dekompensationen werden dadurch beseitigt. Das Risiko der Reduktion ist, wie oben angeführt, die mögliche Schädigung der L5-Wurzel, was jedoch durch eine vorher durchzuführende Neurolyse mittels Entfernung des komprimierenden Reparationsgewebes im Lysespalt sowie möglicherweise komprimierenden Bandscheibengewebes nach unserer Erfahrung kalkulierbar gering gehalten werden kann. Wir führen auch bei hochgradigen Spondylolisthesen einen rein dorsalen Eingriff mit Dekompression durch Laminektomie und bilateraler Facettektomie sowie bilateraler transforaminaler Diskektomie durch. Durch dieses zirkuläre Release lassen sich zum einen die Nervenwurzeln komplett dekomprimieren und darstellen, zum anderen relativ leicht die nachfolgende instrumentelle Reduktion durchführen. Motorische Paresen haben wir bei diesem Vorgehen in den letzten 3 Jahren nicht mehr beobachtet, gelegentlich berichten die Patienten über vorübergehende leichte Hyp- oder Dysästhesien im Dermatom L5, häufig ausschließlich im Bereich der Großzehe. Vielleicht trägt die intraoperative hochdosierte Gabe von Cortison, welches wir vom Anästhesisten immer intravenös applizieren lassen, zur Vermeidung neurologischer Schäden bei. Die postoperative Nachbehandlung ist entweder korsettfrei (bei Primärstabilität) oder es wird noch für 3 bis 6 Monate für tagsüber ein lumbales Korsett verordnet. Danach ist es in aller Regel zu einer festen interkorporellen Fusion des Instrumentationsbereichs gekommen (Abb. 7.20 und 7.21).

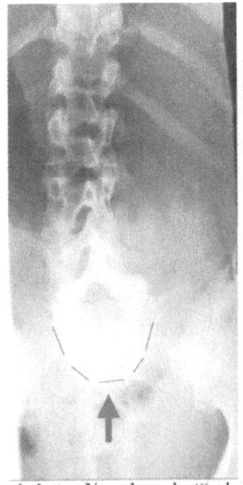
„Umgekehrter Napoleonshut" als radiologisches Zeichen der Spondyloptose frontal

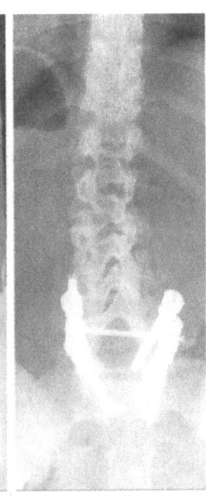
Reponierende Instrumentationsspondylodese

Abb. 7.20. Spondyloptose bei 11-jährigem Mädchen

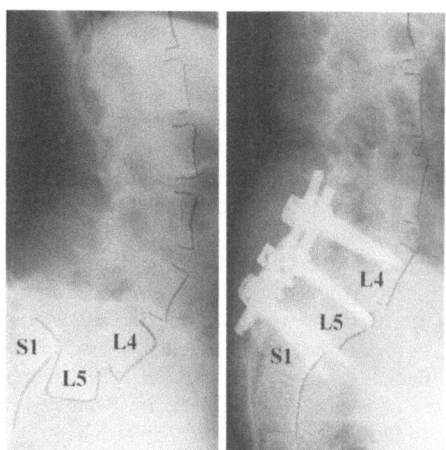

Abb. 7.21. Spondyloptose (Gleitgrad V) bei 11-jährigem Mädchen, vollständig reponiert GdB postop. für 3–6 Monate 100, danach bis 1 Jahr postop. 50, danach 10–20

Begutachtung der Spondylolisthesis vera

Die Begutachtung der Spondylolisthesis orientiert sich in Bezug auf lumbale Schmerzen und Funktionsstörungen bzw. Minderbelastbarkeiten an den Leitlinien der Begutachtung degenerativer Veränderungen der LWS. Für Kinder und Jugendliche, die wegen der Olisthesis an Lumbalgien oder Lumboischialgien leiden, sollten Einschränkungen im Schulsport verordnet werden, wobei insbesondere Sportarten, die die o. g. schädigenden stauchenden, torquierenden und hyperextendierenden Belastungen beinhalten (Turnen, Gymnastik, Speerwerfen etc.) zu untersagen sind. Ggf. sollte eine vollständige Schulsportbefreiung ausgesprochen werden.

In Anlehnung an Rompe und Erlenkämper (1992) und eigene Erfahrungen sind Personen mit Wirbelgleiten schwere körperliche Arbeiten nicht zuzumuten. Der Behinderungsgrad wird bei einem Gleitgrad I nach Meyerding auf 10, bei einem Gleitgrad II auf 20 und bei einem Gleitgrad größer II auf 30 geschätzt. Natürlich sind neurologisch fassbare Ausfallerscheinungen gesondert zu beurteilen und ein neurologisches Zusatzgutachten sollte in Auftrag gegeben werden.

Nach Fusionsoperationen ist bis zur knöchernen Fusion des Versteifungsbezirks zumindest für die ersten 3 Monate ein GdB von 100 anzunehmen. Nach fester Fusion orientiert sich der GdB an der Anzahl der fusionierten Segmente (s. lumbale Fusionsoperationen anderer Indikationsgebiete). Neurologische Restdefizite sowie ggf. durch die Operation neu aufgetretene neurologische Störungen sind gesondert zu berücksichtigen. Bei fester mono- oder bisegmentaler Fusion (L5/S1 bzw. L4–S1) ohne neurologische Restsymptomatik ist von einer MdE von 10% bis maximal 20% auszugehen.

Literatur

Aaro S, Öhlén G (1983) The effect of Harrington Instrumentation on the sagittal configuration and mobility of the spine in scoliosis. Spine 570
Afchani P (1996) Ergebnisse einer retrospektiven Studie über die konservativen Behandlungsresultate der Hyperkyphose beim M. Scheuermann mit dem Münsteraner-Kyphose-Korsett. Inaugural-Dissertation, Medizinische Fakultät der Universität Münster
Bauer R (1991) Kyphose. In: Bauer R, Kerschbaumer F, Poisel S (eds) Orthopädische Operationslehre, Band 1: Wirbelsäule. Thieme, Stuttgart New York
Bechterew W von (1899) Über ankylosierende Entzündung der Wirbelsäule und der großen Extremitätengelenke. Dtsch Z Nervenheilk 15:37–44
Besseti L, Katz JN, Liang MH (1997) Differential diagnosis and conservative treatment of rheumatic disorders. In: Frymoyer JW (ed) The adult spine. Lippincott-Raven, Philadelphia New York, pp 803–826
Böhm H, Hehne H-J, Zielke K (1989) Die Korrektur der Bechterew-Kyphose. Orthopäde 18:142–154
Böhm H (1997) Kritische Würdigung von Orthesen und Hilfsmitteln zur Behandlung von Haltungsdeformitäten. In: Bernau A (ed) Praktische Orthopädie, Bd. 28, Wirbelsäule und Statik. Thieme, Stuttgart New York
Bradford DS (1994) Kyphosis in the elderly. In: Lonstein JE, Bradford DS, Winter RB, Ogilvie J (eds) Moe's Textbook of scoliosis and other spinal deformities. W.B. Saunders Company, Philadelphia
Braun J, Bollow M, Seyrekbasan F, Heberle HJ, Eggens U, Mertz A, Distler A, Sieper J (1996) Computed tomography guided corticosteroid injection of the sacroiliac joint in patients with spondylarthropathy with sacroiliitis. Clinical outcome and follow up by dynamic magnetic resonanz imaging. J Rheumatol 23:659–664
Bridwell K (1996) Classification of de-novo scoliosis. Inaugural meeting of the international spinal study group, London
Briggs H, Keats S, Schlesinger PD (1947) Wedge osteotomy of the spine with bilateral intervertebral foraminotomy. J Bone Joint Surg 29:1075–1082
Brocher JEW (1970a) Die Wirbelsäulenleiden und ihre Differentialdiagnose, 5. Aufl. Thieme, Stuttgart
Brocher JEW (1970b) Die Scheuermannsche Krankheit. In: Differentialdiagnose der Wirbelsäulenerkrankungen, 5. Aufl. Thieme, Stuttgart, S 191–231
Brocher JEW (1980) Die Scheuermannsche Krankheit. Die Wirbelsäule und ihre Differentialdiagnose. Thieme, Stuttgart
Calin A, Fries JF (1975) The striking prevalence of ankylosing spondylitis in: healthy W 27 positive males and females. Controlled study. N Engl J Med 293:835–839
Calin A, Parta J, Fries JF, Schurmann DJ (1977) Clinical history as a screening test for ankylosing spondylitis. J Amer Med Assn 237:2613–2614
Camargo CFP, Cordeiro EN, Napoli M (1986) Corrective osteotomy of the spine in ankylosing spondylitis. Experience with 66 cases. Clin Orthop 208:158–167
Carbone LD, Cooper C, Michet CJ (1992) Ankylosing spondylitis in Rochester, Minnesota, 1935–1989: Is the epidemiology changing? Arthritis Rheum 35:1476–1482
Carette S, Grayham D, Little H, Rubenstein J, Rosen P (1983) The natural disease course of ankylosing spondylitis. Arthritis Rheum 26:186–190
Carter ET, McKenna CH, Brian DD, Kurland LT (1979) Epidemiology of ankylosing spondylitis in Rochester, Minnesota, 1935–1973. Arthritis Rheum 22:365–370
Castro WHM, Jerosch J (1996) Orthopädisch-traumatologische Wirbelsäulen- und Beckendiagnostik. Enke, Stuttgart

Cobb J (1948) Outline for the study of scoliosis. In: American academy of orthopaedic surgeons. Instructural course letters. Ann Arbor, Edwards Brothers Inc 5.261

Cochran T, Irstam L, Nachemson A (1983) Longterm anatomic and functional changes in patients with adolescent idiopathic scoliosis treated by Harrington rod fusion. Spine 8:576

Dickson J, Erwin W, Rossi D (1990) Harrington instrumentation and arthrodesis for idiopathic scoliosis. A 21-year follow-up. J Bone Joint Surg 72-A:678

Dickson RA (1992) The etiology and pathogenesis of idiopathic scoliosis. Acta Orthop Belg 58:21–25

Drerup B (1985) Improvements in measuring vertebral rotation from the projections of the pedicles. J Biomech 18:369

Drexel H (1982) Physikalische und balneologische Therapie der ankylosierenden Spondylitis. Act Rheumatol 7:112

Edelmann P (1997) Koreferat zum Vortrag von H. Böhm. In: Bernau A (ed) Praktische Orthopädie, Bd 28, Wirbelsäule und Statik. Thieme, Stuttgart New York

Fon Gt, Pitt MJ, Thies AC (1980) Thoracic kyphosis: Range in normal subjects. Am J Roentgenol 134:979

Frennered D, Danielson B, Nachemson A, Nordwall A (1991) Mid-term follow-up of young patients fused in-situ for spondylolisthesis. Spine 16:409–416

Gaubitz M (1998) Diagnostik und Therapie des Morbus Bechterew aus internistischer Sicht. Vortrag, Symposium: Deformitäten und degenerative Erkrankungen der Wirbelsäule – Aktueller Stand und Perspektiven, Orthopädische Universitätsklinik Münster

Giehl J, Zielke K, Hack HP (1989) Die ventrale Derotationsspondylodese nach Zielke. Orthopäde 18:101

Ginsburg H, Goldstein L, Haake P, Perkins S, Gilbert H (1995) Longitudinal study of back pain in postoperative idiopathic scoliosis. SRS Annual meeting, Asheville, NC

Goudacre JA, Mander M, Dick WC (1991) Patients with ankylosing spondylitis show individual patterns of variation in disease activity. Br J Rheumatol 30:336–338

Graham B, Van Peteghem PK (1989) Fractures of the spine in ankylosing spondylitis. Spine 14:803–807

Greenspan A (1993) Skelettradiologie. Orthopädie, Traumatologie, Rheumatologie, Onkologie. VCH Verlagsgesellschaft, Weinheim

Greyham B, Van Peteghem PK (1989) Fractures of the spine in ankylosing spondylitis. Diagnosis, treatment and complications. Spine 14:803–807

Greulich W, Pyle S (1959) Radiographic atlas of skeletal development of the hand and wrist. 2nd. ed. Standford, CA, Stanford University Press

Halm H, Metz-Stavenhagen P, Schmitt A, Zielke K (1995a) Ergebnisse cervicothorakaler sowie zweizeitiger cervicothorakaler und dorsolumbaler Aufrichtungsosteotomien bei Spondylitis ankylosans mit fixierter kyphotischer Deformität – Analyse aus der Sicht des Patienten mittels multidimensionaler Mopo-Skalen. Orthop Praxis 7:452–456

Halm H, Metz-Stavenhagen P, Zielke K (1995b) Results of surgical correction of kyphotic deformities of the spine in ankylosing spondylitis on the basis of the modified arthritis impact measurement scales. Spine 20:1612–1619

Halm H (1997) Möglichkeiten der Formkorrektur und Stabilisierung fixierter kyphotischer Deformitäten bei Patienten mit Spondylitis ankylosans. Habilitationsvortrag, Münster

Halm H (2000) Ventrale und dorsale korrigierende und stabilisierende Verfahren bei idiopathischer Skoliose. Orthopäde 29:543

Halm H, Niemeyer T, Halm B, Liljenqvist U, Steinbeck J (2000) Halm-Zielke Instrumentation als primärstabile Weiterentwicklung der Zielke-VDS bei idiopathischen

Skoliosen. 1-4-Jahresergebnisse einer prospektiven Studie bei 29 konsekutiven Patienten. Orthopäde 29:563

Hammerberg KW (1997) Kyphosis in the eldery. In: Bridwell KH, DeWald RL (eds) The Textbook of spinal surgery, 2nd ed., Vol 1. Lippincott Raven, Philadelphia New York

Hard FD (1980) Clinical features and complications. In: Moll JMH (ed) Ankylosing spondylitis. Churchill Livingstone, Edinburgh

Harreby M, Neergard K, Hesselsoe G, Kjer J (1995) Are radiologic changes in the thoracic and lumbar spine of adolescents risk factors for low back pain in adults? Spine 20:2298-2302

Hehne HJ, Becker HJ, Zielke K (1990) Die Spondylodiszitis bei kyphotischer Deformität der Spondylitis ankylosans und ihre Ausheilung durch dorsale Korrekturosteotomien. Bericht über 33 Patienten. Z Orthop 128:494-502

Hehne HJ, Zielke K, Böhm H (1990) Polysegmental lumbar osteotomies and transpedicled fixation for correction of long-curved kyphotic deformities in ankylosing spondylitis. Report on 177 cases. Clin Orthop 258:49-55

Hehne HJ, Zielke K (1990) Die kyphotische Deformität bei Spondylitis ankylosans. Klinik, Radiologie, Therapie. In: Schulitz KP (ed) Die Wirbelsäule in Forschung und Praxis, Band 112. Hippokrates Verlag, Stuttgart

Herbert J-J (1959) Vertebral osteotomy for kyphosis, especially in Marie-Strümpell arthritis. Report on 50 cases. J Bone Joint Surg 41-A:291-320

Jaffray D, Becker V, Eisenstein S (1992) Closing wedge osteotomy with transpedicular fixation in ankylosing spondylitis. Clin Orthop 279:122-126

Jäckel W, Tschiske R, Andres C, Jacobi CE (1987) Messung der körperlichen Beeinträchtigung und der psychosozialen Konsequenzen bei chronischen Kreuzschmerzen. Z Rheumatol 46:25-33

Jaffray D, Becker V, Eisenstein S (1992) Closing wedge osteotomy with transpedicular fixation in ankylosing spondylitis. Clin Orthop 279:122-127

Kanngießer S (1996) Ergebnisse operativer Aufrichtungsverfahren bei Patienten mit M. Scheuermann. Inaugural-Dissertation, Medizinische Fakultät der Universität Münster

Khan MA, Khan MK, Kushner I (1981) Survival among patients with ankylosing spondylitis: A life people analysis. J Rheumatol 8:86-90

Kilian HF (1854) Schilderung neuer Beckenformen und ihres Verhaltens im Leben. Bassermann und Mathy, Mannheim

King H, Moe J, Bradford D, Winter R (1983) The selection of fusion levels in thoracic idiopathic scoliosis. J. Bone Joint Surg. 65-A:1302

Kitahara H, Inoue S, Minami S, Isobe K, Ohtsuka Y (1989) Long-term results of spinal instrumentation surgery for scoliosis five years or more after surgery, in patients over 23 years of age. Spine 7:744

Klems VH, Friedbold G (1971) Ruptur der Aorta abdominalis nach Aufrichtungsoperation bei Spondylitis ankylopoetica. Z Orthop 108:554-563

Knutsson F (1948) Observation of the growth of the vertebral body in Scheuermann's disease. Acta Radiol 30:97

Law AW (1962) Osteotomy of the spine. J Bone Joint Surg 44-A:1199-1206

Law AW (1969) Osteotomy of the spine. Clin Orthop 66:70-76

Lazennec JY, Saillant G, Saidi K, Arafati N, Barabas D, Benazet JP, Laville C, Roy-Camille R, Ramar S (1997) Surgery of deformities in ankylosing spondylitis: Our experience of lumbar osteotomies in 31 patients. Eur Spine J 6:222-232

Lehtinen K (1981) Working ability of 76 patients with ankylosing spondylitis. Scand J Rheumatol 10:263-265

Lenke L, Bridwell K, Blanke K, Baldus C, Weston J (1998) Radiographic results of arthrodesis with Cotrel-Dubousset instrumentation for the treatment of adolescent idiopathic scoliosis. A 5-10-year follow-up study. J Bone Joint Surg 80-A:807

Leong JCY, Yau AC, Hsu LCS (1985) Transpedicular decancellisation osteotomy for correction of kyphosis in ankylosing spondylitis. Vortrag 16th Int. Congress of Rheumatology, Sydney

Lichtblau BO, Wilson PD (1956) Possible mechanism of aortic rupture in orthopaedic correction of rheumatoid spondylitis. J Bone Joint Surg 38-A:123–127

Liljenqvist U, Halm H, Hierholzer E, Drerup B, Weiland M (1998) Die dreidimensionale Oberflächenvermessung von Wirbelsäulendeformitäten anhand der Videorastersterereographie. Z Orthop 136:57–64

Lovallo J, Banta J, Renshaw T (1986) Adolescent idiopathic scoliosis treated by Harrington rod distraction and fusion. J Bone Joint Surg 68-A:1326

MacEwen GD, Winter RB, Hardy JH (1972) Evaluation of kidney anomalies in congenital scoliosis. J Bone Joint Surg 54-A:1341–1354

Malawski S (1995) Results for surgical treatment of kyphoscoliosis complicated with spinal cord injury. Chir Narzadow Ruchu Orthop Pol 60:359–364

Manner G, Parsch K (1983) Spondylitis und Spondylodiszitis beim Kind. Z Orthop 121:455–456

Marie P, Astie L (1898) Presse médicale No. 82

Mason C, Cozen L, Adelstein L (1953) Surgical correction of flexion deformity of the surgical spine. California Med 79:244–246

Matthiaß HH (1980) Die Klinik der Osteochondrosis spinalis adolescentium (Morbus Scheuermann). In: Die Wirbelsäule in Forschung und Praxis, Band 89. Hippokrates, Stuttgart, S 15

Mau W, Zeidler H, Mau R, Majewski A, Freyschmidt J, Stangel W, Deicher H (1990) Evaluation of early diagnostic criteria for ankylosing spondylitis in a 10 year follow-up. Z Rheumatol 49:82–87

Mau W, Zeidler H, Mau R, Majewski A, Freyschmidt J, Stangel W, Deicher H (1990) Evaluation of early diagnostic criteria for ankylosing spondylitis in a 10 year follow-up. Z Rheumatol 49:82–87

McMaster PE (1962) Osteotomy of the spine for fixed flexion deformity. J Bone Joint Surg 44-A:1207–1216

Meenan RF, Gertman PM, Mason JH (1980) Measuring health status in arthritis. The arthritis impact measurement scales. Arthritis Rheumatism 23:146–152

Meenan RF, Gertman PM, Mason JH, Dunaif R (1982) The arthritis impact measurement scales. Further investigations of a health status measure. Arthritis Rheumatism 25:1048–1053

Metz-Stavenhagen P (1994a) Dorsale Lordosierungsspondylodese der Totalkyphose bei Spondylitis ankylosans. In: Weber U, Schwetlick G (eds) Wirbelsäulenerkrankungen, Wirbelsäulenverletzungen. Operative Therapie, Stabilisierungsverfahren. Thieme, Stuttgart New York, S 140–147

Metz-Stavenhagen P (1994) Lordosating osteotomy of the spine in ankylosing spondylitis according to monosegmental posterior lumbar subtotal wedge resection. Vortrag 5th Biannual Conference of the European Spinal Deformities Society, Birmingham, England

Meyerding HW (1931) Spondylolisthesis. J Bone Joint Surg. 13-A:39–48

Moe J, Winter R, Bradford D, Lonstein J (1994) Scoliosis and other spinal deformities. WB Saunders, Philadelphia

Moskowitz A, Trommanhauser S (1993) Surgical and clinical results of scoliosis surgery using Zielke instrumentation. Spine 18:2444

Müller G, Gschwendt N (1969) Endokrine Störungen und Morbus Scheuermann. Arch Orthop Unfall-Chir 65:357–362

Nash C, Moe J (1969) A study of vertebral rotation. J Bone Joint Surg 51-A:223

Niethard FU, Gärtner, BM (1980) Die lumbale Symptomatik der thorakalen juvenilen Kyphose. In: Die Wirbelsäule in Forschung und Praxis, Band 89. Hippokrates, Stuttgart, S 37-40

Niethard FU, Pfeil J (1989) Orthopädie. Hippokrates, Stuttgart

Norcher E (1988) Diagnose der Scheuermannschen Krankheit. Dtsch Med Wschr 93:126

Ott V, Wurm H (1957) Spondylitis ankylopoetica. Steinkopf Verlag, Darmstadt

Ponsetti I, Friedmann B (1950) Prognosis in Idiopathic Scoliosis. J Bone Joint Surg 32-A:381

Perdriolle R (1979) La scoliose. Maloine SA, Paris

Ponte A, Siccardi GL (1985) Surgical treatment of Scheuermann's hyperkyphosis. Orthop Trans 9:127

Radford EP, Doll R, Smith PG (1977) Mortality among patients with ankylosing spondylitis, not given x-ray therapy. N Engl J Med 297:572-576

Rathke FW (1965) Klinik und Therapie der sogenannten Scheuermannschen Krankheit. Schweiz Med Wschr 95:673

Risser J (1958) The iliac crest: an invaluable sign in the management of scoliosis. Clin Orthop 11:111

Robin GC (1997) The Etiology of Scheuermann's disease. In: Bridwell KH, DeWald RL (eds) The Textbook of Spinal Surgery, 2nd ed, vol 1. Lippincott-Raven, Philadelphia, pp 1169-1173

Rompe G, Erlenkämper A (1992) Begutachtung der Haltungs- und Bewegungsorgane. 2. Auf. Thieme, Stuttgart New York

Scheuermann H (1921) Kyphosis dorsalis juvenilis. Z Orthop Chir 41:305

Schilling F (1974) Spondylitis ankylopoetica. In: Diethelm L et al (Hrsg) Handbuch der Medizinischen Radiologie VI/2, Springer, Berlin Heidelberg New York

Schilling F (1982) Zur Klinik und Radiologie der ankylosierenden Spondylitis. Akt Rheumatol 7:86

Schmorl G (1931) Beitrag zur pathologischen Anatomie der Wirbelbandscheiben und ihre Beziehungen zu den Wirbelkörpern. Arch Orthop Unfall-Chir 28:389

Schmorl G, Junghans H (1951) Die Verkrümmung der Wirbelsäule. Die gesunde und die kranke Wirbelsäule in Röntgenbild und Klinik. Thieme, Stuttgart

Schöllner D (1975) Ein neues Verfahren zur Reposition und Fixation bei Spondylolisthesen. Orthop Praxis 4:270-274

Schöllner D (1990) Die Aufrichtung schwerer Spondylolisthesen und Spondyloptosen mit Sakralplatten in einer Operation. In: Matzen KA (Hrsg) Wirbelsäulenchirurgie Spondylolisthesis. Thieme, Stuttgart New York

Scholder-Hegl P (1965) Zur Scheuermannschen Erkrankung. Wo liegen die Grenzen zwischen dem normalen und dem pathologischen. Schweiz Med Wschr 95:674

Simmons EH (1972) The surgical correction of flexion deformity of the cervical spine in ankylosing spondylitis. Clin Orthop 86:132-143

Simmons EH (1977) Kyphotic deformity of the spine in ankylosing spondylitis. Clin Orthop 128:65-77

Smith-Peterson MN, Larson TB, Aufranc OE (1945) Osteotomy of the spine for correction or flexion deformity in rheumatoid arthritis. J Bone Joint Surg 27:1-11

Sorenson KH (1964) Scheuermann's juvenile Kyphosis. Munksgaard, Copenhagen

Thiranont N, Netrawichien P (1993) Transpedicular decancellation closed wedge vertebral osteotomy for treatment of fixed flexion deformity of the spine in ankylosing spondylitis. Spine 18:2517-2522

Thomasen E (1985) Vertebral osteotomy for correction of kyphosis in ankylosing spondylitis. Clin Orthop 194:142-151

Töndury G (1992) Neuere Ergebnisse über die Entwicklungsphysiologie der Wirbelsäule. Arch Orthop Unfallchir 45:313
Töndury G (1958) Entwicklungsgeschichte und Fehlbildungen der Wirbelsäule. Hippokrates, Stuttgart
Travaglini F, Conte M (1982) Cifosi 25 anni dopo. Progressi in Pathologia vertebrale in Daggi A (ed) Le cifosi, Vol 5. Bologna, p 163
Urist MR (1958) Osteotomy of the cervical spine. Report of a case of ankylosing rheumatoid spondylitis. J Bone Joint Surg 833-843
Van der Linden S, Volkenborg HA, Cats A (1984) Evaluation of diagnostic criteria for ankylosing spondylitis. Arthritis Rheum 27:361-368
Van Royen BJ, Slott GH (1995) Closing-wedge posterior osteotomy for ankylosing spondylitis. Partial corporectomy and transpedicular fixation in 22 cases. J Bone Joint Surg 77-B:117-121
Van Royen BJ, Cleuver M de, Slott GH (1998) Polysegmental lumbar posterior wedge osteotomies for correction of kyphosis in ankylosing spondylitis. Eur Spine J 7:104-110
Vauzelle C, Stagnara P, Jouvinroux P (1973) Functional monitoring of cord activity during spinal surgery. J Bone Joint Surg 55-A:441
Weatherley C, Jaffray D, Terry A (1988) Vascular complications associated with osteotomy in ankylosing spondylitis: Report of two cases. Spine 13:43-46
Weinstein S, Ponsetti I (1983) Curve progression in idiopathic scoliosis. J Bone Joint Surg 65-A:447
Wynn-Perry CB, Deary J (1980) Physical measures in rehabilitation. In: Moll JMH (ed) Ankylosing spondylitis. Churchill Livingstone, Edinburgh
Zielke K, Rodegerdts U (1985) Operative Behandlung der fixierten Kyphose bei Spondylitis ankylosans. Indikation, Komplikationen und Ergebnisse. Vorläufiger Bericht über 78 Fälle. Z Orthop 123:679-682
Zippel H (1994) Die Spondylolisthesen. In: Weber U, Schwetlick G (ed) Wirbelsäulenerkrankungen - Wirbelsäulenverletzungen. Operative Therapie - Stabilisierungsverfahren. Thieme, Stuttgart New York
Ziwjan JL (1971) Lumbar correcting vertebrotomy. In: Ankylosing spondylarthritis. Khirurgiya (Mosk) 47:47-51
Ziwjan JL (1982) Die Behandlung der Flexionsdeformitäten der Wirbelsäule bei der Bechterew'schen Erkrankung. Beitr Orthop Traumatol 29:195-199

8 Zervikale Myelopathie – Prognose und Begutachtung

I. W. HUSSTEDT, H. FREUND

Einleitung

Degenerative Veränderungen der Halswirbelsäule betreffen bevorzugt die mittleren und unteren Anteile, wobei etwa die Hälfte aller Menschen jenseits des 50. Lebensjahres und 3/4 aller Menschen, die älter als 65 sind, Anzeichen einer zervikalen Spondylose aufweisen (Jeffreys 1986). Die Kompression des Myelons in diesem Abschnitt stellt die häufigste Myelopathie des höheren Lebensalters dar, wobei die Begriffe zervikale Myelopathie und zervikale spondylotische Myelopathie in der Neurologie synonym benutzt werden (Henningsen 1999). Größere Studien zur Epidemiologie der zervikalen Myelopathie für Deutschland existieren nicht, in einer japanischen Publikation (Kokubun et al. 1996) wurden in einem Bezirk von 2,26 Mio. Einwohnern 1155 Patienten aufgrund einer zervikalen Myelopathie operiert. Die meisten Patienten standen im 6. oder 7. Lebensjahrzehnt und die jährliche Operationsrate – bezogen auf 100 000 Einwohner – war am höchsten im 8. Lebensjahrzehnt (16,5 pro 100 000 Einwohner). In einem großen Zentrum für Wirbelsäulenoperationen betrug die Krankheitsvorgeschichte bei 41% der Patienten (n=306) mehr als ein Jahr und 65% wiesen schwere klinische Befunde auf. Männer sollen etwa doppelt so häufig von einer zervikalen Myelopathie betroffen sein wie Frauen. Es handelt sich um eine chronisch progrediente Erkrankung, wobei große individuelle Unterschiede bestehen. Obwohl ein Großteil der älteren Bevölkerung degenerative Veränderungen der Halswirbelsäule aufweisen, entwickelt nur ein kleiner Teil eine zervikale Myelopathie. Ein konstitutionell enger zervikaler Spinalkanal in Verbindung mit einer zervikalen Spondylose kann eine kritische Einengung des Lumens auf weniger als 13 mm induzieren (Alker 1988). Auch infantile Erkrankungen, die mit vermehrter Extension und Rotation der Halswirbelsäule einhergehen, sollen prädisponierende Faktoren darstellen, da degenerative Veränderungen der Halswirbelsäule bei diesen Patienten vermehrt auftreten. Bekannt ist das gehäufte Auftreten einer zervikalen Myelopathie bei der infantilen Zerebralparese, beim Gilles-de-la-Tourette-Syndrom und bei der Achondroplasie. Die zervikale Myelopathie stellt eine relativ seltene Erkrankung dar, die jedoch oft Schwierigkeiten in der Diagnostik und Differenzialdiagnostik aufweist.

Da das Durchschnittsalter der Bevölkerung in Deutschland zunimmt, ist davon auszugehen, dass die zervikale Myelopathie in den nächsten Jahren zunehmend Bedeutung gewinnt.

Klinisches Bild

Das klinische Syndrom der zervikalen Myelopathie ist durch eine chronisch progrediente Querschnittsymptomatik geprägt, die sich als Para- oder Tetraspastik darstellt. Initialsymptome sind Schmerzen im Nacken, in den Schultern und in den Armen, die segmental oder diffus verteilt sind. Das Zeichen nach Lhermitte kann positiv sein, hierbei löst die Beugung des Kopfes eine Irritation der Meningen im Zervikalkanal aus, und es entstehen kribbelnde Missempfindungen am Rumpf und in den Extremitäten. Eine Beteiligung der Hirnnerven gehört nicht zum Bild der zervikalen Myelopathie. Die Untersuchung des Masseterreflexes kann differenzialdiagnostisch gegenüber anderen degenerativen Erkrankungen des höheren Lebensalters eingesetzt werden. Bei der zervikalen Myelopathie sind die Muskeleigenreflexe der unteren Extremitäten gesteigert, die der oberen Extremitäten je nach Höhe und Ausprägung der Schädigung und Dauer der Erkrankung ebenfalls. In vielen Fällen besteht eine begleitende Radikulopathie, die dazu führt, dass Muskeleigenreflexe der oberen Extremitäten herabgesetzt oder gar erloschen sein können. Im weiteren Verlauf führt die Radikulopathie dazu, dass sich atrophische Paresen vor allem der kleinen Handmuskulatur entwickeln, wobei ein Teil der Patienten auch Faszikulationen aufweist. Das Zeichen nach Babinski ist bei den meisten Patienten positiv, die Bauchhautreflexe können fehlen, und je nach Ausprägung findet sich eine Para- oder Tetraspastik. Die grobe Kraft der unteren Extremitäten ist oft proximal herabgesetzt. Bei sorgfältiger neurologischer Untersuchung lässt sich bei vielen Patienten ein Reflexsprung nachweisen. Durch gezielte Untersuchung des Vibrationsempfindens an den Dornfortsätzen kann ein sensibler Querschnitt nachgewiesen werden, das Vibrationsempfinden der unteren Extremitäten ist meistens herabgesetzt, die Lage- und Berührungsempfindung ist nicht so ausgeprägt verändert. Schmerz- und Temperaturempfinden bleiben lange erhalten. Distal betonte Parästhesien der unteren Extremitäten werden von vielen Patienten angegeben. Alterationen der Miktion und Defäkation weisen nur relativ wenige Patienten auf. Typisch ist die langsam progrediente, oft spinal-ataktisch betonte spastische Gangstörung.

In seltenen Fällen kann auch bei verstärkter körperlicher Aktivität eine so genannte Claudicatio intermittens des zervikalen Myelons mit wechselnden klinischen Symptomen auftreten (Mumenthaler et al. 1997).

Tabelle 8.1 gibt einen Überblick über die prozentuale Verteilung typischer klinisch-neurologischer Befunde bei zervikaler Myelopathie (Hopf 1992).

Tabelle 8.1. Prozentualer Anteil pathologischer klinisch-neurologischer Befunde bei gesicherter zervikaler Myelopathie

Positiver Babinski-Reflex	90%
Spastik	90%
Sensibilitätsstörungen (untere Extremitäten)	70%
Sensibilitätsstörungen (obere Extremitäten)	50%
Hinterstrangsymptome	50%
Atrophische Paresen der kleinen Handmuskeln	50%
Fehlende Bauchhautreflexe	37%
Faszikulationen	16%
Miktions- und Defäkationsstörungen	10%

Diagnostik

Neuroradiologische Verfahren besitzen den höchsten Stellenwert zum Nachweis einer zervikalen Myelopathie und zur Operationsvorbereitung, während den neurophysiologischen und neurochemischen nur eine sekundäre Bedeutung zukommt.

Die Röntgennativaufnahmen der Halswirbelsäule stehen am Anfang der radiologischen Abklärung einer zervikalen Myelopathie. Allerdings ist die Bedeutung der Röntgennativaufnahme nach Einführung der Computertomografie (CT) sowie besonders der Magnetresonanztomografie (MRT) geringer als vor der Einführung dieser beiden Verfahren.

Die Zwischenwirbellöcher wie auch der Wirbelkanal können mit Schrägaufnahmen beurteilt werden, mit der CT erfolgt dies jedoch übersichtlicher. Mit der MRT als einzigem bildgebenden Verfahren lässt sich das Rückenmark nichtinvasiv direkt beurteilen. Die Computertomografie stellt jedoch die knöchernen Veränderungen übersichtlicher dar. In der Computertomografie beträgt der normale Durchmesser des zervikalen Spinalkanals sagittal 14–16 mm. Im seitlichen Röntgenbild wird eine sagittale Weite von 16–17 mm als normal angegeben. Eine Einengung des Spinalkanals unter 10 mm gilt als pathologisch, eine anlagebedingte zervikale Enge liegt bei ca. 10% der Normalbevölkerung vor (Hopf 1992). Die Stenose des zervikalen Spinalkanals kann angeboren, erworben oder eine Kombination aus beidem sein. Liegt eine solche Spinalkanaleinengung vor, können schon geringe, zusätzlich auftretende Protrusionen von Bandscheibengewebe zu klinischen Beschwerden führen. Häufigste Ursache für eine zervikale Myelopathie sind jedoch erworbene Engen, die zumeist auf dorsale Spondylophyten (Abb. 8.1) mit oder ohne Kombination von Bandscheibendegenerationen auftreten. In der postmyelografischen Computertomografie (PM-CT) erkennt man die Einengung des KM-gefüllten ventralen Anteils des Subarachnoidalraumes (Abb. 8.2). In bandscheibenparalleler Untersuchungstechnik lässt sich auch ein mit den Spondylophyten vorkommender Bandscheibenvorfall korrekt erfassen. Die MRT ist heutzutage die Methode der

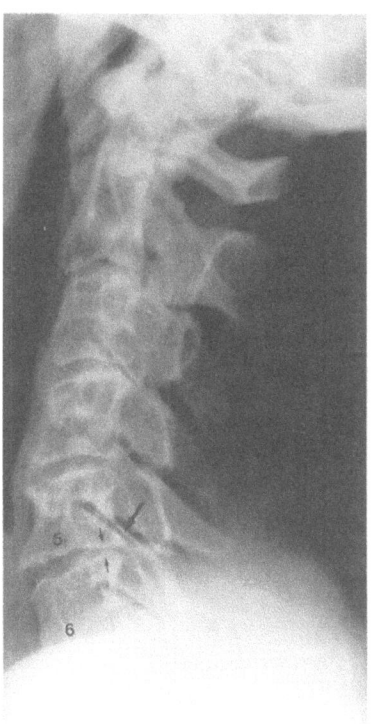

Abb. 8.1. Konventionelle Röntgenaufnahme im seitlichen Strahlengang. Man erkennt eine deutliche Höhenminderung der Bandscheibenfächer HWK 3/4, 4/5 sowie 5/6. Des Weiteren erkennt man deutliche ventrale und, klinisch bedeutender, dorsale Spondylophyten. Diese zeigen sich besonders in Höhe der HWK 5 und 6 (großer Pfeil). Sie führen zu einer Einengung des ventralen Spinalkanals. Die ebenfalls in dieser Höhe zu erkennende deutliche Höhenminderung des Bandscheibenfaches (kleine Pfeile) ist auch hinweisend auf das Vorliegen einer Bandscheibenproblematik

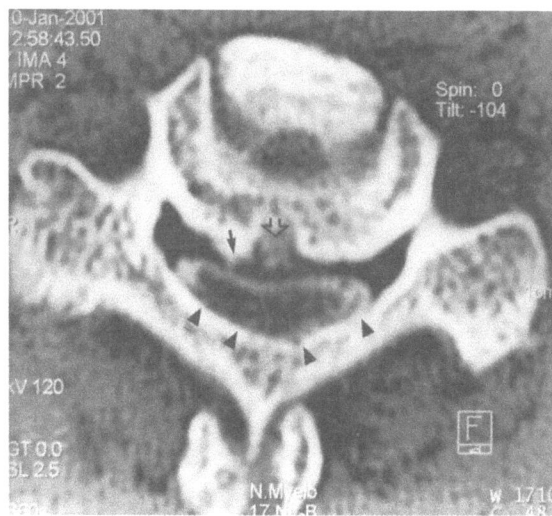

Abb. 8.2. Postmyelografische Computertomografie in Höhe HWK 5/6. Man erkennt sehr übersichtlich die dorsalen Spondylophyten (schwarzer Pfeil) sowie den Bandscheibenvorfall (offener Pfeil). Beide führen zu einer deutlichen Einengung des ventralen mit KM gefüllten Subarachnoidalraums (kleine Pfeilreihe). Aufgrund der Raumforderung wird das Rückenmark gegen den dorsalen Bogenanteil gepresst (Pfeilspitzen)

144 Zervikale Myelopathie – Prognose und Begutachtung

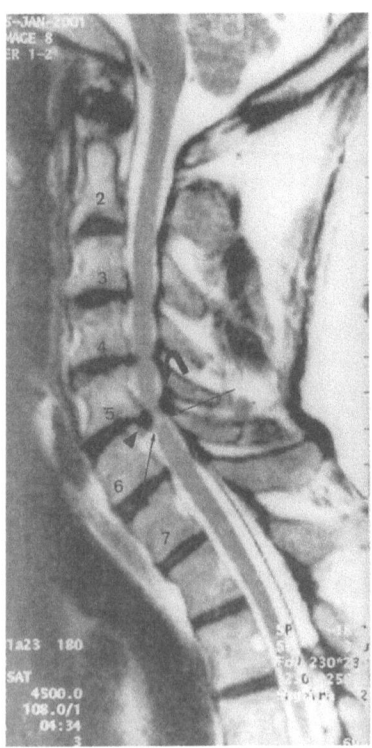

Abb. 8.3. Man erkennt in der T2-gewichteten MRT-Aufnahme eine hochgradige Kompression des zervikalen Myelons in Höhe HWK 5/6 mit einer unterhalb der Enge gelegenen Signalsteigerung im Rückenmark (lange schwarze Pfeile). Diese Kompression wird verursacht durch den Bandscheibenvorfall in Höhe HWK 5/6 (Pfeilspitze) im ventralen Spinalkanal sowie durch eine Hypertrophie der kleinen Wirbelgelenke (gebogener Pfeil). Die hyperintense Signalsteigerung im zervikalen Halsmark entspricht einem sog. Myelopathiesignal

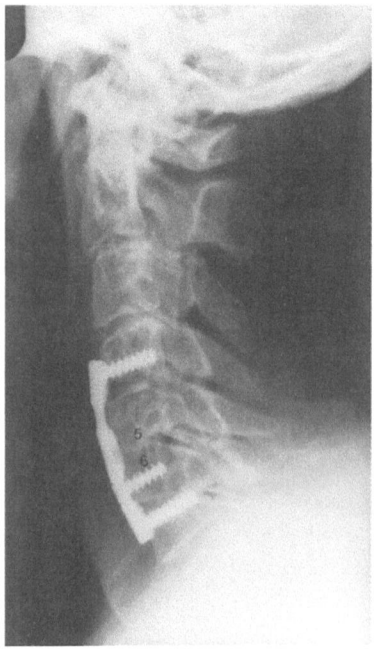

Abb. 8.4. Postoperativer Zustand mit ventraler Spondylodese und Einlage von Knochenspan in das Bandscheibenfach 5/6 nach Abtragung der dorsalen Spondylophyten

Wahl zum Nachweis von intramedullären Läsionen. Der direkte Nachweis der spinalen Enge und evtl. umschriebener Myelonschädigungen ist besonders in der T2-gewichteten Sequenz möglich (Abb. 8.3). Es zeigen sich hier hyperintense Signalsteigerungen als Ausdruck einer akuten, ödematösen Schädigung oder auch einer chronischen gliotischen Schädigung des Rückenmarks. Mit Hilfe spezieller Spulen ist auch eine Funktions-MRT in Inklination und Reklination möglich.

Abbildung 8.4 zeigt einen postoperativen Zustand mit ventraler Spondylodese und Einlagerung von Knochenspan C5/6 nach Abtragung dorsaler Spondylophyten.

Die elektromyografische Untersuchung dient dem Nachweis der segmentalen Läsion durch akute Denervierungspotenziale in Form von positiven Wellen und Fibrillationspotenzialen, bei länger bestehenden Prozessen kann auch ein chronisch neurogener Umbau mit Amplitudenverbreiterung der Potenziale motorischer Einheiten und Zunahme der Amplitudenhöhe vorliegen.

Die Neurografie des N. medianus und N. ulnaris mit Ableitung von F-Wellen der oberen Extremitäten kann die proximale Schädigung der Nervenwurzeln durch die Radikulopathie objektivieren. Sensorisch evozierte Potenziale weisen je nach Ausprägung der Schädigung eine Latenzverzögerung, Amplitudenreduktion oder Dekonfiguration des Antwortpotenzials auf.

Somatosensorisch evozierte Potenziale nach Stimulation des N. tibialis oder medianus sind je nach Autor zwischen 76 und 100% pathologisch, wobei u. U. ein kortikales Antwortpotenzial auch komplett fehlen kann. Der klinische Aussagewert somatosensorisch evozierter Potenziale ist jedoch eingeschränkt, da durch synaptische Faszilitation u. U. auch normale Potenzialantworten auftreten können (Lowitzsch et al. 1993).

Die relativ aufwendige Ableitung somatosensorisch evozierter Potenziale von Dermatomen kann zur topografischen Höhenlokalisation eingesetzt werden, wobei häufiger pathologische Resultate im Vergleich zu somatosensorisch evozierten Potenzialen nach Ableitung von Nervenstämmen (N. tibialis, N. medianus) erzielt werden (Jörg et al. 1997). Motorisch evozierte Potenziale können einen wesentlichen Beitrag leisten. Bei entsprechenden Stimulationsorten ist eine Differenzierung von zentraler und peripherer Läsion absteigender motorischer Bahnsysteme möglich. In einem Kollektiv von 67 Patienten mit hochgradiger zervikaler Myelopathie waren bei 84% nach kortikaler Stimulation pathologische Antwortpotenziale evozierbar, bei 22% der Patienten ohne Myelonkompression ergaben sich ebenfalls bereits pathologische Potenziale (Maertens de Noordhout et al. 1991). In einem anderen Kollektiv (n = 47) war die zentrale motorische Leitungszeit zum M. abductor digiti minimi bei 38% und zum M. tibialis anterior bei 50% pathologisch (Klaus 1997).

Abbildung 8.5 stellt sensorisch und magnetisch evozierte Potenziale der unteren Extremitäten bei einem Patienten mit schwerer zervikaler Myelopathie dar.

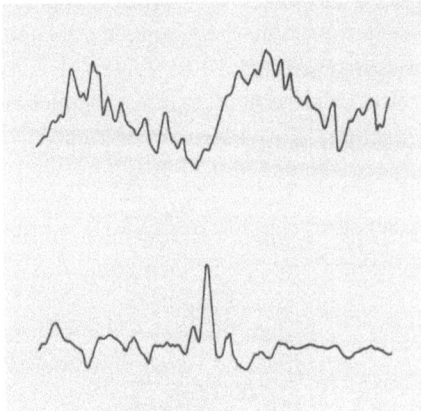

Abb. 8.5. Sensorisch (obere Kurve) und magnetisch evozierte Potenziale (untere Kurve) der unteren Extremitäten bei einem Patienten mit schwerer zervikaler Myelopathie. Die magnetisch evozierten Potenziale weisen eine Leitungsverzögerung von 39,2 ms (Normwert < 31,9 ms) auf, das somatosensorisch evozierte Potenzial nach Stimulation des N. tibialis (ausgeprägte Muskelartefakte aufgrund der Spastik) ist pathologisch. Das Potenzial ist dekonfiguriert; es lässt sich der Peak P 40 bei 51,2 ms nachweisen (Normwert < 46,5 ms). Zeit: 10 ms/D magnetisch evozierte Potenziale, 20 ms/D sensorisch evozierte Potenziale. Amplitude: 1 ms/D motorisch evozierte Potenziale, 2 µV/D sensorisch evozierte Potenziale

Untersuchungen des Liquor cerebrospinalis sind primär nicht indiziert, es kann sich ein transsudatives Liquorsyndrom mit Erhöhung des Gesamtproteins bei normaler Zellzahl entwickeln, was ggf. sogar das Ausmaß eines sog. Sperrliquors erreichen kann. Im Versuch nach Queckenstedt bei maximaler Extensions- und Flexionsstellung findet sich meistens keine Liquorpassagebehinderung.

Ätiologie und Pathogenese

Von einer zervikalen Myelopathie sind bevorzugt die am stärksten in Bewegungsabläufe einbezogenen Abschnitte der Halswirbelsäule betroffen. Flexions- und Extensionsbewegungen induzieren auch bei Gesunden eine Längenzunahme des Rückenmarks, die bis zu 10% betragen soll und auch von einer Querverformung begleitet ist (Hopf 1992). Ursache der erhöhten Prävalenz einer zervikalen Myelopathie bei Patienten mit infantiler Zerebralparese und Gilles-de-la-Tourette-Syndrom sind früh eintretende degenerative Veränderungen der Halswirbelsäule. Osteophytäre Randzackenbildungen, Verdickungen der posterioren longitudinalen Ligamente mit Ossifikation, Höhenminderung von Bandscheiben mit Strukturierung und Kompression des Zervikalmarks stellen für diesen Prozess wesentliche Faktoren dar. Bei der rheumatoiden Arthritis ist die Subluxation Ursache der Kompression des zervikalen Myelons. Neben der mechanischen Verursachung stellt die chronische Ischämie einen wesentlichen Faktor in der Pathogenese der zervikalen Myelopathie dar.

Therapie

Grundsätzlich sind konservative Therapieverfahren von operativen zu differenzieren. Die mechanische Beweglichkeit der Halswirbelsäule hat einen direkten Einfluss auf den zur Verfügung stehenden Platz im zervikalen Spinalkanal. Patienten mit rheumatoider Arthritis und atlantoaxialer Dislokation entwickeln zu 2/3 eine zervikale Myelopathie. Aus einem Kollektiv von 21 Patienten wurde deswegen 14 eine operative Therapie angeraten, der sie nicht zustimmten. Jährliche Kontrolluntersuchungen ergaben, dass bei keinem Patienten eine Verbesserung der klinisch-neurologischen Symptome auftrat, jedoch 76% eine Verschlechterung aufwiesen. Alle diese Patienten waren innerhalb von 3 Jahren nach Stellung der Diagnose „zervikale Myelopathie" nicht mehr gehfähig. Zumindest für Patienten mit einer zervikalen Myelopathie bei rheumatoider Arthritis sind daher die Ergebnisse der konservativen Therapie als absolut schlecht zu bezeichnen (Sunahara et al. 1997).

Bei Patienten mit zervikaler Myelopathie anderer Ursache ergab sich in einer Metaanalyse älterer Untersuchungen bei 40% eine Befundverbesserung unter konsequenter konservativer Therapie, bei 30% keine Veränderung und bei ca. 20% der Patienten eine erhebliche Verschlechterung, die z.T. auch sehr rasch progredient war (Thier 1998). Offen bleibt jedoch, ob die Halskrawatte wirklich den ganzen Tag getragen wurde. Nicht geklärt ist auch, in welchem Ausmaß die konsequente Anwendung einer Halskrawatte zur progredienten Schwächung der Hals- und Nackenmuskulatur führt, sodass eine verminderte Stabilität und erhöhte Beweglichkeit aus diesem konservativen Therapieversuch resultiert. Zur Therapie einer Miktionsstörung ist die Kooperation mit einem Urologen notwendig, zur Behandlung einer ausgeprägten Spastik ist primär Baclofen indiziert. Die initiale Dosierung beträgt 3×5 mg, es kann langsam bis auf 3×10 bis 3×25 mg gesteigert werden. Die Schädigung des zentralen Myelons kann einen Deafferenzierungsschmerz induzieren. Diese Schmerzen sind mit neurologischen Minussymptomen wie Ausfall der geminderten Wahrnehmung, taktilen oder thermischen Reizen verbunden. Initial bestehen die Schmerzen im Bereich der geschädigten Nervenwurzeln, wobei sich im weiteren Verlauf die Areale ausbreiten können. Der Schmerzcharakter ist brennend-ziehend, z.T. wird auch über attackenartig einschießende Schmerzen berichtet. Therapeutisch ist in diesen Fällen Amitriptylin (z.B. 75 mg) oder auch ein Antiepileptikum (z.B. Gabapentin, Carbamazepin) indiziert. Auch gegen-irritative Verfahren wie die transkutane elektrische Nervenstimulation kann zu therapeutischen Erfolgen führen. Eine sorgfältige Verlaufskontrolle und ständige Überprüfung der Operationsindikation sind bei konservativer Therapie dringend notwendig.

Operative Maßnahmen haben das Ziel, die Progredienz der zervikalen Myelopathie zu verhindern und ggf. sogar eine Regredienz der klinischen Symptome zu erzielen. Eine Verbesserung oder aber Stabilisierung lässt sich nach der Literatur in bis zu 90% erzielen. Der Operationsgewinn ist um so größer, je kürzer der Krankheitsverlauf war (Miyazaki et al. 1989, Voskuhl et al. 1990, Saunders et al. 1991, Ebersold et al. 1995). Nach anderen Autoren wird bei jeweils 1/3 eine Besserung und eine Stabilisierung, bei dem Rest eine Symptomverschlechterung erreicht (Hamburger et al. 1994). Diese unterschiedlichen Angaben spiegeln die Heterogenität der Patienten mit unterschiedlichen Ausprägungsgraden der zervikalen Myelopathie, unterschiedlicher Dauer des präoperativen Verlaufs und des Alters der Patienten sowie das unterschiedliche Ausmaß der degenerativen Veränderungen der Halswirbelsäule wider. Komplikationen der Operation selber sollen bis zu 7% betragen.

In einer anderen Untersuchung (n = 41) bestanden die typischen Symptome der zervikalen Myelopathie bereits 30 Monate vor der operativen Intervention. Die operierten Patienten wiesen eine wesentliche Verbesserung der klinisch-neurologischen Symptomatik und der postoperativen Schmerzen auf, während die konservativ behandelten Patienten sich im Nachuntersuchungszeitraum kontinuierlich verschlechterten. Obwohl die operativ behandelten Patienten vorher im Vergleich zu den konservativ behandelten den schlechteren klinisch-neurologischen Status aufwiesen, profitierten sie im Vergleich zu den konservativ behandelten Patienten in wesentlich größerem Ausmaß bezüglich ihrer neurologischen Funktionsfähigkeiten und selbstständigen Lebensführung (Sampath et al. 2000). Der kernspintomografische Nachweis einer Myelomalazie bei zervikaler Myelopathie ist meistens mit einem wesentlich schlechteren klinisch-neurologischen Status und gravierenden Funktionsbeeinträchtigungen verbunden (Puzzilli et al. 1999). Die Auswahl des geeigneten operativen Verfahrens hängt von der Ausdehnung der spinalen Stenose, der Segmenthöhe und des klinisch-neurologischen Status ab. Prozesse, die sich über 1 bis 2 Segmente ausdehnen, werden meistens von einem anterioren Zugang her operiert, ausgedehntere Prozesse meistens von dorsal her. Einzelheiten zu den verschiedenen operativen Verfahren nach Cloward, Smith-Robinson, zur Laminektomie, Laminoplastie und Spondylektomie sowie den Fusionsverfahren sind den orthopädischen und neurochirurgischen Lehrbüchern zu entnehmen.

Differenzialdiagnose

Differenzialdiagnostisch sind spinale Tumoren wie Neurinome, Meningeome, Ependymome oder auch Astrozytome zu berücksichtigen. Die Verfahren der neuroradiologischen Bildgebung ermöglichen eine rasche differenzialdiagnostische Zuordnung. Faszikulationen aufgrund einer Radikulopathie können Anlass zur Verwechslung mit der amyotrophen Lateralsklerose darstellen, wobei für die amyotrophe Lateralsklerose das Fehlen sensibler Alterationen und bulbäre Symptome typisch sind. Chronisch spinale Verlaufsformen einer multiplen Sklerose können durch den kernspintomografischen Nachweis und die Liquoruntersuchung differenziert werden.

Die Syringomyelie tritt bevorzugt bei jüngeren Patienten auf und ist kernspintomografisch durch den Nachweis der typischen Fehlentwicklung des Neuralrohrs gut zu differenzieren.

Eine durale a.-v. Fistel, die funikuläre Myelose, die familiäre spastische Spinalparalyse und ein Mantelkantentumor stellen seltene, differenzialdiagnostisch weitere wichtige Erkrankungen dar.

Prognose und Begutachtung

Der Spontanverlauf einer zervikalen Myelopathie ist variabel und gerade im Einzelfall kaum prognostizierbar. Der relativ rasch progrediente Verlauf mit Invalidisierung als letzter Konsequenz überwiegt aber. Nur seltener sind protrahierte Verläufe zu finden, wobei auch Verschlechterungen mit Perioden der Stabilität und eventuell sogar Remissionen auftreten können. Akute Verschlechterungen können durch zusätzliche Traumata oder längere Fehlhaltungen der Halswirbelsäule bedingt sein. Auf der Basis der chronischen zervikalen Myelopathie kann eine rasch einsetzende akute zervikale Myelopathie auftreten. Typisch hierfür sind akute Paresen der Arme und Hände. Berufliche Tätigkeiten, die mit vermehrter Flexion und Extension der Halswirbelsäule und Haltungen in Extremstellungen einhergehen, müssen daher vermieden werden. Bekannt ist eine akute zervikale, z.B. durch Reklination beim Montieren oder Streichen einer Zimmerdecke. Die Exploration des gegenwärtigen Funktions- und Leistungsstandes ist die Basis zur Begutachtung bezüglich der weiteren Entwicklung, insbesondere z.B. bei konservativer Therapie oder aber bei der genauen Erfassung eines postoperativen Leistungsvermögens. Die momentanen vegetativen Funktionszustände der Miktion und Defäkation sowie der Gebrauch von Hilfsmitteln und die damit erzielte Leistungsbreite sind versicherungsrechtlich von großer Bedeutung. Bei schwerstbetroffenen Patienten mit zervikaler Myelopathie müssen die Familien- und Wohnverhältnisse mit in die Begutachtung einbezogen werden. Der berufliche Werdegang und die zuletzt ausgeübte Tätigkeit müssen bei der Gutachtenerstellung berücksichtigt werden. Da es sich meistens um ältere Patienten handelt, sind schadensunabhängige Krankheiten (z.B. kardiovaskuläre Erkrankungen, Hypertonie, Stoffwechselerkrankungen wie Diabetes mellitus) anzuführen und bezüglich der funktionellen Wechselwirkungen mit den Schädigungsfolgen der zervikalen Myelopathie zu diskutieren. Bei ausgeprägten Miktionsstörungen kann auch eine zusätzliche urologische Beurteilung sinnvoll sein.

Die individuell erheblichen Unterschiede bezüglich Fremdhilfe, Pflege, Hilfsmittelversorgung und Unterbringung müssen individuell beurteilt und im Gutachten berücksichtigt werden.

Die Hilfsmittelversorgung der Patienten mit zervikaler Myelopathie kann u. U. in Anlehnung an den Hilfsmittelkatalog der Krankenversicherungsträger für Querschnittsgelähmte erfolgen. Auch die Möglichkeit, einen angepassten Pkw selbst bedienen zu können, muss sorgfältig eruiert werden. Die Einschätzung der MdE und des GdB erfolgt nach den individuellen Gegebenheiten. Bei einer vollständigen Schädigung des zervikalen Myelons mit kompletter Plegie der Extremitäten ist die MdE sicherlich mit 100% anzusetzen, bei unvollständigen, leichten Schädigungen mit geringeren sensiblen und motorischen Ausfällen ohne autonome Funktionsstörungen mit z. B. 60–80%, je nach Ausprägung der Paresen der Beine. Während ein leichter Harnabgang bei Belastung mit einer MdE von 10% zu beurteilen ist, muss eine völlige Harninkontinenz dagegen bereits mit 50% bewertet werden. Auch zentrale Schmerzsyndrome mit Deafferenzierungsschmerzen müssen gutachterlich bewertet werden. Die chronischen Deafferenzierungsschmerzen als Konsequenz einer zervikalen Myelopathie implizieren über die bereits genannte MdE eine zusätzliche MdE je nach Ausprägung von 10–20%. Auch ist zu berücksichtigen, dass chronische Schmerzen eine kontinuierliche Belastung für die Patienten darstellen, die die Aufmerksamkeits- und Konzentrationsfähigkeit vermindern. Eine zervikale Myelopathie mit entsprechenden klinisch-neurologischen Symptomen stellen eine entscheidende Lebensveränderung dar und sind von subjektivem Leiden gekennzeichnet. Oft treten hierbei eine depressive Stimmung, Angst und Besorgnis auf, das Gefühl, nicht zurechtzukommen und die alltägliche Routine nicht mehr bewältigen zu können. Depressive Reaktionen können daher länger andauern und bedürfen u. U. sogar einer eigenständigen psychiatrisch-psychotherapeutischen Begutachtung. Je nach individueller Ausprägung muss hier eine eigene Einschätzung der MdE erfolgen, die z. B. bei leichten depressiven Anpassungsstörungen 10–20% betragen kann.

Literatur

Alker G (1988) Neuroradiology of cervical spondylotic myelopathy. Spine 12:850–853

Bednarik J, Kadanka Z, Vohanka S, Stejskal L, Vlach O, Schroder R (1999) The value of somatosensory- and motor-evoked potentials in predicting and monitoring the effect of therapy in spondylotic cervical myelopathy. Prospective randomized study. Spine 24(15):1593–1608

Ebersold MJ, Pare MC, Quast LM (1995) Surgical treatment for cervical spondylotic myelopathy. J Neurosurg 82:745–751

Hamburger C, Lanksch W, Oeckler R, Bachmann C (1994) The treatment of spondylotic cervical myelopathy by ventral discectomy. Long term results on 121 patients. Neurosurg Rev 17:247–252

Henningsen H (1999) Zervikale Myelopathie. In: Berlit P (Hrsg) Klinische Neurologie. Springer, Heidelberg, S 535-541

Hopf HC (1992) Degenerative Krankheiten. In: Kunze K (Hrsg) Neurologie. Thieme, Stuttgart, S 267-291

Jeffreys RV (1986) The surgical treatment of cervical myelopathy due to spondylosis and disc degeneration. J Neurol Neurosurg Psychiatry 49:353-361

Jörg J, Hielscher H (1997) (Hrsg) Evozierte Potentiale in Klinik und Praxis. Springer, Heidelberg

Klaus D (1997) Transkranielle magnetische Stimulation. In: Jörg J, Hielscher H (Hrsg) Evozierte Potentiale in Klinik und Praxis. Springer, Heidelberg

Kokobun S, Sato T, Ishii Y, Tanaka Y (1996) Cervical myelopathy in the Japanese. Clin Orthop 323:129-138

Lowitzsch K, Maurer K, Hopf HC, Tackmann W, Klaus D (1993) Evozierte Potentiale bei Erwachsenen und Kindern: VEP, ERG, AEP, P300, SEP, MEP. 2. Aufl. Thieme, Stuttgart

Maertens de Noordhout TA, Remakle J, Pepin J, Born J, Dellweide P (1991) Magnetic stimulation of a motor cortex in cervical spondylosis. Neurology 41:75-80

Matsumoto M, Toyama Y, Ishikawa M, Chiba K, Suzuki N, Fujimura Y (2000) Increased signal intensity of the spinal cord on magnetic resonance images in cervical compressive myelopathy. Does it predict the outcome of conservative treatment? Spine 26(6):677-682

Miyazaki K, Tada K, Matsuda Y et al (1989) Posterior extensive simultaneous multisegment decompression with posterolateral fusion for cervical myelopathy with cervical instability and kyphotic and/or S-shaped deformities. Spine 14:1160-1170

Mumenthaler M, Mattle H (1997) Neurologie, 10. Aufl., Thieme, Stuttgart

Puzzilli F, Mastronardi L, Ruggeri A, Lunardi P (1999) Intramedullary increased MR signal intensity and its relation to clinical features in cervical myelopathy. J Neurosurg Sci 43(2):135-139

Sampath P, Bendebba M, Davis JD, Ducker TB (2000) Outcome of patients treated for cervical myelopathy. A prospective, multicenter study with independent clinical review. Spine 25(6):670-677

Saunders RL, Bernini PM, Shireffs TG et al (1991) Central corpectomy for cervical spondylotic myelopathy: a consecutive series with long-term follow-up evaluation. J Neurosurg 74:163-170

Sunahara N, Matsunaga S, Mori T, Ijiri K, Salou T (1997) Clinical course of conservatively managed rheumatoid arthritis patients with myelopathy. Spine 22:2603-2607

Thier F (1998) Spinale Syndrome, zervikale spondylotische Myelopathie. In: Brandt T, Dichgans J, Diener HC (Hrsg) Therapie und Verlauf neurologischer Erkrankungen. 3. Aufl., Kohlhammer, Stuttgart

Voskuhl RR, Hinton RC (1990) Sensory impairment in the hands secondary to spondylotic compression of the cervical cord. Arch Neurol 47:309-311

9 Die Berufskrankheiten Nr. 2108, 2109, 2110

F. Schröter

Mit Wirkung vom 1.1.1993 hat der Verordnungsgeber bandscheibenbedingte Erkrankungen im Bereich der Halswirbelsäule (BK 2109) und an der Lendenwirbelsäule (BK 2108 und 2110) als Berufskrankheiten in die Liste der BKV aufgenommen, verknüpft mit der Bedingung, dass mehrjährig – laut Auffassung des Verordnungsgebers mindestens über 10 Jahre hinweg – besondere wirbelsäulenbelastende Tätigkeiten ausgeübt wurden, deren Eignung zur Verursachung einer „Diskose" (Synonym: Chondrose) nach epidemiologischen Erkenntnissen zu unterstellen ist.

Nach der Kausalitätslehre im Bereich der gesetzlichen Unfallversicherung und der Rechtsprechung muss dennoch im Einzelfall geprüft werden, ob eine bandscheiben-bedingte Erkrankung vorliegt und – wenn ja – welche Ursächlichkeiten nach Anamnese, klinischem und radiologischem Befund für die Entstehung der bandscheibenbedingten Erkrankung wahrscheinlich zu machen sind. Die gutachtliche Aufgabe ist somit nicht lösbar mit dem Hinweis auf eine epidemiologisch gesicherte statistische Verdopplung des Erkrankungsrisikos bei einer bestimmten Berufsgruppe gegenüber der Normalbevölkerung, wie dies z.B. von Arbeitsmedizinern vereinzelt empfohlen wird (Bolm-Audorff 1992).

Einleitung

Berufskrankheiten sind nach § 9 SGB VII Krankheiten, die der Versicherte infolge einer unter Versicherungsschutz stehenden beruflichen Tätigkeit erleidet. Maßgeblich für die Anerkennung ist ausschließlich die berufliche Ursache – im Sinne der rechtlich wesentlichen Bedingung – für die Erkrankung, die mit dem Grad der Wahrscheinlichkeit zu begründen ist. Dem ärztlichen Gutachten kommt insofern im Berufskrankheitenverfahren als Beweismittel eine entscheidende Rolle zu.

Die „bandscheibenbedingten Wirbelsäulenerkrankungen" (BK 2108–2110) – aufgenommen mit Verordnung vom 18.12.1992 in die BKV – haben das Schattendasein der so genannten „chirurgischen" Berufskrankheiten beendet, standen 1993 zahlenmäßig mit den Verdachtsanzeigen an erster Stelle, um ab 1994 und in den Folgejahren den zweiten Platz hinter den Hauterkrankungen einzunehmen.

In den ersten Jahren wurde im Prüfungsverfahren den Ermittlungen der beruflichen Anspruchsvoraussetzungen breiter Raum gegeben, wobei sich rasch zeigte, dass einer retrospektiven Ermittlung von beruflichen Belastungen über mindestens 10 Jahre hinweg enge Grenzen gesetzt sind, da erfahrungsgemäß zu länger zurückliegenden Zeiträumen keine gesicherten Daten mehr zu erhalten sind. Vor diesem Hintergrund wird verständlich, dass durchschnittliche berufsspezifische Belastungsprofile erarbeitet wurden, die im Laufe der Jahre wesentlich verbessert werden konnten mit dem zur Zeit allgemein akzeptierten „Mainz-Dortmunder Dosismodell (MDD)" (Jäger et al. 1999), welches auch die jeweilige Dauer der Einzelbelastung und ihre Belastungsintensität mit zu erfassen vermag. Auch dieses Modell, welches zwischenzeitlich flächendeckend zur Anwendung gelangt, steht in der Kritik (Hartmann 1999), da nach wie vor wissenschaftliche Detailkenntnisse zur Schadensursächlichkeit einzelner Belastungsvorgänge fehlen.

Dieses Bemühen der Versicherungsträger zu einer möglichst realistischen Ermittlung beruflicher Belastungen berührt jedoch nicht die ärztliche Sachverständigentätigkeit. Der Arzt kann zu diesen Ermittlungen nichts beitragen, sondern muss vielmehr stets im Auge haben, dass auch bei erfüllten beruflichen Anspruchsvoraussetzungen keineswegs automatisch auf das Vorliegen einer anerkennungsfähigen Berufskrankheit zurückgeschlossen werden kann (Schröter 2001). Selbst bei Bestätigung eines anerkennungsfähigen Schadensbildes muss der Sachverständige grundsätzlich hinterfragen, welche „Indizien" für oder gegen eine berufliche Induktion sprechen. Dieser sehr schwierigen Aufgabe sind die weiteren Ausführungen gewidmet, um dem gutachtlich tätigen Arzt sowohl den Ablauf einer solchen gutachtlichen Überprüfung als auch die Einschätzungskriterien nahe zu bringen. Dieser Algorithmus stützt sich auf die Erfahrungen mit der Bearbeitung einer riesigen Fallzahl, aber auch auf zwischenzeitlich vorliegende Metaanalysen wissenschaftlicher Erkenntnisse (Weber u. Morgenthaler 1998), die eine Standardisierung des Prüfungsverfahrens erlauben.

Vorgaben des Verordnungsgebers

Die Anerkennung berufsbedingter Erkrankungen an der Wirbelsäule geht zurück auf das BK-Recht der ehemaligen DDR. Dort wurden ab 1950 unter Nr. 25 „chronische Erkrankungen der Bandscheiben ..." anerkannt; diese Verordnung wurde insgesamt viermal modifiziert und firmierte ab Februar 1981 unter Nr. 70 der BK-Liste mit folgendem Wortlaut: „Verschleißkrankheiten der Wirbelsäule (Bandscheiben, Wirbelkörperabschlussplatten, Wirbelfortsätze, Bänder, kleine Wirbelgelenke) durch langjährige mechanische Überlastungen."

Diese Verordnung wurde mit den Jahren zunehmend restriktiver gehandhabt (Krüger 1991). Die Anerkennung kam nur in Betracht, wenn erhebliche Funktionseinschränkungen festzustellen waren und die schädigende Tätigkeit aufgegeben wurde. Rechtfertigte der Wirbelsäulenbefund keine MdE von mindestens 20%, wurde kein Prüfungsverfahren durchgeführt.

Mit dem politischen Schub des Einigungsvertrages erfolgte nunmehr eine – aus heutiger Sicht recht unglückliche – Dreiteilung, allein gestützt auf epidemiologische Untersuchungen, die jedoch beim näheren Hinsehen überwiegend nur eine Aussage erlaubten über die Häufigkeit einer Verknüpfung von Rückenschmerzen und beruflichen Belastungen. Nur sehr wenige der seinerzeit zur Verfügung stehenden epidemiologischen Publikationen genügten einem wissenschaftlich fundierten Untersuchungsdesign, was sich jedoch erst nach Inkrafttreten der Verordnung zum 1.1.1993 im Rahmen der weiteren wissenschaftlichen Diskussion offenbarte.

Der Verordnungsgeber hat in der Dreiteilung folgende Anspruchsvoraussetzungen formuliert:

BK 2108: „Bandscheibenbedingte Erkrankung der Lendenwirbelsäule durch Heben und Tragen von schweren Lasten oder durch Tätigkeiten in extremer Rumpfbeugehaltung, die zur Unterlassung aller Tätigkeiten gezwungen haben, die für die Entstehung, die Verschlimmerung oder das Wiederaufleben der Erkrankung ursächlich waren oder sein können."

Im zugehörigen Merkblatt wurde seinerzeit ausgeführt, dass man von einer Mindestbelastungsdauer von 10 Jahren ausgehen müsse mit regelmäßigen Hebe- und Tragebelastungen von 25 kg bei den Männern und 15 kg bei den Frauen. In Anlehnung an die Erfahrungen in der (ehemaligen) DDR wurden mindestens 250 Hebevorgänge pro Schicht gefordert, um die Anspruchsvoraussetzungen als erfüllt ansehen zu können. Zudem wurde davon ausgegangen, dass nur Bückbelastungen von 90° und mehr schädigungsrelevant sein könnten.

Diese anfangs fast naiv wirkenden Forderungen zum beruflichen Belastungsprofil wurden zwischenzeitlich abgelöst durch wesentlich genauere Berechnungen einer Gesamtbelastungsdosis nach dem „Mainz-Dortmunder Dosismodell (MDD)". Danach müssen Männer die Mindestgesamtbelastungsdosis von 25 Mega-Newton-Stunden (MNh) erreichen, Frauen hingegen nur 17 MNh, um von einer prinzipiellen Möglichkeit der Entstehung einer belastungsabhängigen bandscheibenbedingten Erkrankung der Lendenwirbelsäule ausgehen zu können (Hartung et al. 1999). In diesem Modell konnten erstmals auch „mikrotraumatisierende" Einzelbelastungen angemessen berücksichtigt werden, was für die Berechnung der Gesamtbelastungsdosis in den Pflegeberufen von besonderer Bedeutung ist.

BK 2109: „Bandscheibenbedingte Erkrankungen der Halswirbelsäule durch langjähriges Tragen schwerer Lasten auf der Schulter, die zur Unterlassung aller Tätigkeiten gezwungen haben, die für die Entstehung, die Verschlimmerung oder das Wiederaufleben der Krankheit ursächlich waren oder sein können."

In dem zugehörigen Merkblatt wurde seinerzeit vorgetragen, dass ganz ungewöhnliche langjährige Belastungen mit Heben und Tragen schwerer Lasten auf der Schulter von 50 kg und mehr verknüpft mit dabei erzwungenen Fehlhaltungen des Kopfes, wie es z. B. beim „Fleischabträger" in den früheren Jahren zu erwarten waren, als schädigungsrelevante Einwirkung angesehen wurden. Diese Belastungen sollten regelhaft über 30% der Gesamtarbeitszeit und mindestens über 10 Jahre hinweg erfolgen (Krüger 1993), was jedoch mit den Realitäten der modernen Arbeitswelt nicht mehr in Einklang zu bringen war.

Ohnehin konnten sich diese Vorgaben nicht auf wissenschaftlich abgesicherte Erkenntnisse stützen. Ein solches schweres Tragen von Lasten auf der Schulter ist in der heutigen Arbeitswelt – zumindest in modernen Industriestaaten – kaum noch anzutreffen. Mehrere Urteile der Landessozialgerichte hatten zum Ergebnis, dass selbst beim Zimmerer und Einschaler diese Voraussetzungen nicht als gegeben unterstellt werden können. Die bisher sehr wenigen Anerkenntnisse aus den ersten Jahren nach Einführung dieser BK, überwiegend auf dem Rechtsweg erstritten, haben sich ausnahmslos als problematisch erwiesen.

Bei den seinerzeitigen Beratungen des Sachverständigenbeirates blieben offenkundig anderweitige chronische Belastungsvorgänge mit potenziell nachteiligen Auswirkungen auf die Halswirbelsäule, so z. B. Dauerzwangshaltungen bei Musikern, völlig unberücksichtigt, sodass mit Aufnahme dieser Listenkrankheit in die BKV an den Realitäten der Arbeitswelt zum Ende des 19. Jahrhunderts schlicht vorbei entschieden wurde. So ist es auch in den Folgejahren nicht möglich gewesen, hinreichend gesicherte wissenschaftliche Erkenntnisse zur Kausalitätsbeurteilung zu gewinnen.

Nur in einer Hinsicht erscheint eine logische Schlussfolgerung geboten, nämlich im Hinblick darauf, dass die genannten Tragebelastungen von 50 kg und mehr unweigerlich auch die Lendenwirbelsäule – sogar in einem höheren Maße, als für die BK 2108 gefordert – belasten müssen. So erscheint eine solche Berufskrankheit nur in Verbindung mit einem Schadensbild an der Lendenwirbelsäule vorstellbar (Weber u. Morgenthaler 1998).

BK 2110: „Bandscheibenbedingte Erkrankung der Lendenwirbelsäule durch langjährige, vorwiegend vertikale Einwirkung von Ganzkörperschwingungen im Sitzen, die zur Unterlassung aller Tätigkeiten gezwungen haben, die für die Entstehung, die Verschlimmerung oder das Wiederaufleben der Krankheit ursächlich waren oder sein können."

Die Grundlagen für diese Berufskrankheit beruhen auf relativ genauen Untersuchungen in den Jahren vor Einführung dieser BK bei Erdbaumaschinenführern (Müsch 1987) und systematischen Untersuchungen über die Wirkungen mechanischer Schwingungen auf die Wirbelsäule (Dupuis 1990) mit dem Ergebnis, dass Ganzkörperschwingungen eingeleitet über das Gesäß des sitzenden Arbeitnehmers in einer geeigneten Schwingungsfrequenz zwischen 3 und 5 Hz mit einer „bewerteten Schwingungsstärke" von $K_r > 16$ (nach VDI 2057) mit einer Gesamtrichtwertdosis von $D_{VDRI} = 580 \times 10^3$ die beruflichen Anspruchsvoraussetzungen erfüllen. Mittels experimenteller Untersuchungen mit freiwilligen Probanden wurde eine Resonanzschwingung der Lendenwirbelsäule bei ca. 4–5 Hz nachgewiesen, die eine hohe Gewebebeanspruchung der Bandscheiben mit daraus resultierenden Stoffwechselstörungen mit sich bringt, andererseits aber auch nur die Lendenwirbelsäule gefährdet. Allerdings konnten auch im unteren BWS-Bereich betontere spondylotische Reaktionen – ähnlich wie an der oberen LWS – nachgewiesen werden (Weber u. Morgenthaler 1998), während der Bandscheibenraum L5/S1 weitgehend verschont bleiben soll.

Da derartige Ganzkörper-Schwingungsbelastungen bei den heute genutzten Arbeitsgeräten faktisch nicht mehr vorkommen, dürfte die Anerkennungsquote dieser BK, schon jetzt überaus gering, zukünftig gegen Null tendieren.

Versichertes Schadensbild

Gemeinsames Substrat aller drei genannten BK ist die „bandscheibenbedingte Erkrankung", die im Vollbeweis – es dürfen an dem Vorliegen dieser Erkrankung keine vernünftigen Zweifel verbleiben – belegt sein muss, da erst dann eine Diskussion über die Kausalität einsetzen kann. Handelt es sich nämlich um anderweitig bedingte Rückenbeschwerden, bedarf es keinerlei Kausalitätsdiskussion, da vom Verordnungsgeber nur die „bandscheibenbedingte Erkrankung" als anerkennungsfähig vorgegeben wurde, somit dieser Prüfungsschritt in der medizinischen Begutachtung an allererster Stelle stehen muss, zunächst ohne irgendwelche Überlegungen, die für die nachgeordnete Kausalitätsprüfung von Belang sein können.

Ein solches Krankheitsbild setzt zwingend voraus, dass zunächst einmal an der Bandscheibe selbst krankhafte Veränderungen eintreten müssen, damit sich hieraus in zeitlicher Folge die „bandscheibenbedingte" Krankheit entwickeln kann.

Eine krankhafte Veränderung der Bandscheibe allein erfüllt das Kriterium einer „bandscheibenbedingten Erkrankung" nicht, da selbst bei völlig symptomfreien Patienten bildtechnisch Bandscheibenveränderungen – bis hin zum ausgedehnten Bandscheibenvorfall bei kernspintomografischen Reihenuntersuchungen – vorliegen können (Jensen et al. 1994), die weder behandlungsbedürftig sind, noch die Leistungsfähigkeit der Betroffenen tangieren, daher ohne eine klinische Symptomatik nicht die Krankheitsdefinition (z.B. der WHO) erfüllen.

Insofern muss der Bildbefund grundsätzlich auch beim schmerzgeplagten Patienten dahingehend hinterfragt werden, ob er nach dem klinischen

Befund als Ursache der Symptomatik in Betracht kommt oder eine andere Ursächlichkeit erkennbar wird, somit lediglich das Ergebnis der durchgeführten Bilddiagnostik einem bedeutungslosen Zufallsbefund entspricht, nicht aber mit der beklagten Symptomatik korreliert. Auf die Gefahr solcher falsch positiven Bildbefunde wurde nicht ohne Grund hingewiesen (Meyer 1994).

Ein sicheres Zeichen für eine Bandscheibenerkrankung ist im Nativröntgenbild die Höhenminderung des Bandscheibenraumes (Brinckmann u. Frobin 1998), die eine Bandscheibenerweichung (Diskose) signalisiert. Lediglich im Bandscheibenraum L5/S1 ist die regelhaft physiologisch zu erwartende geringere Bandscheibenhöhe abwägend zu berücksichtigen.

Ist diese Diskose ligamentär und muskulär kompensiert, liegt also eine Symptomfreiheit im betroffenen Segment vor, handelt es sich nicht um eine Krankheit im engeren Sinne, allenfalls um eine „drohende" Erkrankung z. B. bei Fortsetzung einer beruflich übermäßig belastenden Tätigkeit.

Ist die ligamentäre und muskuläre Kompensation unzureichend, besteht somit eine segmentale Gefügelockerung mit bewegungsabhängig auftretendem Rückenschmerz („Hexenschuss") und einem klinischen Segmentbefund, einhergehend mit einem vermehrten Muskeltonus, zumindest in der Akutphase auch einer Entfaltungsstörung der LWS, ggf. mit Nervenwurzelreizungen, so handelt es sich um das anerkennungsfähige Bild einer „bandscheibenbedingten Erkrankung".

Folgende Kriterien müssen also erfüllt sein:
- Höhenminderung des Bandscheibenraumes
- Klinischer Segmentbefund (provozierbarer Schmerz)
- Vermehrter Muskeltonus (Verspannung)
- Subjektiv: Schmerz durch Bewegung („Hexenschuss")
- Fakultativ: Entfaltungsstörung der LWS
- Fakultativ: Nervenwurzelreizung/-schädigung (gleiches Segment).

Kann im Sinne dieser Definition eine „bandscheibenbedingte Erkrankung" – sei es nun mono-, bi- oder mehrsegmental – nachgewiesen werden, muss im Rahmen einer Begutachtung grundsätzlich die Frage gestellt werden, ob anhand der bestehenden gesamten Befundkonstellation am Haltungs- und Bewegungsapparat im Allgemeinen, der Wirbelsäule im Speziellen Indizien für die Ursächlichkeit dieses Erkrankungsbildes festzustellen sind.

Ursachenmöglichkeiten

Eine „bandscheibenbedingte Erkrankung" kann recht unterschiedliche – und nicht nur belastungsbedingte – Ursachen haben. Der Sachverständige ist prinzipiell gefordert, sämtliche in Betracht kommenden Ursachenmöglichkeiten zu hinterfragen, um auf diesem Wege den in einem solchen

Tabelle 9.1. Ursachenmöglichkeiten der Bandscheibenerkrankung

Endogene Faktoren
Stoffwechselbedingte Einflüsse etc. • Diabetes • Arteriosklerose • Morbus Scheuermann • entzündlicher Rheumatismus • Nikotin/Alkohol • u. v. a. m.
Mechanische Auswirkungen infolge Fehlstatik • Beckenschiefstand • Skoliose • vermehrte ventrale Beckenkippung • Spondylolisthesis • anatomische Varianten am lumbosakralen Übergang • Übergewicht Faktor X (s. Text)
Exogene Faktoren
Schädigungsrelevante Belastungen durch • langjährige **sportliche Aktivitäten** • langjährige **berufliche Einwirkungen**

Prüfungsverfahren erforderlichen Wahrscheinlichkeitsbeweis eines Kausalzusammenhanges führen zu können.

Die alleinige physiologische Alterung mit den gleichförmigen Bandscheibenveränderungen – Höhenminderungen der Bandscheibenräume werden dann erst ab der 7. Lebensdekade beobachtet – können dabei außer Betracht bleiben, da sich belastungsbedingte Erkrankungen der Bandscheiben wesentlich früher zu manifestieren pflegen.

Speziell für die anstehende Fragestellung erscheint eine Unterscheidung von – prinzipiell nicht-anerkennungsfähigen – endogenen Faktoren in Abgrenzung von exogenen Faktoren (Tab. 9.1) sinnvoll, unter die auch langjährige, hierzu geeignete berufliche Belastungen zu subsumieren sind.

Eine besondere Problematik ergibt sich daraus, dass bei der zweifelsfrei nicht mechanisch belasteten Durchschnittsbevölkerung, die bekanntlich ebenfalls mit einer relativ hohen Inzidenz bandscheibenbedingte Erkrankungen („Volkskrankheit") entwickelt, keine wie auch immer geartete „Prädiskose" festgestellt werden kann, also weder endogene Momente noch exogene Einwirkungen als Ursache festgestellt werden können. Dieses leider unbekannt bleibende Ursachenmoment wird auch als „Faktor X" bezeichnet, was naturgemäß immer Unwägbarkeiten in das Prüfungsverfahren hineinbringt, auch dann, wenn alle sonstigen Voraussetzungen für eine Anerkennung gegeben sind.

Diese Vielfalt der prädiskotischen Ursachenmöglichkeiten sind der orthopädischen Wissenschaft seit geraumer Zeit prinzipiell bekannt und unstreitig. Das hieraus jeweils resultierende allen gemeinsame Schadensbild einer „bandscheibenbedingten Erkrankung" erlaubt keine Zuordnung zu diesen vielen konkurrierenden, unter Umständen auch parallel bestehenden Ursachenmöglichkeiten. Eine mehrdimensionale Verursachung würde auch am ehesten die Entwicklung eines dem Lebensalter grob vorauseilenden Schadensbildes plausibel erklären.

Dementsprechend wird man hinterfragen müssen, ob die einzelnen aufgezeigten Ursachenmomente neben dem gemeinsamen Schadensbild einer „bandscheibenbedingten Erkrankung" anderweitige, jeweils ursachenspezifische Spuren zu hinterlassen pflegen, die eine Differenzierung ermöglichen, möglichst auch dann, wenn zwei oder mehrere Ursachenkomponenten eine Mischform von „Indizien" für die jeweilige Ursächlichkeit hinterlassen haben.

Ursachenindizien

Rechtfertigen die beruflichen Belastungsdaten die Annahme, dass exogene Faktoren, also mechanische Belastungen, für das Schadensbild am Achsenorgan ursächlich waren, so stellt sich die Frage, ob hierfür spezifische, z. B. röntgenanatomisch erfassbare Veränderungen an der Wirbelsäule eine solche Verursachung indizieren können.

Eine belastungsbedingte Induktion einer bandscheibenbedingten Erkrankung ist nach den Regeln der Logik am ehesten topographisch dort zu erwarten, wo diese Belastungen kumulieren, was nach heutigem Kenntnisstand im unteren LWS-Bereich, besonders in den Segmenten L4/5 und L5/S1, der Fall ist. Hieraus ergibt sich im Umkehrschluss, dass ein gleichförmiges Schadensbild, also bandscheibenbedingte Erkrankungen über mehrere Segmente hinweg bis hinein in andere Wirbelsäulenabschnitte, gegen eine belastungsbedingte Verursachung und für eine systemische, somit für eine der aufgezeigten endogenen Verursachungskomponenten sprechen.

Da im unteren LWS-Bereich auch weit über 90% der schicksalshaften Bandescheibenerkrankungen lokalisiert sind, hilft diese Überlegung jedoch zur Klärung der Kausalitätsfrage nicht wirklich weiter.

Belastungsadaptive Reaktionen

Biologische Systeme sind jedoch in aller Regel an Belastungen adaptierbar (Tab. 9.2). Die besonders kräftige Muskulatur des Sportlers, aber ebenso die überdurchschnittlich kräftige Muskulatur des körperlich arbeitenden

Tabelle 9.2. Biologische Belastungsanpassung

- Verschwielungen der Fußsohlen und Hände nimmt zu
- Muskelmasse/Muskelkraft nimmt zu
- Sehnen/Bänder werden strukturell mehr belastbar
- Kalksalzdichte im Knochen nimmt zu
- Knochen-Knorpel-Grenzlamellen der Gelenke werden vermehrt mineralisiert („Sklerosierung")
- Deck- und Tragplatten der Wirbelkörper werden vermehrt mineralisiert (wie bei „Osteochondrose")
- Deck- und Tragplatten zeigen Kantenanbauten = Vergrößerung der druckübertragenden Fläche („Spondylose")

Anpassungsphänomene an Deck- und Tragplatten
- ohne Höhenminderung des Bandscheibenraumes, damit
- keine Bandscheibenerkrankung!

Menschen, gilt als ein selbstverständliches Merkmal einer solchen Adaptation. Bindegewebe, Sehnen und Bänder zeigen ebenfalls ein adaptives Verhalten, wenngleich bei weitem nicht in dem Maße, wie dies der Muskulatur als „Arbeitsorgan" möglich ist.

Am Knochengewebe sind jedoch, ähnlich wie an der Muskulatur, untersuchungstechnisch nachweisbare adaptive Veränderungen möglich. Während in der Schwerelosigkeit (Raumfahrt) trotz körperlichen Trainings unweigerlich ein Knochenschwund mit Kalksalzmangel etc. aufzutreten pflegt, lassen sich gegenteilige Entwicklungen mit Aufbau einer vermehrten Knochenmasse und höherer Kalksalzdichte sowohl beim Sportler als auch beim körperlich arbeitenden Menschen – nach entsprechender Adaptation – beobachten. Prinzipiell nicht lösbar ist dabei das Problem einer Unterscheidung zwischen einer sportlichen (privaten) und einer beruflichen Induktion. Hierbei können nur die anamnestischen Daten, speziell die Ermittlung der beruflichen Anspruchsvoraussetzungen weiterhelfen.

Ähnlich wie an den Knorpel-Knochen-Grenzlamellen der Gelenke beobachtet man belastungsadaptiv auch an den Deck- und Tragplatten der Wirbelkörper röntgenanatomisch Verdichtungen (Sklerosierungen). Dabei handelt es sich um das gleiche Phänomen, das bei der Bandscheibenerweichung an den Deck- und Tragplatten im Sinne eines restabilisierenden („reparativen") Momentes als „Osteochondrose" bezeichnet wird.

Dieses Anpassungsphänomen, als „belastungsadaptive Reaktion" zu bezeichnen, wurde mit der derben Hohlhandverschwielung des Schmiedes verglichen (Kristen 1992), einem sicherlich hinkenden, aber doch für den Laien anschaulichen Vergleich dessen, was am Achsenorgan an Signalen für eine regelmäßige und langjährige Belastungseinwirkung zu erwarten ist. Dieses Phänomen der „belastungsadaptiven Reaktionen" an den Deck- und Tragplatten wird umso ausgeprägter zu erwarten sein, je mehr bei dem Einzelindividuum durch die körperlichen Belastungen die Grenze der individuellen Belastbarkeit erreicht oder gar überschritten wurde. Insofern kann die Osteochondrose nicht nur als „belastungsadaptiv", sondern auch bereits als „reparativ" aufgefasst werden. Gleiches gilt für die entstehende Spondylose, also den Randkantenausziehungen an den Deck- und Tragplatten, was letztendlich über eine Druckflächenvergrößerung die Belastbarkeit des Bandscheibenraumes ebenfalls erhöht.

Es entspricht nun einer interessanten Beobachtung der Sportmedizin, dass sich über eine jahrelange Adaptation solche Verdichtungen der Deck- und Tragplatten mit Kantenanbauten zu entwickeln pflegen, ohne dass dies auch mit einer Höhenminderung des Bandscheibenraumes – die eine Bandscheibenerweichung(-erkrankung) signalisiert – einherzugehen pflegt. Infolge solcher Anpassungsvorgänge kann sogar eine Höhenzunahme des Bandscheibenraumes eintreten (Brinckmann u. Frobin 1998). Eine solche Segmentsituation signalisiert im betroffenen Segment somit einerseits den abgelaufenen Anpassungsvorgang, der andererseits ohne die an individuelle Belastungsgrenzen stoßende langjährige Mehrbelastung nicht möglich gewesen wäre.

Diese Logik in der Zusammenführung gesicherter orthopädischer Erkenntnisse deckt sich mit dem Ergebnis epidemiologischer Untersuchungen (Hult 1954, Weber u. Morgenthaler 1996) über eine dem Lebensalter vorauseilende Prävalenz osteochondrotischer und spondylotischer Reaktionen am Achsenorgan bei körperlich überdurchschnittlich belasteten Personen. Weitere Untersuchungen haben, ebenfalls in Übereinstimmung mit älteren epidemiologischen Erkenntnissen, ergeben, dass die Osteochondrose bevorzugt in den unteren LWS-Segmenten zu erwarten ist, die Spondylose jedoch eher in den oberen LWS-Segmenten unter Einbeziehung der untersten BWS-Etagen (Weber u. Morgenthaler 1998). Hierzu begleitend sind in derartig belasteten Segmenten auch kernspintomografisch Signalveränderungen des Bandscheibengewebes zu erwarten (Hartwig et al. 1997). Hiermit verfügt man also über relativ sichere Indizien („Positivkriterium"), dass das Individuum beruflich oder privat Belastungen unterlag, welche die individuellen Grenzzonen erreicht oder gar überschritten haben, somit prinzipiell auch als schädigungsrelevant eingeordnet werden müssen.

Die Ermittlungen der beruflichen Anspruchsvoraussetzungen sind somit eigentlich erst nach Sicherung solcher „belastungsadaptiver Reaktionen" sinnvoll, da erst dann gesicherte berufliche Anspruchsvoraussetzungen relevant werden und eine Abgrenzung von privaten Ursachenmomenten ermöglichen.

Das belastungskonforme Schadensbild

Im gutachtlichen Prüfungsverfahren muss zwischen dem anerkennungsfähigen Schadensbild („bandscheibenbedingte Erkrankung") einerseits und den „Indizien" für evtl. ursächliche mechanische Belastungen („belastungsadaptive Reaktionen" ohne Krankheitsrelevanz) unterschieden werden. Beides lässt sich jedoch unter dem Begriff „belastungskonformes Schadensbild" subsumieren. Auch das monosegmentale Schadensbild kann somit in Verknüpfung mit mehrsegmentalen belastungsadaptiven Reaktionen (Positivkriterium) eine Anerkennung finden.

Dieser so scheinbar einfachen Kausalitätsbeurteilung steht entgegen, dass eine Monokausalität der Segment- und Bandscheibenveränderungen nur selten im Raum steht, eine Polykausalität eher der Regel entspricht, insofern auch der Röntgenbefund mit einer verwirrenden Vielfalt „Mischbilder" bieten kann, was die gutachtliche Beurteilung gelegentlich erheblich erschwert.

Andererseits lassen sich die besonders häufigen schicksalshaften Komponenten relativ gut abgrenzen, insbesondere dann, wenn eine der so häufigen lumbosakralen Übergangsstörungen zu einer Fehlstatik mit primärer Entwicklung einer Spondylarthrose, dann erst sekundärer Entwicklung einer bandscheibenbedingten Erkrankung geführt hat. Für eine solche Beurteilung sollten daher stets sämtliche, auch Jahre zuvor gefertigten Röntgenaufnahmen zur Verfügung stehen, um die zeitliche Reihenfolge bei der Entwicklung solcher Wirbelsäulenbefunde erkennen zu können. Auch eine schicksalshafte Verursachung einer „bandscheibenbedingten Erkrankung" hinterlässt somit Spuren („Indizien"), die in die Beurteilung als „Negativkriterium" Eingang finden können.

ausalitätsprüfung

Bei der abschließenden Kausalitätsprüfung, in der Regel nur notwendig bei einer bereits gesicherten „bandscheibenbedingten Erkrankung", sind somit vier Fallgestaltungen denkbar (Schröter 2001):

1. Eine Anerkennung als berufsbedingte Erkrankung kann erfolgen, wenn
   - belastungsadaptive Reaktionen vorliegen (pos. Positivkriterium),
   - relevante schicksalshafte Krankheitsursachen fehlen (neg. Negativkriterium)

   und nicht zuletzt die Ermittlungen der beruflichen Belastungen prinzipiell die Möglichkeit einer berufsbedingten Induktion erkennen lassen.

2. Eine Anerkennungsempfehlung ist nicht vertretbar, wenn
   - belastungsadaptive Reaktionen fehlen (neg. Positivkriterium),
   - relevante schicksalshafte Krankheitsursachen vorliegen (pos. Negativkriterium),

   und zwar auch dann, wenn die beruflichen Anspruchsvoraussetzungen prinzipiell als erfüllt anzusehen sind.

3. Eine grenzwertige Situation mit Unterstellung einer beruflichen Einwirkung im Sinne einer wesentlichen Teilursache (rechtlich wesentliche Bedingung) erscheint im Einzelfall möglich und vertretbar, wenn
   - belastungsadaptive Reaktionen vorliegen (pos. Positivkriterium),

relevante schicksalshafte Krankheitsursachen erkennbar werden (pos. Negativkriterium), die jedoch das Schadensbild nicht durch eine überragende Quantität dominieren,

letztendlich auch hinreichende berufliche Belastungen gesichert werden konnten. Nur in solchen – glücklicherweise nicht allzu häufigen – Fällen besteht eine unvermeidliche Irrtumsbreite, die jedoch statistisch gesehen marginaler Natur sein dürfte.

4. Die Anerkennung bedarf einer besonders plausiblen Begründung (z. B. multiple Mikrotraumata etc.), wenn
   - belastungsadaptive Reaktionen fehlen (negatives Positivkriterium),
   - schicksalshafte Krankheitsursachen fehlen (negatives Negativkriterium).

Diese Fallgestaltungen entsprechen bei der körperlich nicht belasteten Bevölkerung der Situation, bei der man den unbekannten „Faktor X" als schadensursächlich bezeichnet. Insofern erscheint es fraglich, ob solche Fallgestaltungen tatsächlich wie angenommen (Wolter et al. 1994) dem „typischen" Schadensbild im Bereich der Pflegeberufe entspricht.

Die konkurrierende Kausalität

Die Manifestation einer „bandscheibenbedingten Erkrankung" vor Vollendung des 30. Lebensjahres entspricht einer eher seltenen Beobachtung. Die in diesem Lebensabschnitt besonders kräftige Muskulatur schützt das Achsenorgan vor schädigungsrelevanten Einwirkungen (Deigentesch 1984) und ist in der Lage, bis zu 40% der Lastaufnahme parallel zum eigentlichen knöchernen Achsenorgan zu übernehmen (Wolter et al. 1994). Dies entspricht auch der Mitteilung, wonach eine gut trainierte Muskulatur infolge körperlicher Arbeit vor der Entwicklung einer Bandscheibenerkrankung schützt (Porter 1987).

Die gutachtlichen Erfahrungen der letzten Jahre lassen zudem erkennen, dass in den Fällen eines sehr frühzeitigen Auftretens einer „bandscheibenbedingten Erkrankung" so gut wie ausnahmslos die konkurrierende schicksalshafte Ursachenkomponente nachgewiesen werden konnte. All dies spricht für die Annahme, dass sich in der Regel eine Anerkennungsempfehlung vor Vollendung der 3. Lebensdekade nicht begründen lässt.

Schicksalshafte Schadensbilder am Achsenorgan signalisieren ihre Ursächlichkeit regelhaft an einem krankheitsspezifischen Verteilungsmuster der hiermit einhergehenden röntgenanatomischen Befundauffälligkeiten und/oder einer charakteristischen zeitlichen Entwicklung der Bildbefunde, was in der Regel eine kausale Zuordnung einer hieraus resultierenden bandscheibenbedingten Erkrankung erlaubt.

Residuen der Scheuermann-Erkrankung können prinzipiell in allen Wirbelsäulenabschnitten auftreten, werden jedoch bevorzugt an der BWS und oberen LWS manifest. Eine solche Erkrankung stellt auch in den späteren Jahren eine Prädisposition für die Entwicklung bandscheibenbedingter Erkrankungen dar (Wischnewski z. Pfeiffer 1996).

Entzündlich-rheumatische Erkrankungen zeigen je nach Erkrankungsart ein recht typisches Verteilungsmuster, die hyperostotische Spondylose z. B. bevorzugt im mittleren bis unteren BWS-Bereich mit Übergängen zur LWS.

Die Spondylitis ancylosans (Morbus Bechterew) ist an der Mitbeteiligung der Kreuzdarmbeingelenke in aller Regel leicht zu erkennen.

Die so überaus häufigen fehlstatisch bedingten Segmenterkrankungen finden sich z. B. betont im Scheitelpunkt einer Skoliose, bei einer lumbosakralen Übergangsstörung naturgemäß im Bereich der betroffenen Segmente L4/5 und L5/S1. Verfügt man über einen lang zurückreichenden röntgenanatomischen Verlauf, signalisieren die in solchen Fällen zeitlich fast immer vorauseilenden arthrotischen Veränderungen der Wirbelgelenke vor der erst später hinzutretenden Bandscheibenbeteiligung den schicksalshaften Charakter der Erkrankung. Dies gilt insbesondere für asymmetrische Übergangsstörungen mit der dann stets einseitig betonten Spondylarthrose.

Ein vermeindlicher Sonderfall ist die Spaltbildung (Spondylolyse) an den Wirbelbögen und das damit hin und wieder verknüpfte Wirbelgleiten (Spondylolisthese), die ursächlich nie einen Bezug zur beruflichen Einwirkung haben, vielmehr stets schicksalshafter Natur sind. Manifestiert sich im Rahmen einer solchen anatomischen Besonderheit eine Instabilisierung des Bewegungssegmentes, so muss dies zu einer Bandscheibenerweichung (-erkrankung) führen, die somit – entgegen vereinzelten, durchaus in der Literatur puplizierten Meinungsäußerungen – nicht anerkennungsfähig ist. Der im Rahmen einer Instabilisierungsneigung zwangsläufig auftretenden Bandscheibenerweichung(-erkrankung) steht nämlich statistisch gesehen die durch berufsbedingte Belastungen nur in relativ wenigen Fällen auch tatsächlich entstehende bandscheibenbedingte Erkrankung gegenüber. Diese statistischen Wahrscheinlichkeiten müssen somit zwangsläufig in einer solchen Fallgestaltung zur Feststellung einer Unwahrscheinlichkeit einer Kausalitätsbeziehung zwischen Bandscheibenschaden und beruflichen Belastungen führen. Die prinzipiell vermutete „Möglichkeit" (Grosser et al. 1996) kann den notwendigen Wahrscheinlichkeitsbeweis nicht ersetzen.

Zusammenfassend ist zu den schicksalshaften Ursachenkomponenten festzustellen, dass sie in der Regel aus dem klinischen und insbesondere radiologischen Gesamtbefund heraus erkennbar werden, insbesondere nicht mit „belastungsadaptiven Reaktionen" einherzugehen pflegen.

Tabelle 9.3. BK 2108, 2109, 2110 – Eckwerte zur MdE-Einschätzung

0%	asymptomatischer Röntgenbefund
unter 10%	belastungsabhängige Beschwerden ohne funktionelle oder neurogene Defizite
10%	pseudoradikuläre Ausstrahlungen mit mäßiger Entfaltungsstörung
20%	... zusätzlich Belastungsminderung und ausgeprägtere Entfaltungsstörung
30%	... zusätzlich Nervenwurzelreizungen und sensible Defizite, Reflexausfall
40%	... zusätzliche motorische Störungen mit Lähmungserscheinungen
50%	... zusätzlich Blasen-Mastdarm-Störungen

Allein verbliebene neurogene Restdefizite, z. B. Reflexausfall oder sensible Störungen, nach sonst narbig stabil ausgeheiltem Bandscheibenschaden bewirken keine messbare MdE, allenfalls 10%

Anerkennung und MdE

Die praktische Begutachtung zu den Wirbelsäulen-Berufskrankheiten, insbesondere zu der heute fast ausschließlich nur noch gutachtlich abgehandelten BK 2108 zeigt, dass nur etwa 1% aller Prüfungsverfahren zum Ergebnis haben, dass eine Anerkennung in Betracht kommen kann. Die Aufwendungen für die Prüfungsverfahren stehen insofern in einem exorbitanten Missverhältnis zu den daraus resultierenden Leistungen der Versicherungsträger, nicht zuletzt auch deshalb, weil die bandscheibenbedingte Erkrankung in der Regel einer sukzessiven schicksalshaften Heilung, der so genannten wohltuenden Einsteifung des Alters, anheim fällt und zum anderen nur selten mehr als eine MdE mit 20% resultiert. Auch der geforderte Unterlassungszwang ist insofern keineswegs immer plausibel begründbar (Schröter 2001).

Die überaus häufigen belastungsabhängig bleibenden Beschwerden ohne funktionelle oder neurogene Defizite können keine messbare MdE begründen. Die mäßige Entfaltungsstörung gegebenenfalls mit pseudoradikulären Beschwerden ist mit 10%, zusätzlich Belastungsminderungen und ausgeprägter Entfaltungsstörung mit 20% einzuschätzen. Erst die zusätzliche Nervenwurzelreizung oder anderweitige neurogene Defizite rechtfertigen eine MdE mit 30% und mehr (Tab. 9.3). Derartige Fallgestaltungen sind jedoch selten, andererseits in der gutachtlichen Beurteilung in Folge der handfesten Befunde eher einfach zu handhaben.

Literatur

Bolm-Audorff U (1992) Bandscheibenbedingte Erkrankungen durch Heben und Tragen von Lasten. Med Orth Tech 112:293–295

Brinckmann P, Frobin W (1998) Primär-mechanische Schädigung lumbaler Bandscheiben. Aus: „Lumbale Bandscheibenkrankheit", Neuroorthopädie 7, Hrsg. Kügelgen W, Böhm B, Schröter F, Zuckschwerdt

Deigentesch N (1984) Die theoretische und praktische Belastbarkeit der Lendenwirbelsäule. Orthop Praxis 4:291–297

Dupuis H (1990) Über die Wirkung mechanischer Schwingungen auf die Wirbelsäule. Orthopäde 19:140–145

Grosser V et al (1996) Die Bedeutung der isthmischen Spondylolisthesis in der Begutachtung der Berufskrankheit der Lendenwirbelsäule. Unfallchirurg 99:470–476

Hartmann B (1999) Die Beurteilung der Belastung der Wirbelsäule – Anmerkungen zum Mainz-Dortmunder Dosis-Modell „MDD". Arbeitsmedizin, Sozialmedizin, Umweltmedizin 34:320–324

Hartung E et al (1999) Vorschlag zur Beurteilung der arbeitstechnischen Voraussetzungen im Berufskrankheiten-Feststellungsverfahren – Teil 2. Arbeitsmedizin, Sozialmedizin, Umweltmedizin 34:112–122

Hartwig E, Hoellen I, Linner U, Kramer M, Wickstroem M, Kinzl L (1997) Berufserkrankung 2108 – Kernspintomographische Degenerationsmuster der LWS von Patienten mit unterschiedlicher wirbelsäulenbelastender Tätigkeit. Unfallchir 100:888–894

Hult L (1954) Cervical, Dorsal and Lumbar Spinal Syndromes, a Field Investigation of an Non-Selected Material of 1200 Workers in Different Occupations with Special Reference to Disc Degeneration an So-Calles Muscular Rheumatism. Acta Orthop Scand Suppl 17

Jäger N et al (1999) Retrospektive Belastungsentwicklung für risikobehaftete Tätigkeitsfelder – Teil 1. Arbeitsmedizin, Sozialmedizin, Umweltmedizin 34:101–111

Jensen MC, Brant-Zawadzki MD, Obuchowski N, Modic MT, Malkasin D, Ross JS (1994) Magnetic resonance imaging of the lumbar spine in people without back pain. N Engl J Med 331:69–73

Kristen H (1992) Orthopädische Erkrankungen der Wirbelsäule als Folge beruflicher Belastungen? Med Orthop Tech 112:290–292

Krüger W (1991) Verschleißkrankheiten der Wirbelsäule als Berufskrankheit. Arbeitsmedizin, Sozialmedizin, Präventivmedizin 26/1:9–12

Krüger W (1993) Zur Frage berufsbedingter Erkrankungen der Halswirbelsäule aus arbeitsmedizinischer Sicht. Gutachtenkolloquium 8, Springer: 11–14

Meyer R (1994) Studie zur Kernspintomographie: Prolaps auch bei Gesunden. Dt Ärzteblatt, Heft 34/35:1444

Müsch FH (1987) Lumbale Bandscheibendegeneration bei Erdbaumaschinenfahrern mit langjähriger Ganzkörper-Vibrationsbelastung. Dissertationsarbeit aus dem Institut für Arbeits- und Sozialmedizin, Mainz

Porter RW (1987) Does hard work prevent disc protrusion? Clin Biomech 2:196–198

Schröter F (2001) Begutachtung bei Berufskrankheiten. Orthopäde 30:100–116

Weber M, Morgenthaler M (1996) Röntgenologische Veränderungen der Wirbelsäule von Schwerarbeitern. Med Sach 92:112–116

Weber M, Morgenthaler M (1998) Gibt es das „typische" berufsbedingte Schadensbild? In: Kügelgen B, Böhm B, Schröter F (Hrsg) Neuroorthopädie VII, Zuckschwerdt: 277–288

Wischnewski W, Pfeiffer A (1996) Der Morbus Scheuermann als Prädisposition einer späteren Wirbelsäulenerkrankung und sein Einfluss auf die Begutachtung im Berufskrankheitenverfahren. Versicherungsmedizin 48:126–128

Wolter D, Seide K, Grosser V (1994) Kriterien zur Beurteilung berufsbedingter Lendenwirbelsäulenerkrankungen (BK 2108). Eigen, Hamburg

Diskussion

? Wie hoch sind die belastungsadaptiven Anpassungsreaktionen von Personen, die in die Wirbelsäule besonders belastenden Berufen arbeiten?

Diese Frage ist aus zweierlei Gründen nicht konkret zu beantworten:

- Es existieren keine wirklich gesicherten Erkenntnisse über die Wirbelsäulenbelastungen in speziellen Berufen. Experimentelle Untersuchungen zur intradiskalen Druckentwicklung bei bestimmten Körperhaltungen und Belastungen existieren jüngst nur von einem einzigen freiwilligen Probanden (Wilke et al. 1999), ältere, teils aber auch widerlegte Messungen auch von Nachemson (1981). Danach ist bekannt, dass die Belastung des Bewegungssegments im Allgemeinen und der Bandscheibe im Besonderen durch Rumpfvorneigung einerseits und zusätzliche Lastaufnahme andererseits erheblich ansteigt. Zu welcher Summation sich solche Einzelbelastungen in bestimmten beruflichen Bereichen aufaddieren, kann bisher nur anhand von Modellrechnungen, nicht jedoch anhand von wissenschaftlichen Untersuchungsergebnissen angegeben werden.

- Da es bisher noch an einer exakten Definition wirbelsäulenbelastender Berufe fehlt (s. o.), fehlt es erst recht an Daten, welche belastungsadaptiven Belastungsreaktionen bei einer bestimmten definierten Belastungseinwirkung zu erwarten sind. Damit ist diese Frage letztendlich wissenschaftlich fundiert nicht zu beantworten.

? Ist eine Spondylose als adaptive Antwort des Körpers auf besondere Belastung ähnlich vermeidbar wie Schwielen?

Auch diese Frage ist nicht sinnvoll zu beantworten, allenfalls dahingehend, dass durch Vermeidung besonderer Belastungen, z. B. maschinelle Erledigung von Hebe- und Tragearbeiten, wahrscheinlich auch die adaptive Reaktion vermieden werden kann.

Ist Sport wirklich vergleichbar mit beruflichen Belastungen? Kann durch Sport Rückenschmerz eher erzeugt oder verhindert werden?

? Sport und berufliche Belastungen sind nur insofern vergleichbar, als auf beiden Wegen die Erhöhung des intradiskalen Drucks möglich ist. Soweit Sport mit repetitiven gleichartigen Belastungen einhergeht, ist er sicherlich vergleichbar mit analogen beruflichen Belastungen. Im Bereich des Sports werden sogar regelhaft wesentlich höhere Einzelbelastungen erreicht (z. B. Gewichtheben) als im beruflichen Bereich.

Sport „erzeugt" jedoch zweifellos nicht Rückenschmerzen in dem Sinn, dass diese Rückenbeschwerden ein krankhaftes Geschehen signalisieren. Vielmehr signalisiert – in Übereinstimmung mit gesicherten ärztlichen Erkenntnissen – die derzeitige Datenlage, dass Sport durch eine Optimierung der Muskeldynamik die Entstehung von Rückenschmerzen eher verhindert. Hierzu gibt es auch durchaus analoge Erkenntnisse in beruflichen Bereichen, nämlich dahingehend, dass die sog. Dienstleister (Bürotätigkeiten) eher zu Rückenschmerzen neigen als körperlich arbeitende Menschen. Dabei darf jedoch der Rückenschmerz nicht automatisch gleichgesetzt werden mit einer bandscheibenbedingter Erkrankung.

? Müssen belastungsadaptive Veränderungen durch berufliche Exposition auftreten?

Sie müssen nicht, aber sie können auftreten. Modellhaft kann man sich dies dahingehend vorstellen, dass immer dann, wenn die individuelle Belastungsbreite – die für das Einzelindividuum mit heute zur Verfügung stehenden Möglichkeiten nicht bestimmbar ist – überschritten wird, der Organismus nach Anpassung sucht. So ist mit Wahrscheinlichkeit davon auszugehen, dass ein großgebauter Mensch mit athletischer Konstitution erheblich höhere Belastungen ohne Entwicklung belastungsadaptiver Reaktionen toleriert als eine schmalwüchsige asthenische muskelschwache Person, die sicherlich auch sehr viel eher zur Entwicklung einer bandscheibenbedingten Erkrankung durch Belastungseinwirkungen neigen dürfte als der Athlet. Diese individuellen Unterschiede der Belastbarkeit finden derzeit noch keinerlei Berücksichtigung bei den Ermittlungen der beruflichen Anspruchsvoraussetzungen (Mainz-Dortmunder Dosis-Modell), sodass eigentlich der Eintritt solcher belastungsadaptiver Reaktionen ein sehr viel sichereres Indiz für tatsächlich erfolgte schädigungsrelevante Belastungseinwirkungen darstellen dürfte.

? Ist die isolierte Osteochondrose beim Maurer jetzt eine BK? Ist sie also anerkannt als BK?

Die isolierte Osteochondrose nur im Sinne von sklerosierenden Verdichtungen der Abschlussplatten an den Wirbelkörpern entspricht nicht dem Versichertenbild einer bandscheibenbedingten Erkrankung, weder isoliert noch polysegmental.
Anerkannt werden kann also nur die auch klinisch in Erscheinung tretende „bandscheibenbedingte Erkrankung" mit all ihren Folgeerscheinungen, zu denen auch die Osteochondrose gehören kann.

? Haben belastungsabhängige Veränderungen im Bereich der LWS vielleicht sogar einen Schutzfaktor für die LWS bzw. die Bandscheiben der LWS?

Es entspricht sicherlich gesicherter ärztlicher Erfahrung, dass die Entwicklung einer restabilisierenden Osteochondrose an den Deck- und Tragplatten sowie einer abstützenden Spondylose die Entwicklung einer Symptomatik ausgehend von einer krankhaften Bandscheibenerweichung in zahlreichen, vermutlich in der überwiegenden Zahl der Fälle verhindern kann. Hält jedoch diese körpereigene „Reparation" mit der Rasanz der Entwicklung einer Bandscheibenerweichung nicht Schritt, wird die Erkrankung manifest, das heißt symptomatisch und damit auch (erst) behandlungsbedürftig.

? Wieviel wirbelsäulenrelevante Belastungen sind eigentlich wirklich innerhalb einer Schicht für eine Krankenschwester möglich? Sind die zu Beginn genannten 170 Belastungen nicht viel zu hoch gegriffen?

Die Frage ist eigentlich nicht beantwortbar! Eine „athletisch" gebaute Krankenschwester kann sicherlich wesentlich mehr an solchen Belastungseinwirkungen schadlos tolerieren als die schmalwüchsige „asthenische" Krankenschwester. Konkrete Untersuchungsergebnisse liegen hierzu meines Wissens nicht vor.
170 einzelne relevante Hebe- und Tragebelastungen in einer Arbeitsschicht von 7 1/2 Stunden würden pro Stunde ca. 23 solcher Belastungen ausmachen. Die Krankenschwester müsste also über den gesamten Arbeitsalltag verteilt mindestens alle zwei bis drei Minuten einer solchen Belastung unterliegen. Das erscheint selbst dann nicht realistisch, wenn besonders zahlreiche pflegeintensive Patienten zu versorgen sind.

? Wie reagiert die Bandscheibe im Bereich eines Gleitwirbelsegments auf Belastung?

Auch diese Frage ist wissenschaftlich fundiert nicht eindeutig zu beantworten. Besteht eine gewisse Instabilität schon im Jugendalter, so entspricht es gesicherten ärztlichen Erfahrungen, dass dann auch relativ rasch im Erwachsenenalter der röntgenanatomisch fassbare Bandscheibenschaden (Höhenminderung, Osteochondrose und Spondylose) hinzutritt. Handelt es sich zum Abschluss des Wachstumsalters um ein stabiles Gleitsegment, ist nur selten mit einer im Erwachsenenalter hinzutretenden Instabilisierung zu rechnen. In diesen Fällen gibt es keine gesicherten Erkenntnisse dazu, ob dann erst die Instabilisierung und danach die Bandscheibenerkrankung hinzutritt oder umgekehrt die Bandscheibenerkrankung zu einer Instabilisierung des Segments führt. Beides ist prinzipiell denkbar. Aus der Beobachtung von Einzelfällen ergeben sich jedoch Hinweise, dass wahrscheinlich – auf welchem Weg auch immer – erst eine Instabilisierung eintritt, da bei diesen Kasuistiken dann in einer geradezu ungewöhnlich schnellen Art und Weise erst sekundär der Bandscheibenschaden hinzugetreten ist. Ob solche Einzelbeobachtungen aber verallgemeinert werden können, ist derzeit nicht zu übersehen.
Nach der zur Verfügung stehenden Literatur ist jedoch die Inzidenz einer bandscheibenbedingten Erkrankung beim sog. stabilen Wirbelgleiten nicht oder nicht wesentlich höher als bei Personen ohne solche anatomischen Besonderheiten.

10 Der schwierige (Berufskrankheiten-)Fall

V. Grosser

Fallbeispiel einer 60-jährigen Frau

Berufliche Belastung

Nach den Ermittlungen des technischen Aufsichtsdienstes war die Versicherte (geboren 1940) von Oktober 1963 bis Oktober 1997 als Pflegekraft wirbelsäulenbelastend im Sinne der BK 2108 tätig. Damit ergeben sich insgesamt 34 Jahre wirbelsäulenbelastender Tätigkeit. Nach den Ermittlungen des TAD lag die Anzahl der sicher belastenden Hebevorgänge an Patienten pro Schicht im Zeitraum von 1963–1978 bei ca. 170, im Zeitraum von 1979–1982 bei ca. 115, im Zeitraum von 1983–1994 bei ca. 95 und im Zeitraum von 1995–1997 bei ca. 70. Die arbeitstechnischen Voraussetzungen der BK 2108 sind damit erfüllt, wobei die Mindestanforderungen sowohl bezüglich der Intensivität als auch bezüglich der Langjährigkeit erheblich überschritten werden.

Vom 12. 10. 97 bis zur Aussteuerung war die Versicherte zunächst arbeitsunfähig geschrieben, danach war sie bis zum Zeitpunkt der Begutachtung arbeitslos gemeldet.

Krankheitsbild

Die Versicherte wurde im März 2000 begutachtet. An bildgebenden Untersuchungen wurden Röntgenbilder der Halswirbelsäule, der Brustwirbelsäule und der Lendenwirbelsäule in 2 Ebenen im Stehen (Abb. 10.1 a–c), Funktionsaufnahmen der Lendenwirbelsäule in Extension und Flexion im Stehen und ein Kernspintomogramm der Lendenwirbelsäule angefertigt.

Diagnosen an der Lendenwirbelsäule

- Isthmische Spondylolisthesis L5/S1 vom Grad 1 nach Meyerding mit nachgewiesener beidseitiger Spondylolyse L5

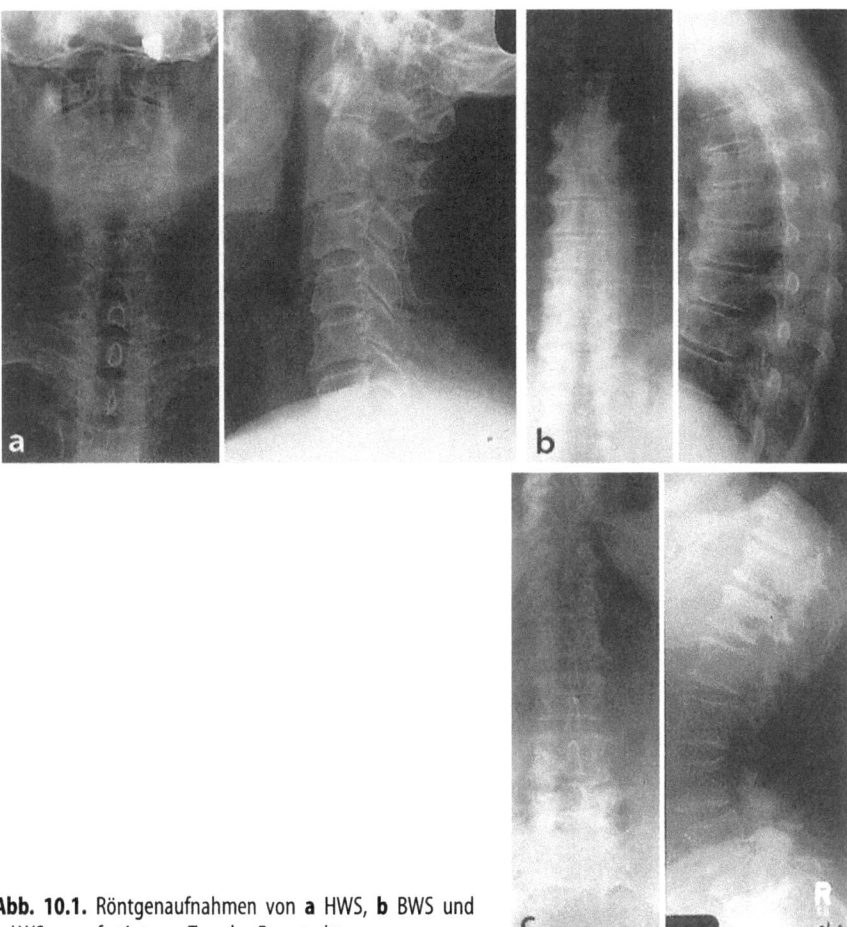

Abb. 10.1. Röntgenaufnahmen von **a** HWS, **b** BWS und **c** LWS, angefertigt am Tag der Begutachtung

- Ausgeprägte Osteochondrose L 5/S 1, mäßige Chondrose L 4/5 mit breitbasiger deutlicher Bandscheibenprotrusion und ausgeprägter Spondylarthrose, geringe Chondrose L 3/4 mit Spondylarthrose
- Mäßiger Hohlrundrücken.

Klinisch bestand eine deutliche Bewegungseinschränkung der Lendenwirbelsäule (Finger-Boden-Abstand und Finger-Fuß-Abstand im Langsitz übereinstimmend 27 cm, isoliert gemessener LWS-Beugewinkel 25°). Der Trainingszustand der Rumpfmuskulatur war reduziert. Die Funktionsaufnahmen der Lendenwirbelsäule zeigten bei Vorbeugung im Segment L 4/5 und L 3/4 jeweils eine leichte Translation nach vorn, welche sich bei Rückneigung im Segment L 4/5 vollständig und im Segment L 3/4 teilweise ausglich. Im Segment L 5/S 1 kam es in den Funktionsaufnahmen zu keiner wesentlichen Verschiebung. Vom fachneurologischen Zusatzgutachter wurde eine sensible Reizsymtpomatik der Nervenwurzel L5 links mit Hyperpathie im Versorgungsgebiet dieser Nervenwurzel festgestellt.

Weitere relevante Diagnosen

- Mäßige degenerative Veränderungen der Halswirbelsäule mit geringen relativen Höhenminderungen der Bandscheiben C5/6 und C4/5 sowie mäßigen vorderen Randzackenbildungen im Segment C5/6
- Morbus Forrestier der Brustwirbelsäule
- Übergewicht
- Hyperurikämie

Zeitlicher Verlauf

Gelegentliche Lendenwirbelsäulenbeschwerden waren nach Angaben der Versicherten 1970 erstmalig aufgetreten, diese waren nicht behandlungsbedürftig.

Bei lückenlos vorliegendem Vorerkrankungsverzeichnis kam es erst 1997 zur ersten dokumentierten Arbeitsunfähigkeit wegen Lendenwirbelsäulenbeschwerden. Aus dieser Zeit stammten auch die ersten aktenkundigen Behandlungsberichte und Vorröntgenaufnahmen der Lendenwirbelsäule. Im Wesentlichen lagen seinerzeit bereits die gleichen Befunde vor wie bei der Begutachtung.

Beurteilungsvorschlag

Die Hauptproblematik liegt in der Beurteilung des Ursachenzusammenhangs.

Klinisch relevante, über das Altersmaß hinausgehende strukturelle Bandscheibenschäden der Lendenwirbelsäule sind nachgewiesen. Das Verteilungsmuster der Bandscheibenschäden an der Lendenwirbelsäule ist belastungskonform mit von unten nach oben abnehmendem Schweregrad.

Ein anerkanntes Kriterium zur Zusammenhangsbeurteilung ist, dass bei einer BK 2108 die Bandscheibenschäden an der LWS betont sein sollten. Vergleichbar ausgeprägte Bandscheibenschäden an belastungsfernen Wirbelsäulenabschnitten sprechen für eine eigenständige Bandscheibenerkrankung innerer Ursache. Im hier vorliegenden Fall ist im Vergleich zu den belastungsfernen Wirbelsäulenabschnitten eine Betonung der Bandscheibenschäden an der Lendenwirbelsäule zu erkennen. An der Halswirbelsäule sind die degenerativen Bandscheibenveränderungen nur gering. An der Brustwirbelsäule finden sich die röntgenmorphologisch deutlich ins Auge fallenden Veränderungen im Sinne eines Morbus Forrestier, d. h. einer Erkrankung letztlich unbekannter Ätiologie, welche bei bestimmten Stoffwechselstörungen, wie Diabetes und Hyperurikämie, gehäuft auftritt. Wesentlich über das Altersmaß hinausgehende Bandscheibenschäden liegen an der Brustwirbelsäule jedoch nicht vor.

Eine genaue zeitliche Festlegung, ab wann bei der Versicherten eine bandscheibenbedingte Erkrankung der Lendenwirbelsäule bestand, ist nicht möglich. Es ist unwahrscheinlich, dass die frühen gelegentlichen Lendenwirbelsäulenbeschwerden bereits bandscheibenbedingt waren. Eher handelte sich damals um Überlastungsbeschwerden bei vorbestehenden Spondylolisthesis, ausgelöst durch die seinerzeit besonders intensiven beruflichen Belastungen. Es kann zugrunde gelegt werden, dass eine bandscheibenbedingte Erkrankung der Lendenwirbelsäule erst vorlag, als bereits langjährige berufliche Belastungen im Sinne der BK 2108 gegeben waren. Der zeitliche Verlauf der Erkrankung ist somit prinzipiell mit einer beruflichen Verursachung der bandscheibenbedingten Lendenwirbelsäulenerkrankung vereinbar.

Als wesentlicher konkurrierender Ursachenfaktor ist die Spondylolisthesis (Wirbelgleiten) bei nachgewiesener beiderseitiger Spondylolyse (knöcherner Defekt des Wirbelbogens zwischen Wirbelkörper und Wirbelgelenk) beiderseits zu bewerten (Grosser et al. 1996, Krumbiegel u. Meyer-Clement 2000, Rompe u. Krahl 1775, Rompe 1994). Die Spondylolisthesis entsteht in aller Regel im Kinder- bzw. Jugendalter und ist bei Abschluss des Wachstums bereits vorhanden. Der Wirbelbogendefekt bedingt, dass die Schutzfunktion der hinteren Wirbelsäulenelemente für die Bandscheibe erheblich vermindert ist: Mechanische Belastungen des alltäglichen Lebens und insbesondere auch Torsionsbelastungen treffen direkter auf die betroffene Bandscheibe. Bei der Spondylolisthesis sind deshalb bereits im natürlichen Krankheitsverlauf vorzeitige degenerative Veränderungen der Bandscheibe im betroffenen Segment zu erwarten.

Als weitere konkurrierende Ursachenfaktoren, die sich nicht nur auf das Segment L5/S1, sondern auch auf die übrigen Lendenwirbelsäulensegmente auswirken, sind das Übergewicht der Versicherten und die Fehlstatik im Sinne eines mäßigen Hohlrundrückens zu nennen. Das Übergewicht war zum Zeitpunkt der Begutachtung mit 91 kg bei 1,56 Körpergröße erheblich. Die Bedeutung dieses Befundes relativierte sich jedoch, da ein langjähriges Bestehen dieses ausgeprägten Übergewichtes nicht nachgewiesen war.

Betrachtet man den Ausprägungsgrad der Bandscheibenschäden an der Lendenwirbelsäule der Versicherten, so liegt er unter Berücksichtigung der vorliegenden konkurrierenden Ursachenfaktoren durchaus in der Schwankungsbreite typischer schicksalhafter Verläufe, wobei aber auch günstigere schicksalhafte Verläufe nicht ungewöhnlich sind. In einer derartigen Situation bedarf es einer besonderen Begründung, wenn man eine wesentliche Teilursächlichkeit der beruflichen Belastungen nicht nur als möglich, sondern als wahrscheinlich einschätzt.

Wir haben uns im vorliegenden Fall dazu entschieden, eine wesentliche Teilursächlichkeit der beruflichen Belastung für die bandscheibenbedingte Erkrankung der Lendenwirbelsäule noch als hinreichend wahrscheinlich anzusehen. Dafür waren folgende Überlegungen maßgeblich:

Wie oben ausgeführt wurde, ist die bei der Spondylolisthesis im natürlichen Krankheitsverlauf zu erwartende vorzeitige Bandscheibendegeneration auf eine anatomisch bedingte erhöhte Anfälligkeit auf mechanische Belastungen des alltäglichen Lebens zurückzuführen. Dies bedeutet aber, dass die Bandscheibe des von der Spondylolisthesis betroffenen Segmentes auch gegenüber Belastungen im Sinne der BK 2108 besonders anfällig ist. Ein besonderes Zusammenwirken zwischen Spondylolisthesis und beruflichen Belastungen ist in hohem Maße plausibel, auch wenn aussagekräftige epidemiologische Untersuchungen hierzu nicht vorliegen. Die Spondylolisthesis unterscheidet sich in dieser Beziehung von anderen konkurrierenden Ursachenfaktoren.

Die berufliche Einwirkung war im hier zu beurteilenden Fall nach den Ermittlungen des TAD sehr intensiv. Die ermittelte Anzahl der sicher belastenden Hebevorgänge an Patienten pro Schicht lag bis 1994 erheblich über dem Durchschnitt in gefährdeten Bereichen der Pflege. Die lumbalen Bandscheiben – und insbesondere die Bandscheibe L5/S1 – waren über mehr als 30 Jahre einem hohen Mikrotraumatisierungspotential durch Spitzenbelastungen ausgesetzt. Hinzu kommt, dass bei Krankenschwestern die Rumpfmuskulatur typischerweise weniger gut trainiert ist als bei klassischen Schwerarbeitern, sodass das muskuläre Abfangen von Spitzenbelastungen nur in geringerem Maße möglich ist. Bewertet man die Höhe der beruflichen Gesamteinwirkung nach dem Mainz-Dortmunder-Dosismodell (MDD), so ergibt sich – ausgehend von den in der Originalveröffentlichung zugrunde gelegten Eckwerten für Krankenschwestern – überschlagsmäßig fast das Dreifache des „Mindestdosiswertes" für Frauen von 17 Mega-Newton-Stunden (Hartung et al. 1999, Jäger et al. 1999). Es war für uns schwer vorstellbar, dass sich diese Tätigkeit trotz der durch die Spondylolisthesis gegebenen besonderen Anfälligkeit nicht ausgewirkt haben soll.

Der Aufgabezwang wurde von uns rückwirkend zum 12.10.1997 bejaht, die BK-bedingte MdE wurde auf 20 v. H. geschätzt.

Literatur

Grosser V, Seide K, Schilling R, Wolter D (1996) Die Bedeutung der isthmischen Spondylolisthesis in der Begutachtung der Berufskrankheit der Lendenwirbelsäule. Unfallchirurg 99:470–476

Hartung E, Schäfer K, Jäger M, Luttmann A, Bolm-Audorff U, Kuhn S, Paul R, Francks H-P (1999) Mainz-Dortmunder-Dosismodell (MDD) zur Beurteilung der Belastung der Lendenwirbelsäule durch Heben oder Tragen schwerer Lasten oder durch Tätigkeiten in extremer Rumpfbeugehaltung bei Verdacht auf Berufskrankheit Nr. 2108 – Teil 2: Vorschlag zur Beurteilung der arbeitstechnischen Voraussetzungen im Berufskrankheiten-Feststellungsverfahren. ASU 34/3:112–122

Jäger M, Luttmann A, Bolm-Audorff U, Schäfer K, Hartung E, Kuhn S, Paul R, Francks H-P (1999) Mainz-Dortmunder Dosismodell (MDD) zur Beurteilung der Belastung der Lendenwirbelsäule durch Heben oder Tragen schwerer Lasten oder durch Tätigkeiten in extremer Rumpfbeugehaltung bei Verdacht auf Berufskrankheit Nr. 2108 –

Teil 2: Retrospektive Belastungsermittlung für risikobehaftete Tätigkeitsfelder. ASU 34/3:101-111

Krumbiegel A, Meyer-Clement M (2000) Wirbelgleiten (Spondylolisthesis) In: Ludolph E, Lehmann R, Schürmann J (Hrsg) Kursbuch der ärztlichen Begutachtung, 9. Ergänzungslieferung, Kap. VI - 1.2.8.4: 1-18. Ecomed Verlag

Rompe G, Krahl H (1975) Spondylolyse durch Leistungssport - Sporttauglichkeit bei Spondylolyse. Orthop Praxis 11:219-223

Rompe G (1994) Begutachtung der Wirbelsäule. In: Witt AN, Rettig H, Schlegel KF (Hrsg.) Orthopädie in Praxis und Klinik. Bd. V, Teil 2: 5.1-5.30. Thieme, Stuttgart New York

Biomechanische Aspekte des vorgestellten Fallbeispiels

P. BRINCKMANN

Ein biomechanischer Beitrag zur Begutachtung im Rahmen des Verfahrens zur Anerkennung einer Berufskrankheit BK 2108 oder 2110 kann sich auf 4 Aspekte erstrecken:

- Quantitativer Vergleich der beruflichen Belastung der Wirbelsäule mit der Festigkeit der Organe (Knochen, Bandscheiben) und Vergleich des Schadensbildes mit der Morphologie von Überlastschäden
- Vermessung der Wirbelkörper- und Bandscheibenhöhen aus einer seitlichen Übersichtsaufnahme der LWS und Vergleich mit alters- und geschlechtsentsprechenden Normwerten gesunder Personen
- Vermessung des Wirbelgleitens aus einer seitlichen Übersichtsaufnahme der LWS und Vergleich mit alters- und geschlechtsentsprechenden Normwerten gesunder Personen
- Vermessung der Segmentbeweglichkeit (Rotation und Translation) aus einem Paar seitlicher Aufnahmen der LWS in Extension und Flexion und Vergleich mit alters- und geschlechtsentsprechenden Normwerten gesunder Personen.

Angewendet auf den vorgestellten Fall:

Berufliche Belastung und Festigkeit der Organe. Die Gewichte von zu pflegenden Personen sowie die Körperhaltung der Pflegekräfte sind (jedenfalls innerhalb gewisser Grenzen) bekannt. Die Belastung der LWS kann daher berechnet und mit der bekannten, altersentsprechenden Festigkeit lumbaler Wirbelkörper (s. z. B.) verglichen werden. Für die hier beschriebene Arbeit ergeben sich hohe Spitzenbelastungen, die den Mittelwert der altersabhängigen Kompressionsfestigkeit der Wirbelkörper überschreiten. Schäden sind folglich wahrscheinlich. Ob Schäden im hier zu begutachtenden Fall tatsächlich erfolgt sind, kann hieraus allein jedoch nicht geschlossen werden, da es auf die Festigkeit der Wirbel im individuellen Fall ankommt. Die individuelle Festigkeit kann vom altersentsprechenden Mittelwert je nach Knochendichte und Abmessungen der Wirbel in weiten Grenzen nach oben (mehr als 100%) oder unten (mehr als 50%) abweichen. man könnte die individuellen Festigkeitswerte aus einer QCT-Aufnahme der LWS ganau bestimmen; dies erscheint jedoch zu aufwendig. Dem Ziel der Begutachtung ist besser gedient, wenn direkt gemessen wird, ob Überlastungsschäden im individuellen Fall vorhanden sind oder nicht (s. unten). Die vom Technischen Aufsichtsdienst zusammengestellten Zahlen der Belastungszyklen pro Schicht sind für die biomechanische Beurteilung ohne Belang, da Überlastschäden bereits nach einer einzigen oder erst nach 500 oder mehr Überlastzyklen auftreten können. Aus einer geringen Zahl von Lastzyklen pro Schicht, z. B. den Schluss zu ziehen, ein Überlastschaden sei nicht möglich, ist falsch.

Eine Spondylolyse wird vornehmlich in jugendlichem Alter erworben. Die Ursache wird in hoher axialer Belastung der Wirbelsäule bei gleichzeitiger, maximaler Extension gesehen (Suezawa u. Jacob 1981). Die Verursachung der Spondylolyse ist daher im vorliegenden Fall wahrscheinlich nicht durch die berufliche Tätigkeit verursacht.

Vermessung der Bandscheiben- und Wirbelkörperhöhen. Welche Bandscheiben und Wirbelkörper als Folge einer Überlastung um welchen Betrag in ihrer Höhe gemindert sind, lässt sich durch eine Vermessung der seitlichen Röntgenübersichtsaufnahme und einen Vergleich mit Normwerten quantitativ und zweifelsfrei feststellen (Frobin et al. 1997a u. b). Selbstverständlich bedarf es keiner Vermessung, um eine starke Erniedrigung zu erkennen; subtilere Veränderungen werden jedoch von unterschiedlichen Untersuchungen oftmals unterschiedlich beurteilt. Fehler in der qualitativen Beurteilung treten gehäuft auf, wenn die Form der Wirbelsäule auf der zu beurteilenden Aufnahme von der normalerweise beim Stehen eingenommenen Form stärker abweicht, wenn mehrere benachbarte Segmente erniedrigte Bandscheiben aufweisen oder wenn sich der Untersucher strikt an der Dihlmann-Regel orientiert hat. Diese Regel „Höhenzunahme der Bandscheiben von L1/L2 bis L4/L5, dann Höhenabnahme" trifft erwiesenermaßen für die Mehrheit gesunder Personen nicht zu (Frobin et al. 1997b).

Vermessung des Wirbelgleitens. Eine Vermessung des Wirbelgleitens aus einer seitlichen Übersichtsaufnahme kann quantitativ und zweifelsfrei feststellen, ob ein Wirbelgleiten besteht (Frobin et al. 1997a u. b). Das Messergebnis ist unabhängig von der Aufnahmetechnik, d.h. stehend oder liegend. Die Messgenauigkeit für das Gleiten beträgt dabei 2% der Wirbelkörpertiefe (gegenüber 25% bei der Kategorisierung nach Meyerding). Eine Vermessung des Wirbelgleitens ist dann besonders aufschlussreich, wenn Voraufnahmen über einen längeren Zeitraum vorliegen.

Vermessung der Segmentbeweglichkeit. Aus einem Paar von Aufnahmen in Extension und Flexion können die Rotations- und dorsoventrale Translationsbewegung aller abgebildeten Segmente hochgenau vermessen werden

(Frobin et al. 1996). Die Richtung der im vorliegenden Fall geschilderten Translationsbewegung stimmt mit der Norm der Bewegung bei gesunden Personen überein. Ob der Bewegungsumfang größer ist als normal, d.h. ob eine Hypermobilität vorliegt, speziell im Segment L5/S1, kann nur eine Vermessung klären. Ein Zusammenhang zwischen verstärktem Wirbelgleiten oder einer erhöhten Segmentbeweglichkeit und hoher Belastung der Lendenwirbelsäule ist (wie auch Herr Dr. Grosser schreibt) zwar plausibel aber epidemiologisch bislang nicht belegt.

Zusammenfassung. Aus der Beschreibung der beruflichen Tätigkeit wird abgeleitet, dass im vorliegenden Fall Überlastschäden an Bandscheiben und Wirbelkörpern wahrscheinlich sind. Zur Frage, ob solche Schäden wirklich vorhanden sind, reicht eine Belastungsberechnung jedoch nicht aus, da es auch auf die Festigkeit der Wirbel und Bandscheiben im individuellen Fall ankommt. Festigkeiten lassen sich zwar mit Hilfe radiologischer Methoden bestimmen, eine Vermessung der Bandscheiben- und Wirbelkörperhöhen kann die Frage des Vorliegens (oder Nichtvorliegens) von Schäden jedoch direkt und eindeutig klären. Werden solche Schäden durch eine Vermessung nachgewiesen, sind die Voraussetzungen für die Anerkennung, soweit sie von der Biomechanik aus beurteilt werden können, erfüllt.

Literatur

Biggemann M, Brinckmann P (1995) Biomechanics of osteoporotic vertebral fractures. In: Genant HK et al (eds) Vertebral fracture in Osteoporosis. Radiology Research and Education foundation. San Francisco

Biggemann M, Frobin W, Brinckmann P (1997) Physiologisches Muster lumbaler Bandscheibenhöhen. Fortsch Röntgenstr 167:11–15

Frobin W, Brinckmann P, Leivseth G, Biggemann M, Reikeras O (1996) Precision measurement of segmental motion from flexion-extension radiographs of the lumbar spine. Clinical Biomechanics 11:457–465

Frobin W, Brinckmann P, Biggemann M, Tillotson M, Burton K (1997a) Precision measurement of disc height, vertebral height and sagittal plane displacement from lateral radiographic views of the lumbar spine. Clinical Biomechanics 12 Suppl 1:1–63

Frobin W, Brinckmann P, Biggemann M (1997b) Objektive Messung der Höhe lumbaler Bandscheiben aus seitlichen Röntgen-Übersichtsaufnahmen. Z Orthop 135:394–402

Suezawa Y, Jacob AHC (1981) Zur Ätiologie der Spondylolisthesis. Wirbelsäule in Forschung und Praxis, Bd. 94. Hippokrates, Stuttgart

Diskussion

? Wie hoch sind die belastungsadaptiven Anpassungsreaktionen von Personen, die in die Wirbelsäule besonders belastenden Berufen arbeiten?

Am aussagekräftigsten ist hier die große Feldstudie von Hult (1954), welcher bei 657 zufällig ausgewählten Schwerarbeitern und 466 zufällig ausgewählten Männern mit leichter Arbeit Röntgenaufnahmen anfertigte und diese verglich. In beiden Gruppen nahm die Häufigkeit der Spondylosen mit dem Alter deutlich zu. Bei den Schwerarbeitern waren die Spondylosen in allen Altersgruppen häufiger und sie reichten weiter nach proximal. Das Auftreten von Spondylosen ist bei Schwerarbeitern jedoch keineswegs obligat und Spondylosen der Lendenwirbelsäule sind nicht spezifisch für langjährige Schwerarbeit, unabhängig vom Verteilungsmuster. Ob Spondylosen auftreten und wie ausgeprägt diese sind, hängt offensichtlich sowohl bei den Schwerarbeitern als auch bei den Personen mit leichter Arbeit in starkem Maße von der individuellen Veranlagung ab.

? Ist eine Spondylose als adaptive Antwort des Körpers auf besondere Belastungen ähnlich vermeidbar wie Schwielen?

Es ist individuell unterschiedlich, ab welcher Belastung die Wirbelsäule mit belastungsadaptiven Reaktionen reagiert. Die Beanspruchung der Wirbelsäule hängt dabei nicht nur von den zu bewegenden Lasten ab, sondern auch von der Hebetechnik und vom Trainingszustand der Muskulatur. Untersuchungen von Wolter et al. (1998) weisen darauf hin, dass durch ein gut trainiertes muskuläres System eine Verschiebung der Lastübertragung von den ossären und diskalen Strukturen hin zu den Weichteilstrukturen erfolgt. Modellrechnungen haben ergeben, dass eine effektive Bauchpresse beim Heben von schweren Lasten zu einer deutlichen Verminderung der auf die Lendenwirbelsäule einwirkenden Kompressionskräfte führt. Ob durch die Anwendung rückenschonender Hebetechniken und ein gut trainiertes muskuläres System im Einzelfall eine Spondylose vermieden wird, hängt von der individuellen Veranlagung und der Höhe der äußeren Belastung ab.

? Ist Sport wirklich vergleichbar mit beruflichen Belastungen? Kann durch Sport Rückenschmerz eher erzeugt oder verhindert werden?

Diese Frage kann nicht generell beantwortet werden, da es rückenbelastende und rückenschonende Sportarten gibt. Das klassische Beispiel einer rückenbelastenden Sportart ist das Gewichtheben. Rückenbelastungen treten aber auch bei anderen Sportarten auf, wie z.B. dem Golfspielen. So haben biomechanische Untersuchungen bei professionellen Golfspielern ergeben, dass beim Golfschwung an der unteren Lendenwirbelsäule in Abhängigkeit von der Schwungtechnik Kompressionskräfte von 3,1–5,1 kN entstehen (Wolter, persönliche Mitteilung).

? Müssen belastungsadaptive Veränderungen durch berufliche Exposition auftreten?

Nein. Bei Berufen mit Dauerbelastung werden sie zwar häufig gesehen, sie sind aber nicht obligat. In den Pflegeberufen, bei denen nicht eine Dauerbelastung, sondern eine multiple Mikrotraumatisierung der Bandscheiben durch kurzzeitige Spitzenbelastungen als Schadensursache im Vordergrund steht, zeigte eine Auswertung von 500 Begutachtungen zur BK 2108 keine belastungsabhängige Häufung von radiologischen Veränderungen im Sinne belastungsadaptiver Reaktionen (Seide et al. 1999).

? Ist die isolierte Osteochondrose beim Maurer jetzt eine BK? Ist sie also anerkannt als BK?

Ich interpretiere die Frage so, dass hier eine monosegmentale Osteochondrose mit Höhenminderung der Bandscheibe gemeint ist. Ohne Höhenminderung käme die Anerkennung als BK bereits wegen des fehlenden Krankheitspotenzials nicht in Betracht. Die Antwort auf die hier gestellte Frage ist in der wissenschaftlichen Diskussion weiter umstritten. Während im Pflegeberuf nach Erfahrungen aus der Begutachtung ein mono- oder bisegmentaler Befall der unteren beiden Lendenwirbelsäulensegmente typisch ist (Seide et al. 1999), wird in Berufen mit Dauerbelastung ein mehrsegmentaler Befall häufiger gesehen. Aus der Feldstudie von Hult (1954) ergibt sich, dass bei den klassischen Schwerarbeitern etwa 20 % aller lumbalen Chondrosen 3 oder mehr Segmente betreffen, während dies in der nicht belasteten Bevölkerung selten ist. Gleichzeitig zeigt die Studie, dass auch bei Schwerarbeitern die Chondrosen am häufigsten in den unteren beiden LWS-Segmenten auftreten: 2/3 aller zusätzlichen Chondrosen im Segment L5/S1 waren mono- oder bisegmental. Von unten nach oben an Schwere abnehmende Chondrosen, die mindestens 3 Segmente betreffen, stützen in den klassischen Schwerarbeiterberufen bei der Abwägung die Annahme eines Ursachenzusammenhangs. Ein mono- oder bisegmentaler Befall ist jedoch kein Ausschlusskriterium, wenn er die unteren beiden LWS-Segmente betrifft, eine deutliche Höhenminderung der Bandscheibe vorliegt und sich entsprechende Veränderungen an den belastungsfernen Wirbelsäulenabschnitten nicht finden.

? Haben belastungsadaptive Veränderungen im Bereich der LWS vielleicht sogar einen Schutzfaktor für die LWS bzw. die Bandscheiben der LWS?

Ähnlich wie Schwielen vor Blasen schützen, könnten belastungsadaptive Veränderungen der Wirbelsäule auch vor Bandscheibenschäden schützen. Dies würde natürlich die Indizwirkung belastungsadaptiver Veränderungen als „Positivkriterium" für die Anerkennung eines Ursachenzusammenhangs mindern oder gar aufheben. Hier besteht noch wissenschaftlicher Klärungsbedarf. Epidemiologisch ist bisher nicht nachgewiesen, dass Exponierte mit belastungsadaptiven Veränderungen ein höheres Risiko von Chondrosen oder Vorfällen haben als gleich Exponierte ohne belastungsadaptive Veränderungen.

? Wieviel wirbelsäulenrelevante Belastungen sind eigentlich wirklich innerhalb einer Schicht für eine Krankenschwester möglich? Sind die zu Beginn genannten 170 Belastungen nicht viel zu hoch gegriffen?

Nach dem Belastungskataster der BGW beträgt die Anzahl der „sicher belastenden Hebevorgänge" je Schicht und Pflegekraft in der Altenpflege durchschnittlich etwa 72, in der Hauskranken- bzw. Behindertenpflege etwa 65. In Stationen der inneren Medizin, Chirurgie, Orthopädie, Urologie, Neurologie und für Querschnittgelähmte werden je Schicht und Krankenschwester 55 „sicher belastende Hebevorgänge" durchgeführt. In diese Zahl gehen sowohl Tätigkeiten mit einem hohen Mikrotraumatisierungspotenzial wie etwa das Heben eines Patienten von der Bettkante in den Stuhl ein, als auch Tätigkeiten mit einer geringeren Gefährdung wie beispielsweise das Aufsetzen oder Höherlagern von Patienten im Bett. Auch ich halte die Zahl von 170 „sicher belastenden Hebevorgängen pro Schicht" für zu hoch gegriffen. Diese Bedenken wurden auch im Gutachten zum Ausdruck gebracht. Das bedeutet jedoch nicht, dass bei der Versicherten keine hohe Gefährdung vorlag. Als Pathomechanismus steht im Pflegeberuf eine Mikrotraumatisierung der Bandscheiben durch kurzzeitige, plötzliche Spitzenbelastungen bei einem dafür ungenügend trainierten und vorbereitetem Bewegungssystem ganz im Vordergrund. Für eine Gefährdung reicht deshalb auch eine geringere Anzahl von Hebevorgängen pro Schicht aus als bei Tätigkeiten, bei denen die Einzelbelastungen die Grenzwerte nur gering oder mäßig überschreiten.

? Wie reagiert die Bandscheibe im Bereich eines Gleitwirbelsegments auf Belastung?

Die Schutzwirkung intakter Wirbelsäulenbänder und Wirbelgelenke für die Bandscheibe ist wissenschaftlich unumstritten. Bei der isthmischen Spondylolisthesis ist diese Schutzwirkung durch den knöchernen Wirbelbogendefekt der Pars interarticularis, die Spondylolyse, vermindert. Belastungen durch schweres Heben und insbesondere auch Torsionsbelastungen treffen direkter auf die Bandscheibe. Hierdurch kann es zu einer Beschleunigung des Bandscheibenverschleißes über den natürlichen Krankheitsverlauf hinaus, zu einer Zunahme der Vorwärtsverschiebung und zur Ausbildung und Verstärkung von Instabilitäten kommen. Begutachtungsfälle, die zunächst einen sehr günstigen Verlauf zeigten und erst nach langjährigen beruflichen Belastungen – bei Fehlen der bekannten Risikofaktoren für das Auftreten von Rückenbeschwerden bei Spondylolisthesis – dekompensierten, stützen diese Hypothese. Aussagekräftige epidemiologische Untersuchungen hierzu liegen aber bisher nicht vor.

Literatur

Hult L (1954) Cervical, dorsal and lumbar spinal syndrom. A field investigation of a non-selected material of 1200 workers in different occupations with special reference to disc degeneration and so-called muscular rheumatism. Acta Orthop Scand Supple 17:1–120

Seide K, Grosser V, Wolter D, Schilling R (1999) Radiologische Befunde bei der Begutachtung der Berufskrankheit der Lendenwirbelsäule (BK 2108) im Pflegeberuf. Trauma Berufskrankh 1:131–138

Wolter D, Seide K, Schmidt HGK, Feeser R, Willy Ch (1998) Funktion und Einfluss der „Weichteilsäule" auf die Belastung der Wirbelsäule. In: Wolter D, Seide K (Hrsg) Berufsbedingte Erkrankungen der Lendenwirbelsäule. Springer, S 90–103

Sachverzeichnis

A

Achondroplasie 140
Adäquanztheorie 19
Amyloidose, sekundäre 120
Andersson-Läsion 121
Ankylose 27, 119
Anschlussinstabilität 26
Antigen, prostataspezifisches 62
Anulus fibrosus 1
Arbeitsunfähigkeit 79

B

bandscheibenbedingte Erkrankung 152
Bandscheiben-
- erweichung 160
- höhe 157
- leiden, wesentliche Ursache 16
- vorfall 1, 10, 81
- Zerreißung 15
Beckenkammspanentnahme 27
Belastung, hohe axiale 2
Bendingaufnahme 96
berufliche Exposition 168
Berufskrankheit 152
Berufskrankheitsverfahren 152
Beschleunigungsmechanismus 69f.
beschwerdefreies Intervall 88
Biomechanik 20
Blasen-
- entleerungsstörung 35
- lähmung, hyperreflexive 35
Brustwirbelsäulenkyphose 23
Bulbokavernosusreflex 46, 63
- Latenz 46

C

Cobb-Methode 93f., 95, 125
Commotio spinalis 34
Contrel-Dubousset-Hopf 101
Cor pulmonale 98
Corpus
- bulbospongiosum 57
- cavernosum 44, 47, 57
- spongiosum 44

D

Dauerbelastung, psychische 66
Dauerzwangshaltung 155
Deafferentierungsschmerz 36
Deckplatte, unregelmäßige 111
Deformität, kongenitale 111
Delta v-Wert 70, 84
Diabetiker 50
Dialysepflichtigkeit 35
Diaphragma urogenitale 57
Differenzgeschwindigkeit 84
Diskektomie, bilaterale transformale 132
Diskographie 9
Doppelstabsystem 101
Druckgeschwürgefahr 35
Dysostose, enchondrale 111

E

Edgrénsches Zeichen 111
Einengung, mechanische 5
Ejakulation 59
Endplatte 2f.
Erektile Dysfunktion 43
Erektion 57
Erektionszentrum 57

Erwerbsfähigkeit, Minderung
   (MdE) 26
Extensionsosteotomie 123

F

Faktor X 158
Faserring 1
– Einriss 25
Fehlrotationskomponente 93
Fehlstellung
– kyphotische 21, 92
– lordotische 92
Flachlagerung 120
Fragenkatalog 61
Frakturversorgung 28
Frontalkollision 70, 72
Frühkomplikation 35
Fusion 28
Fusionsoperation 131

G

Gangstörung, spastische 141
Ganzkörperschwingung 156
Ganzwirbelsäulenaufnahme 24
Gap junctions 44
Gefäßstenose 62
Genese, traumatische 81
Gilles-de-la-Tourette-Syndrom 140
Glans penis 44
Gleitwirbelsegment 169
Grenzstrangverletzung 69
Guillain-Barré-Syndrom 47
Gynäkomastie 61

H

Halm-Zielke 101
Haltung, vorgebeugte 3
Harnwegsinfektion 35
Hautschaden 35
Heckkollision 69
– „klassische" 70
Hirnleistungsminderung, postkontusionelle 53
Hirntrauma 53
HLA-B27-Test 118
Hundehalsband 131
Halswirbelsäule
– degenerativ verändert 79
– Distorsion 69

– Steilstellung 80
– Schleudertrauma 69
– – Begutachtung 69
Hyperextension 78
Hyperflexion 2
Hyperlordose, zervikale 109
Hyperlordosierung 23
Hypermobilität, posttraumatische 25
Hyperostose 122
Hypomochlion-Aufnahme 111

I

Induratio penis plastica 61
Instabilität 24
Instabilitätsschmerz 25
intravertebraler Prolaps 25
In-vivo-Versuche 1
Iridozyklitis 120
Iritis 120

K

Kaneda 101
Keilform 3
Keilwirbelbildung 107
kernspintomografische Untersuchung 80
Knochenkalksalzminderung 36
knöcherne Erosion 119
Kollision
– frontal 70, 72
– seitlich 70, 74
– zweidimensional 70
Kollisionsgeschwindigkeit 84
Kompensationssegment 28
Kompressionsfraktur, multiple 111
Kopfanstoß 74
Kopfhaltung, abweichende 77
Kopfstützen 78
Korsett 96
Kostotransversalgelenk 120
Kraftanstrengung 14
Kyphometer 110
Kyphose
– Brustwirbelsäule 23
– pathologische 111
– segmentale 23
– vertebrale 23
– zervikale 128
Kyphosierung, lokale 21
Kyphoskoliose 93

L

Laborversuche 1
Lähmung, psychogene 40
Lähmungserscheinung 32
Laminektomie 132
Längsband 20
Lasèguezeichen 12
Läsionshöhe 32
Lasteinwirkung, übergroße 10
Lateralsklerose, amyotrophe 149
Lendenwirbelsäulenbereich 10
Lendenwulst 93
Libidoverlust 43
Lig. alaria 80
Lordoskoliose 93
Lysespalt 125

M

Magnetstimulation 47
Mainz-Dortmunder Dosismodell (MDD) 153
Mantelkantentumor 149
MdE (s. Erwerbsfähigkeit)
mechanische Faktoren 1
Meyerding 28
Milwaukee-Korsett 112
Morbus
– Baastrup 109
– Forrestier 172
– Hurler 111
– Morquio 111
– Peyronie 61
– Scheuermann 115
Motorik 32
Myelopathie 39, 140
– zevikale 140
Myelose, funikuläre 149

N

Narbenschmerzen 26
Nekrose, avaskuläre 108
Nephritis, interstitielle 121
Nephropathie 121
Neurografie 145
Niereninsuffizienz, sekundäre 35
Nukleotomie 12

O

Operationsindikation 113
Orgasmus 59
Orthese, redressierende 103
Ossifikation, heterotop 35
Ossifikationslücke 108
Osteochondrodystrophie 111
Osteochondrose 39
– aseptische 107
Osteopenie 36
Ott 110

P

Pannusformation 119
Paraplastik 141
Parasyndesmophyten 122
Pedikelschraube 98
Penis 57
Pflegebedürftigkeit 41
Polyneuropathie 45
Postfusionssyndrom 26
Postlaminektomiekyphose 111
Postthorakotomiesyndrom 27
Potenzstörung 45, 57
Präservation, partielle 33
Prävalenz 108
Primärbewegung 70
Privatversicherer 14
Prolaps, intravertebraler 25
Psoriasisarthritis 116
psychiatrische Mitbehandlung 86
psychologische Analyse 72
psychologische Mitbehandlung 86

Q

Quebec Task Force 69
Querschnittlähmung 32
Querschnittssymptomatik 141

R

Radikulopathie 141
Ramping 70
Reflux, vesikouretraler 35
Reiter-Syndrom 116
Rekyphosierung 26
Relativgeschwindigkeit 84
Retrospondylose 39
Rippenbuckel 93
Rotation, axiale 2

Rotationsverletzung 20
Rückenmark, Leitungsunterbrechung 32
Rückenschmerzsymptomatik 109
Rumpf, Vorbeuge 3
Rumpfüberhand, sagittaler 24

S

Säule
- hintere 20
- vordere 20
Schadensbild 161
Scheuermann-Erkrankung 106
Schlittenversuch 77
Schmorlsche Knorpelknötchen 111
Schober-Zeichen 110
Schulteranstoß 74
Schutzfaktor 168
Schwellkörperinjektionstest 62
Seitenkollision 70, 74
Sekundärbewegung 70, 72
Selbsthilfestatus 41
Sensibilität 32
Sequester 12
Sexualfunktion 43
Sitzposition 74
- vorgebeugte 77
Skoliose 92, 164
- idiopathische 92
- Operation, ventrale 101
- Typen, idiopathische 93
sleeping function 34
somatosensorisch evozierte Potentiale 63
Spätkomplikation 35
Spätmyelopathie 39
Spinalkanalstenose 39
Spinalparese, familiär spastisch 149
Spondylarthropathie, seronegative 118
Spondylitis ankylosans 115, 164
Spondylolisthese 129, 164
Spondylolyse 130, 164
Spondyloptose 131
Spondylose, zervikale 140
Stauchung, axial 10
Steal-Effekt 62
Steuerungsstörung 33
Strahlentherapie 123
Sturz 10
Syndesmophyten 122
Syringomyelie, posttraumatische 40

T

Tetraplastik 141
thorakolumbaler Übergang 28
Thoraxschmerz 120
Tonnenwirbel 109
Traktionsaufnahme 96
Tumorerkrankung 60
Tunica albuginea 44, 57

U

Überstreckungsverletzung 39
Unfallmechanismus 69
Unfallversicherungsbedingung 14

V

Verformung, Grad 85
Verformungsenergie 85
Verhebetrauma 10
verkehrstechnische Analyse 70
Verkehrsunfall 69
Verletzung
- fördernde Faktoren 77
- Typ-A 20
- Typ-B 20
- Typ-C 20
Versicherungsschutz 14
Versteifungsstrecke 26
Vita sexualis 57
Vollbeweis 156
Volumenmangelschock 35

W

Wachstumsabschluss 96
Wirbelsäule
- Biomechanik 20
- Deformität 92
- Verletzung 20

Z

Zeichen nach Lhermitte 141
Zerebralparese, infantile 140
Zerreißung, diskoligamentär 39
Zweisäulenkonzept 20

MIX
Papier aus verantwortungsvollen Quellen
Paper from responsible sources
FSC® C105338

If you have any concerns about our products,
you can contact us on
ProductSafety@springernature.com

In case Publisher is established outside the EU,
the EU authorized representative is:
**Springer Nature Customer Service Center GmbH
Europaplatz 3, 69115 Heidelberg, Germany**

Printed by Libri Plureos GmbH
in Hamburg, Germany